De Guernica a Guardiola

De Guernica a Guardiola

Cómo los españoles han
conquistado el fútbol inglés

Adam Crafton

Traducción de Jordi Vidal

CÓRNER

Título original: *From Guernica to Guardiola: How the Spanish Conquered English Football*

© 2018, Adam Crafton

Primera edición: marzo de 2019

© de la traducción: 2019, Jordi Vidal
© de esta edición: 2019, Roca Editorial de Libros, S. L.
Av. Marquès de l'Argentera 17, pral.
08003 Barcelona
actualidad@rocaeditorial.com
www.rocalibros.com

Impreso por LIBERDÚPLEX, S. L. U.
Sant Llorenç d'Hortons (Barcelona)

ISBN: 978-84-947851-8-4
Depósito legal: B. 3893-2019
Código IBIC: WSJA

RC85184

A mi abuelo, Martin Glyn

Índice

Prólogo

En el mundo del arte, suele decirse que los periodos más oscuros pueden engendrar la mayor belleza. En lo que se refiere a los españoles en el fútbol inglés, resulta adecuado. Cuando pensamos en la influencia española de la era moderna, hablamos del control estricto, la precisión geométrica de sus pases, de las paredes, los caños y los taconazos. Ha sido en estos días cuando David Silva, del Manchester City, pasa el balón como si tuviera un chip informático en las botas; en los que Santi Cazorla, del Arsenal, deslumbraba con una sucesión de pases y movimientos a la velocidad de un *pinball*; en los que David de Gea, del Manchester United, da la impresión de que podría jugar tranquilamente hasta la medianoche sin que el rival le metiera un solo gol. Es ahora cuando el entrenador del Manchester City, Pep Guardiola, ha roto con un mazo las convenciones del fútbol inglés y ha emocionado a los hinchas con el juego del equipo más bajito de la Premier League.*

En la temporada 2016-17, la liga inglesa contó con treinta y seis españoles, una cifra más alta que la de cualquier otra nacionalidad, exceptuando la inglesa. Había tres veces más españoles que alemanes, más del doble que de futbolistas galeses o escoceses, y más de una docena más que de jugadores holandeses o belgas. En noviembre de la campaña 2017-18, veintiocho españoles habían participado en partidos de la Premier League. Los clubes actuales de estos fut-

---

* Edición original publicada en mayo de 2018, fecha de la última actualización. *(Nota del editor)*

bolistas se gastaron un total de 343,9 millones de libras esterlinas [unos cuatrocientos millones de euros] para ficharlos y reúnen más de cincuenta millones de seguidores en Twitter. Gran talento, gran capital.

Se ha recorrido mucho camino desde la época de Dave Whelan, sus «tres amigos» y el Wigan de tercera división, a mediados de la década de 1990. Posando con sombreros para los fotógrafos, compartiendo un Ford Escort y viviendo en una destartalada casa adosada, Roberto Martínez, Jesús Seba e Isidro Díaz apenas sabían una palabra de inglés entre los tres. Uno de ellos llegaría a ganar la FA Cup como entrenador de ese club. Alex Calvo García llegó a Scunthorpe como el único español y se convirtió en el primero de su país en marcar en Wembley para un club inglés: anotó el gol decisivo en el último partido del *play-off* en 1999. De hecho, incluso ha escrito un libro —*Scunthorpe hasta la muerte*—, que debe de ser el único volumen no escrito en lengua inglesa cuyo título menciona la ciudad de Scunthorpe.

Pero tomemos en cuenta esta estadística: cuando el Chelsea convirtió a Albert Ferrer en el primer fichaje español de la Premier League, en 1998, los clubes ingleses de la máxima categoría habían fichado a futbolistas de otras cincuenta y una nacionalidades de todos los continentes. De hecho, transcurrió mucho tiempo hasta que los jugadores españoles aterrizaron en el fútbol inglés, a pesar de la llegada de Nayim a finales de la década de los ochenta. Así pues, ¿cómo justificamos la ausencia de españoles en los escalones más altos del fútbol inglés entre la década de los cincuenta y finales de los noventa? En una época en la que el fútbol español daba la bienvenida a británicos como Terry Venables, Gary Lineker, sir Bobby Robson o Laurie Cunningham, por citar solo algunos, ¿por qué los españoles eran tan reacios a abandonar la península ibérica para recalar en el fútbol inglés? O, de hecho, ¿por qué los equipos ingleses eran tan reticentes a invertir en los españoles?

Este es un libro sobre fútbol, pero será también una obra con un trasfondo político e histórico considerable. El fútbol español es indisociable de la política que alimenta su carácter;

cualquier intento de comprender el éxito o el fracaso de sus representantes en el extranjero debe sustentarse sobre un análisis profundo de una cultura aislacionista que todavía está asimilando su libertad.

La invasión española es un fenómeno moderno de los últimos veinte años. Espero que este libro explique cómo el éxito internacional de España ha impregnado el fútbol nacional de Inglaterra, alterando percepciones y cambiando actitudes. Sin embargo, por cada destello de calidad que ha llegado desde España, ha habido una rémora esperando a la vuelta de la esquina. Podemos hablar de jugadores como Xabi Alonso, Álvaro Morata y Cesc Fàbregas con el mayor de los respetos, pero los seguidores del Newcastle United se echarán a temblar al oír mencionar a Albert Luque y a Marcelino Elena, mientras que los hinchas del Liverpool pueden torcer el gesto ante el nombre de Josemi, y los aficionados del Arsenal demostrarán poco entusiasmo por José Antonio Reyes. Algunas de mis entrevistas más agradables para este libro se han hecho en la compañía de quienes se esforzaron por aprovechar todo su potencial. Agradecí la sinceridad y el sentido del humor para burlarse de sí mismo de Marcelino y me conmovió la historia del excentrocampista del Sunderland Arnau Riera, quien fue capitán de Lionel Messi en el Barcelona B, pero que ahora está retirado y trabaja de recepcionista en un hotel.

En unos tiempos en los que el acceso a la Premier League resulta cada vez más difícil, me gustaría dar las gracias a los muchos jugadores del pasado y del presente que accedieron a ser entrevistados con profundidad, entre ellos Mikel Arteta, Juan Mata, César Azpilicueta, David de Gea, Ander Herrera, Pepe Reina, Fernando Hierro, José Antonio Reyes, Nayim, Alejandro Calvo García, Marcelino Elena y Arnau Riera. Roberto Martínez, Aitor Karanka, Pepe Mel, Juande Ramos y Pep Clotet proporcionaron datos fascinantes sobre la dirección técnica en Inglaterra, mientras que Xavi Valero y Pako Ayestarán, antiguos lugartenientes de Rafa Benítez, fueron igualmente instructivos.

El director ejecutivo del Stoke City, Tony Scholes, aportó

un enfoque distinto, explicando cómo su club ha sido influido por ideas españolas, mientras que el exdirector deportivo del Middlesbrough Víctor Orta, ahora en el Leeds, manifiesta cómo se ha confiado a técnicos españoles la supervisión de las contrataciones. Edu Rubio, el seleccionador de los equipos sub-23 y sub-18 del Milton Keynes Dons, cuenta que la influencia hispana llega hasta las escuelas de las ligas inferiores. También he aprovechado entrevistas que he realizado para el *Daily Mail* con Diego Costa, Álvaro Morata, Gus Poyet, Éric Abidal, Bojan Krkic, Gerard Deulofeu, Oriol Romeu y Quique Sánchez Flores.

Con todo, la historia de los españoles en el fútbol inglés tiene un contexto más rico y profundo. El año 2017 marcó el octogésimo aniversario del primero en llegar a las costas británicas. Mi interés en este tema surgió cuando estudiaba español en la universidad. Durante un encuentro con la investigadora de Amnistía Internacional Naomi Westland para hablar sobre la guerra civil española, esta me informó de las historias ocultas de los primeros futbolistas españoles que llegaron a Inglaterra. En 1937, cuando el general Franco se alió con Adolf Hitler para golpear el País Vasco y arrasar Guernica con un infame ataque aéreo, cuatro mil niños se subieron a un frágil buque rumbo a Inglaterra. En su lucha por la supervivencia, dejaron atrás a sus padres y emprendieron una nueva vida. Sus historias personales y deportivas están ligadas al éxito y a la tragedia. Algunos de esos niños, que iniciaron sus carreras en clubes ingleses como el Southampton o el Coventry, llegarían a triunfar en el Real Madrid y el Barcelona. Uno de ellos marcaría el primer gol en el Bernabéu; otro sería el primero en concebir el concepto de la Masia, la extraordinaria escuela del Barça responsable de tantos magníficos talentos. Sin embargo, estos hombres habían presenciado algunas de las escenas más escalofriantes que imaginarse puedan. Las familias de Emilio Aldecoa, Raimundo Pérez Lezama, Sabino Barinaga y José y Antonio Gallego contribuyeron generosamente con su tiempo y apoyo a este proyecto, evocando los más preciados recuerdos de sus parientes y permitiéndome acceder a toda suerte de recortes, efectos personales y recordatorios.

Por desgracia, existe una desafortunada simetría entre aquel tiempo y el actual, por cuanto la España de 2018 se halla sumida en su crisis más grave desde el retorno de la democracia tras la muerte de Franco en 1975. Ahora que el país se enfrenta a un malestar económico y al movimiento independentista catalán, política y cultura vuelven a estar inextricablemente entrelazadas con el panorama futbolístico. Así que esta es una historia de fútbol, pero es también una historia sobre España como país y acerca de cómo su forma de pensar se traduce en el fútbol. Este es también un libro sobre Inglaterra, nuestros sentimientos hacia los refugiados, y quiere servir de recordatorio de lo abierta o cerrada que puede llegar a ser nuestra cultura.

A través de entrevistas con los grandes nombres y los héroes olvidados, este libro pretende ser un homenaje a la contribución española al fútbol inglés. No obstante, también arrojará luz sobre los extraños, excéntricos y tristes desdichados que se han esforzado sin alegría, investigando los retos que los españoles han afrontado al llegar a Inglaterra y cómo esto fue reflejo de cómo era la nación española en ciertos momentos.

1

Los príncipes de Southampton

*E*l 1 de septiembre de 2013, Gareth Bale, del Tottenham Hotspur, se convirtió en el futbolista más caro del mundo cuando fichó por el Real Madrid por el supuesto precio de 85,3 millones de libras esterlinas [unos cien millones de euros]. Sin embargo, fue en el Southampton donde Bale inició su carrera. Se unió al club en 1999, cuando aún era un niño. Rod Ruddick, un ojeador del club de la costa sur de Inglaterra, se fijó en ese joven galés. Era un día festivo de agosto, Bale, de ocho años, disputaba un torneo entre equipos de seis jugadores en Newport. A Ruddick le gustó lo que vio. Le gustó la potencia de su pierna izquierda; le gustó la velocidad que haría de Bale el segundo corredor más rápido de Gales en los cincuenta metros a los once años, y le gustó la humildad con la que el extremo cumplía con su cometido. Ruddick intercambió números de teléfono con los padres del jugador, Frank y Debbie, y nació una estrella.

En el Southampton, ha habido otros. Theo Walcott, Alex Oxlade-Chamberlain, Adam Lallana y Luke Shaw son una muestra; más recientemente han forjado sus carreras en el Arsenal, el Liverpool y el Manchester United, respectivamente. Pero Bale es distinto. Bale firmó por el Real Madrid. Es normal que el Manchester United y el Arsenal fichen a los mejores talentos británicos, pero ¿que un canterano del Southampton respire el aire enrarecido de Madrid? Bueno, eso es algo completamente distinto y distingue a Bale de todos los que le han precedido.

Todos a excepción de un hombre: Sabino Barinaga. Porque Barinaga es el graduado en la escuela del Southampton cuyo nombre está grabado para siempre en la tradición del Real Madrid, pues fue el autor del primer gol del club en el Santiago Bernabéu, uno de los noventa y tres tantos que marcó en su década como madridista.

La historia de Sabino, que empieza en la localidad de Durango, uno de los principales núcleos de Vizcaya al sudeste de Bilbao, es a la vez tormentosa y motivadora. Es un relato en el que los horrores de la guerra en España se entrelazan con la excepcional bondad de la gente británica, en el que los talentos artísticos de Pablo Picasso convergen con la generosidad del Southampton Football Club.

Sabino solo tenía catorce años cuando la gente del País Vasco sufrió el episodio más traumático de su orgullosa historia. El marco es la primavera de 1937 y España se halla en plena guerra civil. *Grosso modo*, la guerra civil española puede definirse como una lucha por la supremacía entre los nacionalistas de derechas y los republicanos de izquierdas. La guerra estalló un año antes, el 18 de julio de 1936. El ejército español, ayudado por los nacionalistas de derechas, dio un golpe de Estado contra el Gobierno democráticamente electo de Santiago Casares Quiroga. Fue el pistoletazo de salida a tres años de conflicto en el que las fuerzas combatientes pugnaron por el alma de España. La resultante dictadura del general Franco se prolongaría durante treinta y seis años más a partir de 1939.

Mientras los nacionales de Franco avanzaban en marzo de 1937, la república autónoma vasca (Euskadi) se vio envuelta en una lucha por su supervivencia. El ejército vasco finalmente se rindió en agosto de 1937, pero el destino de los vascos pasaría a los anales como un episodio de una carnicería excepcional. Escribiendo en *The Times* en 2007, Nicholas Rankin informó de que siete mil personas habían muerto en combate cuando se produjo la rendición. Posteriormente, unas seis mil fueron ejecutadas, cuarenta y cinco mil más fueron encarceladas, mientras que ciento cincuenta mil se exiliaron durante décadas.

La región vasca de la península ibérica fue probablemente el escenario de la manifestación más brutal de la tensión entre republicanos y nacionales. A medida que la resistencia vasca a las fuerzas de Franco se intensificaba, los nacionales se inquietaban cada vez más en busca de un paso decisivo. En la primavera de 1937, los acontecimientos se precipitaron. Para entonces, Franco y sus generales pudieron contar con la colaboración del líder fascista italiano Benito Mussolini y de su homólogo alemán Adolf Hitler. Esta alianza originó en el País Vasco una secuencia de eventos que alteraría de forma catastrófica el curso de la historia europea y marcaría la pauta de conflicto global durante los años siguientes.

Su estrategia fue novedosa para la época: el bombardeo aéreo sobre una población civil y la utilización de una táctica conocida en el lenguaje militar como «*shock* y pavor». En nuestros días, estamos familiarizados, lamentablemente, con este tipo de actos, pero a principios de 1937 constituía un nuevo mecanismo de guerra en Europa y era brutal en su concepción. La estrategia consistía en bombardear objetivos de escasa o nula importancia militar, con la intención de aterrorizar a la población civil y destruir su moral. En el escenario global, no era una táctica del todo nueva. Los italianos, por ejemplo, habían empleado tales métodos en sus ofensivas contra Abisinia. No obstante, suele aceptarse como cierto que los ataques contra las ciudades vascas de Durango y Guernica en la primavera de 1937 constituyeron los primeros bombardeos aéreos sobre poblaciones civiles en Europa.

Para Franco y los nazis, aquello era una suerte de matrimonio de conveniencia militar, además de una fusión de intereses ideológicos compartidos. Franco fue capaz de utilizar todo el potencial de la Legión Cóndor alemana y luego atribuirse el mérito de su éxito, mientras que los alemanes pudieron perfeccionar su oficio y usar a los vascos como conejillos de Indias para las atrocidades aéreas que más tarde asolarían ciudades como Róterdam y Coventry, ya durante la Segunda Guerra Mundial.

Las conversaciones sobre cómo solucionar el problema de Franco con el País Vasco se iniciaron en la primavera de 1937.

Hubo diálogos regulares entre el comandante de la Legión Cóndor Hugo Sperrle, el teniente coronel alemán Wolfram von Richthofen y el comandante nacional español Emilio Mola. Richthofen convenció a los españoles de las ventajas de los bombardeos aéreos, pero muchas crónicas sugieren que Franco no necesitó demasiada persuasión. Paul Preston, a través del historiador del ejército alemán Klaus Maier y tras haber podido acceder a las entradas del diario de Richthofen, hace constar que en aquellas reuniones se acordó que los ataques «procederían sin tener en cuenta a la población civil». Las primeras bombas cayeron sobre la ciudad de Durango el 31 de marzo. Mola hizo una alocución radiofónica y se lanzaron octavillas con una advertencia amedrentadora: «Si vuestra sumisión no es inmediata, arrasaré Vizcaya, empezando por las industrias de guerra. Dispongo de recursos de sobra para hacerlo». Siguió una ofensiva de cuatro días. Según una investigación inicial del Gobierno vasco, el bombardeo mató a ciento veinte siete personas en el acto; otras ciento treinta y una murieron a consecuencia de las heridas.

Estos ataques sucedieron varias semanas antes de las más difundidas oleadas de terror que asolaron la ciudad de Guernica, pero no fueron menos implacables. Sería la primera vez que Hitler ordenaba un ataque aéreo. En el pueblo mercantil de Durango, las primeras bombas cayeron sobre la iglesia, donde los vecinos oían misa. Un convento quedó arrasado y catorce monjas perecieron. Sabino Barinaga, futuro delantero del Southampton y del Real Madrid, sobrevivió.

Setenta y ocho años después, en una tarde de primavera en el centro de Madrid, me encuentro con la hija de Sabino, Almudena, una mujer elegante y vivaz. Su padre falleció en 1988, cuando tenía sesenta y seis años. En buena parte, su historia sigue sin ser contada. Sentada al sol en la plaza de Chueca, fumando un cigarrillo y tomando un café expreso, Almudena resopla y hace una mueca cuando le pregunto cómo describía su padre aquella época oscura.

—Su patria chica, Durango, fue arrasada durante los bombardeos —dice, sacudiendo la cabeza—. Dijo que la casa estaba destruida. Sonaba horrendo. A mi padre se le quebraba la voz cuando trataba de explicar la devastación de aquel periodo. Nunca me contó mucho, siempre la misma historia, una historia terrible. Los aviones volaban sobre su cabeza y él corría por la calle. Miró hacia atrás y vio una madre que también corría, llevando a su hijita de la mano. Él siguió corriendo. Oye una explosión, seguida de un grito. Vuelve la vista atrás, solo tres o cuatro segundos después de la vez anterior. La madre aún sujeta la mano de su hija, pero la bomba le ha arrancado la cabeza a la niña. Estamos hablando de los momentos más oscuros de la historia política de España.

Lo peor aún estaba por llegar. A medida que la resistencia vasca continuaba, las frustraciones se acrecentaban en el bando nacional. Era necesario un golpe decisivo. Los diarios de Richthofen detallan las ambiciones de los nazis y los fascistas españoles de reducir Bilbao a «escombros y cenizas». El 25 de abril, se emitió otro parte radiofónico. Otra advertencia: «Franco está a punto de asestar un potente golpe frente al que toda resistencia es inútil. ¡Vascos! ¡Rendíos ahora y salvaréis vuestras vidas!».

El terror llegó. El 26 de abril, día de mercado en Guernica, los aviones sobrevolaron la ciudad. Cuando salió el sol, era una mañana de primavera como otra cualquiera, un día despejado: un tiempo idóneo para que los campesinos fuesen a comprar sus comestibles, pero también se daban las condiciones perfectas para que los aviones de guerra infligieran el máximo daño. Los aliados sabían que el daño sería mayor en un día de mercado, cuando en la ciudad se reunían unos diez mil civiles. A las 16.40, con las calles a rebosar, las campanas de las iglesias comenzaron a repicar. Se acercaban aviones enemigos.

A principios de 2017 fui a ver la ciudad. Tomé un tren desde Bilbao, contemplé con admiración el paisaje, con sus colinas tapizadas de verde, y llegué a Guernica, el centro espiritual del País Vasco. Paseé por la plaza mayor: la ciudad parecía reconstituida. Ochenta años después, había pocos indicios externos de la devastación. El lugar está formado por un núcleo medieval de muros de piedra. La primera impresión es que se está ante una comunidad muy unida. Pero Guernica todavía da la sensación, ante todo, de ser un lugar de monumentos conmemorativos y recuerdos. Hay un parque dedicado a la reconciliación, un icónico salón de actos que salió indemne de los bombardeos y el árbol de Guernica, debajo del cual se redactaron en época antigua las leyes que rigen la región vasca.

Hasta fecha de hoy, el presidente electo del Gobierno autónomo vasco se desplaza hasta el árbol de Guernica para hacer un juramento: «Ante Dios, humildemente, en pie sobre la tierra vasca, en recuerdo de los antepasados bajo el árbol de Guernica». Hay esculturas de homenaje talladas por el inglés Henry Moore y por el vasco Eduardo Chillida. En los cafés y en los centros de información, los lugareños saben por instinto qué es lo que ha traído un turista a su ciudad.

En el museo de la Paz de Guernica, se muestran crudas realidades al desnudo. Una exposición señala que la Legión Cóndor y la Aviazione Legionaria italiana dejaron caer «un mínimo de treinta y una toneladas de bombas» sobre esta histórica ciudad durante tres horas de bombardeo constante. Se afirma que un kilómetro cuadrado de centro urbano fue arrasado y que un 85,22 % de los edificios de la localidad quedaron completamente destrozados. El resto sufrió por lo menos daños parciales, ya que los incendios ardieron durante varios días. El Gobierno de Euskadi registró 1654 víctimas. Según el museo, existen treinta y ocho documentos distintos que corroboran estas cifras, si bien el número exacto sigue sin resolverse debido a los intentos del régimen de Franco de eliminar víctimas de la memoria histórica nacional.

Por lo tanto, el número de muertos es un tema controvertido y complejo. El recuento español más bajo de la cifra es de doce, que muchos observadores consideran insultante. El célebre periodista sudafricano George Steer, cuyas crónicas para *The Times* despertarían el mundo respecto a los horrores de Guernica, creía que las muertes fueron del orden de cientos y no de miles. Franco, por su parte, pasó a la ofensiva, negando la responsabilidad y sosteniendo que los vascos habían prendido fuego a su propia ciudad. Antonio Aguirre, presidente del Gobierno de Euskadi, dijo posteriormente: «Juro ante Dios y el curso de la historia, que nos juzgará a cada uno de nosotros, que durante tres horas y media los aviones alemanes bombardearon brutalmente a la población indefensa de la ciudad histórica de Guernica, reduciéndola a cenizas y persiguiendo a mujeres y niños con el cañón de la ametralladora. Ha habido un gran número de muertos, y otros muchos han huido precipitadamente debido al miedo y al terror de la situación».

Franco, con la misma transparencia que una jarra de cerveza negra, replicó descaradamente: «Aguirre miente. Nosotros hemos respetado Guernica, como respetamos toda España». Franco tuvo la desvergüenza de concederse más tarde el título de «hijo adoptivo» de la ciudad de Guernica.

En una época en la que Europa gobernaban mentes conservadoras y donde los miedos irracionales a las conspiraciones bolcheviques hacían mirar con hostilidad toda idea de izquierda, la explicación de Franco tuvo su recorrido. Su maquinaria de propaganda puso la quinta marcha. En Radio Berlín, los alemanes la tomaron con la «embustera prensa judía». Después de que sus tropas hubieran limpiado la ciudad, Franco invitó algunos periodistas internacionales a una visita manipulada a Guernica. Allí mostraron unas latas de gasolina que, según ellos, responsabilizaban al Gobierno vasco. No obstante, aquello originó cierto conflicto diplomático. En buena parte, gracias a cierto periodismo valiente.

En abril de 1937 (un tiempo de mentiras), era un acto de valentía decir la verdad. La comunidad política internacional se estremeció cuando salió a la luz la auténtica versión de los hechos. Tres periodistas desempeñaron un papel protagonista en esto: el australiano Noel Monks, del *Daily Express*; el escocés Christopher Holme, de Reuters; y George Steer, de *The Times*. Paul Preston, el destacado cronista de la historia española del siglo XX, relata que los tres cenaban juntos en Bilbao la noche de los ataques de Guernica. Se desplazaron en coche hasta allí. Steer entrevistó a supervivientes y recogió rápidamente un puñado de carcasas de bomba estampadas con el águila imperial alemana. Más adelante, constituiría una prueba adicional del ataque.

En *The Times*, Steer escribió: «A las dos de esta madrugada, cuando visité la ciudad, toda ella ofrecía un espectáculo horrible, ardiendo de punta a punta. El reflejo de las llamas podía verse en las nubes de humo sobre las montañas desde quince kilómetros de distancia. A lo largo de la noche iban cayendo las casas hasta convertir las calles en largas acumulaciones de escombros rojos e impenetrables».

Seguía diciendo: «En la forma de su ejecución y en el alcance de la destrucción que ha provocado, no menos que en la selección de su objetivo, el ataque contra Guernica no tiene parangón en la historia militar. Una fábrica que produce material de guerra y está fuera de la ciudad resultó intacta. Lo mismo que dos cuarteles ubicados a cierta distancia de la localidad. Por lo visto, el bombardeo perseguía desmoralizar a la población civil y destruir la cuna de la raza vasca. Todos los hechos confirman esta apreciación. Esta ciudad de siete mil habitantes, más tres mil refugiados, fue lenta y sistemáticamente reducida a escombros».

El reportaje de Steer removió la conciencia nacional en Gran Bretaña y la crónica se reprodujo en Estados Unidos. Las actas de la reunión del Gobierno británico del 5 de mayo de 1937, presidida por el primer ministro Stanley Baldwin, subrayan el sentimiento global. El secretario de Asuntos Exteriores, Anthony Eden, señala que recibió una nota del embajador estadounidense en la que decía que «el suceso se había recibido con sumo horror en Estados Unidos, donde se consideraba como un ensayo para el bombardeo de Londres y París».

El instinto norteamericano sería premonitorio. El 26 de abril de 2007, en un acto de conmemoración del septuagésimo aniversario de Guernica, los alcaldes de Hiroshima, Varsovia, Stalingrado, Pforzheim y otras ciudades se unieron al Gobierno vasco para encender una llama de recuerdo. Era un recordatorio de que, después de Guernica, la conmoción y el pavor quedarían para siempre. El escritor vasco Alberto Onaindia lo calificaría como la «primera expresión de guerra total».

Entre tanto, Franco insistía con su imaginaria versión de los hechos. En *Guernica y la guerra total*, de Ian Patterson, el autor refleja una alocución radiofónica de Franco desde Salamanca: «Mentiras, mentiras, mentiras. ¡Aguirre miente! En primer lugar, no existe ninguna fuerza aérea alemana ni española en la España nacional [...] En segundo lugar, no bombardeamos Guernica. ¡La España de Franco no prende fuego!».

Steer dio más respuestas a los desmentidos de Franco en *The Times* el 6 y el 15 de mayo, a la vez que también informaba sobre el derribo de un piloto alemán en las provincias vascas. Preston cuenta cómo se encontró el diario de vuelo del piloto, que demostraba que el ataque había tenido lugar, por cuanto detallaba su participación en él. Existen más pruebas, además de los centenares de testimonios. En el interior del museo de Guernica hay una fotografía de Hermann Goering felicitando y estrechando la mano a los miembros de la Legión Cóndor por el éxito de su operación. Posteriormente admitiría en los juicios de Núremberg de 1946 que aquel bombardeo formaba parte de un plan.

El nombre de Guernica se asociará para siempre con un acto de suprema brutalidad. Es un nombre cargado de significado, una referencia al terror. El drama de la ciudad inspiró a Pablo Picasso para pintar su icónico *Guernica*. Picasso había leído la crónica de Steer mientras residía en París, después de que el artículo se reprodujera en el periódico comunista francés *L'Humanité*. Durante los seis meses que siguieron, desarrolló su cuadro e inmortalizó el suceso para la historia. El retrato se usa como telón de fondo de la sala de debates de las Naciones Unidas en Nueva York: es un recordatorio constante e inquietante para los diplomáticos del mundo de los peligros de las decisiones que toman. En España, provocó tanta conmoción que Franco declaró ilegal poseer incluso una postal del cuadro.

Fue un retrato que sobresaltó al mundo, y tuvo un raro impacto global en la era analógica. Uno de los tópicos del legado cultural europeo sostiene que se puede obtener la mayor belleza del peor de los males. Trae a la mente aquella deliciosa cita de Orson Welles en la película británica de 1949 *El tercer hombre*: «Como dijo no sé quién —murmuraba el personaje de Welles, Harry Lime—, en Italia, en treinta años de dominación de los Borgia, hubo guerras, matanzas, asesinatos..., pero también Miguel Ángel, Leonardo y el Renacimiento. En Suiza, por el contrario, tuvieron quinientos años de amor, democracia y paz. ¿Y cuál fue el resultado? El reloj de cuco».

Picasso tenía un sentido del humor muy personal. Unos años después de sacar a la luz pública el *Guernica*, residía en París durante la ocupación nazi de la Segunda Guerra Mundial. Un día, un oficial de la Gestapo irrumpió en su casa, señaló el mural en la pared y se volvió hacia el artista. «¿Tú has hecho esto?» La respuesta de Picasso fue instantánea y desdeñosa: «No, lo hicisteis vosotros».

Las mentiras de Franco continuaron durante décadas. Noel Monks, el periodista del *Daily Express* que estuvo allí aquella noche, escribiría más tarde en el *Daily Mail*: «El general Franco negó que el ataque aéreo hubiese sucedido nunca, y afirmó que fuerzas del Gobierno habían dinamitado la ciudad. Aquello me convertía en un gran embustero, enrareció las relaciones con mi familia en Australia y estuvo a punto de conseguir que me excomulgaran de mi Iglesia, porque hasta el papa apoyó el mentís de Franco». En 1955, Adolf Galland, que sirvió en España y fue nombrado general por Hitler a los veintinueve años, sacó un libro en el que admitía que Guernica fue un «campo de pruebas» para las tácticas aéreas alemanas, así como para varias bombas explosivas y artefactos incendiarios. «Personalmente, me gustaría oír lo que el general Franco, que durante dieciocho años me ha tildado de mentiroso, tiene que decir al respecto», escribió Monks.

Sesenta años después del suceso, los alemanes reconocieron por fin su complicidad y su culpa. En 1997, en una ceremonia para conmemorar a las víctimas, el embajador alemán en España, Henning Wegener, leyó un discurso de su presidente, Roman Herzog. Dijo: «Quisiera afrontar el pasado y quisiera admitir explícitamente la implicación culpable de pilotos alemanes». Sin embargo, el *New York Times* criticó a los alemanes por no llegar a pedir una disculpa plena. El Parlamento germano había rechazado una moción para hablar sobre el ataque, mientras que la oposición a la coalición de Helmut Kohl presionaba por una disculpa absoluta y sincera. Fue, no obstante, una vindicación de Steer y Monks, quienes fueron unos agentes intrépidos.

En nuestros días, los bombardeos aéreos son cada vez más normales, pero, debido al cuadro de Picasso, Guernica se ha convertido en sinónimo de masacre indiscriminada. Cuando las imágenes de televisión y las portadas de los periódicos reflejaron la angustia de la población civil de Alepo en 2016, Guernica seguía siendo un marco de referencia. En octubre de 2016, el diputado conservador británico Andrew Mitchell dijo de los ataques aéreos rusos en Siria: «Lo que le están haciendo a Alepo es exactamente lo que los nazis le hicieron a Guernica en la guerra civil española». El *Guardian*, el *Daily Mail* y el *The Times* se pusieron de acuerdo por una vez y elogiaron sus palabras y su valentía al subrayar los peligros de la no-intervención. Peter Tatchell, el activista británico luchador por los derechos humanos, pirateó una rueda de prensa dirigida por el líder del Partido Laborista Jeremy Corbyn en diciembre de 2016 para censurar la incapacidad de los políticos a la hora de criticar una «Guernica moderna». El escritor satírico y dibujante portugués Vasco Gargalo fue un paso más allá, superponiendo las cabezas del líder ruso Vladimir Putin y del dictador sirio Bashar al-Assad sobre el retrato de Picasso, en una imagen que se hizo viral en las redes sociales.

Guernica conmocionó al mundo y las consecuencias fueron enormes. Cuando la población vasca tuvo miedo, aquel ya no fue lugar para niños. Los críos se fueron porque los padres estaban desesperados. «Los refugiados infantiles se marchan cuando no queda luz al final del túnel —escribió A. A. Gill, el difunto periodista del *Sunday Times*—, porque para entonces el túnel ha sido volado.» Unos treinta y tres mil niños se fueron de la región. Las evacuaciones fueron una práctica cotidiana. La inmensa mayoría se iba a Francia. Otros fueron a la Unión Soviética, Bélgica, Dinamarca y

Suiza. El Reino Unido acogió poco menos de cuatro mil. Sabino y sus dos hermanos fueron embarcados en el vapor *Habana* rumbo a Southampton. Fue el comienzo de una extraordinaria historia de valor personal y deportivo, de trauma y tragedia sustituidos por triunfo y trofeos. Y, por trivial que pueda parecer, también supuso el inicio de la historia española en el fútbol inglés.

«Por entonces, mis abuelos sabían que tenían que sacar a los chicos —dice la hija de Barinaga, Almudena, reanudando el relato—. Mi abuelo era partidario de Rusia, un poquito comunista. Quería que mi padre y sus hermanos se fueran a Rusia. Mi abuela no estuvo de acuerdo y los metió personalmente en el barco rumbo a Gran Bretaña. Cuando mi abuelo lo descubrió, bajó corriendo al puerto y trató de subir al barco para sacarlos de allí. Gracias a Dios, ya era demasiado tarde. Sin Gran Bretaña, sin Southampton, mi padre tal vez no se hubiera enamorado nunca del fútbol. Quizá no hubiera marcado nunca noventa y tres goles con el Real Madrid.»

Sabino se embarcó en el *Habana* con sus dos hermanos más pequeños, Iñaki y José Luis. Tras un peligroso viaje, desembarcaron en Southampton el 23 de mayo de 1937. En declaraciones al *Daily Mail* al día siguiente, un testigo que viajó en el barco explicó: «Casi tan pronto como salimos del puerto de Bilbao nos topamos con mal tiempo, que continuó hasta que nos acercamos a Inglaterra. Los niños caían como si fuesen bolos. Pasaron terribles apuros y fuertes mareos». Las desvencijadas máquinas impulsaron penosa y ruidosamente el buque rumbo al norte, como un pez humano bíblico que llevara a los niños a la salvación.

En Southampton, fueron recibidos amablemente. Como continuaba el relato: «Los gritos de alegría con que cogían las chocolatinas y demás tentempiés que la gente de Southampton les tiraba mientras pasaban por las calles en autobuses y camionetas daban testimonio de que el terror había concluido. Muchos pequeños sorprendieron al pedir cigarrillos. Terriblemente cansados, muy desconcertados y desinfectados a conciencia, los cuatro mil niños vascos que llegaron aquí hoy desde Bilbao duermen esta noche liberados de los horrores del hambre y la guerra. Jóvenes Juanes, Juanitas, Migueles y Cármenes, coloridos pero desesperados, se hicieron oír hoy en Southampton desde el amanecer. Algunos de los mayores rompieron en llanto, pero los refugiados más jóvenes demostraron que consideran Inglaterra poco menos que un paraíso».

A su desembarco, Sabino y sus hermanos se sintieron agradecidos por poder estar juntos en Nazareth House, un orfanato convertido en escuela y regentado por monjas. Con cuidado de no infringir el pacto de no-intervención firmado por veintisiete países europeos en 1936, el Gobierno británico no contribuyó a la acogida de los niños vascos por miedo a parecer que tomaba partido en la guerra civil española. En verdad, el sentimiento predominante era que las principales personas influyentes no querían para nada a aquellos niños en el país. Winston Churchill, por ejemplo, bromeó durante una sesión del Parlamento diciendo que los conservadores no deberían meter a todos sus «vascos en la misma salida» [parafraseando la expresión «en el mismo cesto»].

Aquello, con todo, era una crisis humanitaria, no un problema diplomático. Aquellos niños no eran migrantes económicos; eran almas afligidas que huían de un país en lugar de ir a otro. Por fortuna, los refugiados sacan lo mejor de un alto porcentaje de la población civil, si no de los vestidos de uniforme. Con el tiempo, el Gobierno sucumbió a la intensa presión popular y concedió a los niños visados de tres meses, aunque el primer ministro Baldwin subrayó que «el clima no les sentará bien».

La opinión pública estaba dividida. En un debate en la Oxford Union, la moción «esta asamblea sostiene que España no es asunto nuestro» recibió cincuenta votos a favor y cincuenta y siete en contra, subrayando los sentimientos contradictorios incluso entre los estudiantes. En última instancia, la manutención de los niños fue financiada únicamente por la generosidad del sector privado y la benevolencia del gran público británico. El Comité Nacional de Ayuda al Pueblo Español encabezó la operación, ayudado por organizaciones como el Ejército de Salvación, el Comité de los Niños

Vascos y Save the Children Fund. Familias acomodadas de todo el país acogieron a los niños en sus casas, desde los padres de Richard y David Attenborough hasta las familias Cadbury (chocolate) y Clark (zapatos). Al principio, a los pequeños los instalaron en campamentos antes de trasladarlos a colonias y residencias familiares.

En su autobiografía *Entirely Up to You, Darling*, el legendario cineasta Richard Attenborough cuenta cómo su primer amor siendo un adolescente de catorce años fue una joven refugiada. Recuerda:

> Rosa era uno de los cincuenta niños que llegaron a Leicester. Mi madre era secretaria del comité fundado para atenderlos y, por supuesto, mucho más. Convenció a familias locales para que apadrinaran a los niños donando diez chelines por semana, fue ella quien alquiló la mansión abandonada que iba a convertirse en su casa, ella quien se arremangó y fregó los suelos. Rosa ayudaba con los pequeños y se lo tomaba todo con tranquilidad. Yo iba en bicicleta hasta la mansión para pasarme horas dándole la mano y mirando aquellos ojos marrón oscuro. Todavía puedo ver ahora a mi primer amor, esperándome al sol en Evington Hall. No debía de tener más de quince años; una muchacha menuda, bien proporcionada y de piel olivácea que siempre llevaba una rosa prendida en su pelo negro azabache. Y, durante unos cortos meses, ella fue mi única chica para siempre. De habérmelo pedido, le habría entregado mi vida.

Una vez en Southampton, Barinaga empezó a jugar al fútbol en la Nazareth House. Lo hacía por las tardes y los fines de semana. Otro evacuado, Raimundo Pérez Lezama, que huyó de la ciudad de Baracaldo en el mismo buque *Habana*, se encontró allí con él. Lezama, que era portero, jugaría en los mismos equipos juveniles del Southampton que Barinaga antes de regresar a España y fichar por el Athletic de Bilbao, donde ganó seis Copas del Generalísimo y dos títulos de Liga. Falleció en 2007, pero su hijo Manuel me recibe en su piso de Bilbao, a un tiro de piedra del nuevo estadio de San Mamés.

«Mi padre es un auténtico niño de la guerra —dice Manuel, un sesentón bigotudo y antiguo óptico—. Él y Sabino fueron los primeros jugadores españoles en las ligas inglesas, pero mi padre era mayor, así que jugó primero. Cuando asistimos a la invasión de españoles en el fútbol inglés actual, y particularmente de los vascos, como Ander Herrera y Mikel Arteta, me siento muy orgulloso de este legado. Mi padre era uno de los de más edad a bordo del *Habana*. Tenía quince años, camino de los dieciséis. Se marchó con su hermano pequeño, Luis, que tenía once. Mi padre siempre me decía que había olvidado el sabor y el olor de la leche y el pan durante la guerra civil en España y que el primer recuerdo que conservaba de Inglaterra era aquel vaso de leche fresca y ese pan blanco a su llegada. Fue como el paraíso. En la Nazareth House, le dieron ropa, comida y educación. Los ingleses fueron muy atentos. Ni una sola vez oí a mi padre decir una palabra contra la gente de Southampton. Jamás. El trato fue extraordinario, una muestra notable de dignidad humana y conciencia social.»

La benevolencia demostrada por el público inglés fue amplia. «Uno de los comandantes de la RAF se convirtió en un segundo padre para él. Recuerda que no había demasiados jóvenes, porque muchos de ellos estaban en el frente luchando en la Segunda Guerra Mundial. Mi padre incluso vivió con él por un tiempo, llegó a ser chófer de la RAF y condujo para este comandante. El militar era también dirigente del Southampton y lo llevó a hacer una prueba. No había jugado nunca en la portería, pero tenían demasiados jugadores de campo y no suficientes porteros. Empezaron a formarlo desde cero y comenzó a destacar.»

La trayectoria de Barinaga fue algo distinta. El entrenador del Southampton, Tom Parker, le vio jugar en los equipos escolares de la Nazareth House. Enseguida le llamó la atención la habilidad de aquel joven español —Barinaga era ambidiestro por naturaleza: manejaba ambas piernas por igual—, pero también se fijó en su equilibrio y potente disparo. Lezama y Barinaga jugaban en el equipo más joven del club, conocido como el «equipo B». Parker tenía muchas ganas de ensanchar la cantera del club y ofrecer a más jóvenes locales una oportunidad en el deporte. De hecho, el Southampton descubrió al dúo hispano en un aparcamiento no lejos del estadio.

Una crónica del *Daily Mirror* del 17 de marzo de 1939 dice: «Dos refugiados vascos se divertían chutando un balón en un aparcamiento de Southampton. Lo hacían con tanta habilidad que un hombre se desvió de su camino (salía del campo del Southampton F. C.) para observarlos. Lo que vio le hizo acudir corriendo al entrenador Tom Parker. Tom salió, echó un vistazo a los chicos y los puso bajo la protección del club. Desde entonces casi han vivido en The Dell [el estadio del Southampton]. Ahora el Southampton tiene dos de los muchachos más prometedores en este país».

El Saints Supporters' Club financió el equipo juvenil y participaron en la liga júnior de Southampton. Sus números son extraordinarios. En la temporada 1938-39, el equipo disputó treinta y tres partidos de liga y copa. Ganaron treinta y uno, empataron uno y perdieron otro. Solo el Ferry Engine Company les arrancó un empate a uno en la liga, mientras que el Fellowship of St Andrew los ganó por 2-1 en la IIants Junior Cup. Anotaron doscientos setenta y siete goles y solo encajaron diecisiete. Barinaga fue el autor de sesenta de esos tantos. Un artículo del *Daily Mirror* añade: «Barinaga reúne las caractarísticas de un delantero brillante, marcó seis de once tantos el pasado sábado, cuatro de ellos de cabeza. El otro chico, Raimundo Pérez, de quince años, es un portero "ágil como un gato". El entrenador Parker dijo: "Cuando este Sabino arranca, no hay quien lo pare, y le considero uno de los jóvenes más brillantes que he visto jamás. Estamos muy interesados en retenerlo, y si podemos conseguir un permiso del Ministerio del Interior y el consentimiento de sus padres, lo haremos". Barinaga dijo: "Me encantaría quedarme en Inglaterra"».

El hijo de Lezama saca un viejo recorte de periódico que su padre conservó a su regreso de Southampton. Lezama trajo también tres libros sobre las reglas de juego que se escribieron antes de iniciarse el siglo xx. Se pasaba horas estudiándolas en su dormitorio de la Nazareth House, leyendo para mejorar su conocimiento del juego y su nivel de inglés.

Ese recorte en particular es un análisis de la temporada redactado por el periódico local; el titular de la página de atrás reza: «Ellos pueden ser algunas de las "estrellas" del futuro». Sigue diciendo:

> Probablemente, el más destacado ha sido el refugiado vasco de dieciséis años Sabino Barinaga, uno de los delanteros desde diciembre. Antes de llegar a Inglaterra, Barinaga no había chutado nunca un balón y su conocimiento del juego era relativamente nulo. Sus proezas como goleador y su aptitud natural para el fútbol han demostrado que, probablemente, es un gran jugador en ciernes. Dotado de estatura, Barinaga posee también un buen control y distribución del balón, y dispara con ambas piernas. Ha marcado sesenta y dos goles en dieciocho partidos, una actuación verdaderamente singular en una primera temporada de fútbol de competición. Otro refugiado, Raimundo Pérez, ha defendido la portería y ha hecho rápidos progresos en el juego.

Manuel husmea en su baúl, repleto de recuerdos, fotos e información sobre esos niños evacuados del País Vasco, y exhibe dos medallas relucientes. Son de la época de su padre en Southampton; con toda probabilidad, las medallas más antiguas ganadas por un español en el fútbol inglés. Una por ganar el título de liga, y la otra, de la Junior Challenge Cup. Guardadas en sendos estuches de cuero negro, grabados con las palabras «Southampton FA», los abre. Los orfebres afincados en Birmingham Vaughtons Medallists confeccionaron las medallas, que están maravillosamente bien conservadas casi ochenta años después. «Se transmitirán a través de mi familia durante siglos», augura, aferrando las medallas en sus manos.

El Southampton quería que ambos jugadores se quedaran, pero la guerra había consumido Inglaterra y ahora anhelaban volver a casa. Barinaga echaba muchísimo de menos a sus padres y sentía una responsabilidad para con sus dos hermanos pequeños, Iñaki y José Luis. Además, el Ministerio del Interior le privó de una autorización para quedarse. El día que regresó a casa, el jueves 21 de marzo de 1940, Tom Parker declaró al *Daily Mirror* que Barinaga era «el mejor talento natural que he descubierto». A lo largo de toda su estancia en Inglaterra, Sabino escribía de continuo a los suyos, aguardando desesperadamente una respuesta, aguardando desesperadamente algún indicio de que su madre, su padre y su hermanita aún vivían. El panorama era sombrío.

«En Inglaterra todo el mundo le decía que los habían matado, pero él se resistía a creerlo —dice su hija—. Me decía que tenía un presentimiento en su fuero interno, casi como una conexión especial. Aún creía que estaban vivos y continuaba convencido de que daría con ellos. A principios de 1940, regresó a Bilbao con sus hermanos. Para entonces había mucha gente que regresaba. Seguía siendo un momento angustioso. Todo el mundo sabía que España era peligrosa. El general Franco detentaba el poder y en mi familia eran vascos. Pero mi padre era testarudo como pocos. Decidió que iba a dar con su madre, su padre y su hermana, y no se detuvo ante nada para conseguirlo. Durante unos meses no pudo encontrarlos. Al final se supo que habían huido a Barcelona. Cuando regresaron a Bilbao, se encontraron allí donde había estado su casa en Durango. En 1940, volvían a estar juntos. Cuando una lo recuerda así, casi parece demasiado prodigioso para ser verdad.»

Para entonces, Sabino tenía diecisiete años. La noticia de sus gestas goleadoras se había propagado a lo largo y ancho de España. Recibió una oferta del Athletic de Bilbao, pero el Real Madrid llegó en el último momento con una propuesta lucrativa. Algunos vascos se habrían resistido a trasladarse a Madrid, tan a menudo percibido (justificada o injustificadamente) como una prolongación del baluarte de Franco.

«Esto es fácil decirlo en retrospectiva —comenta Almudena—. Todos tenemos una visión de 20/20 cuando miramos atrás. Mi padre lo había pasado mal. Le ofrecían un dinero excelente, que se haría cargo de su familia. No se podía hablar de política en aquella época. Era demasiado peligroso. Así que no lo hacía. En realidad, no era un nacionalista vasco. En realidad, no le gustaba todo aquello. Tuvimos conversaciones al respecto y él decía que no era ni un ciudadano vasco ni un ciudadano español. Se consideraba un ciudadano del mundo. Le gustaba Inglaterra; más adelante trabajó en Sudamérica y en México. Jamás comprendió la idea del nacionalismo. Solo quería disfrutar de su vida, conocer y querer a la gente, cualquiera que fuese su procedencia o su aspecto. ¿Tan mal está eso?»

Durante once años en el Real Madrid, Barinaga marcó noventa y tres goles en ciento ochenta y dos partidos oficiales, ganó dos Copas del Generalísimo y una Copa Eva Duarte. «Futbolista todoterreno, su polivalencia le sirvió para jugar en infinidad de posiciones, destacando por su gran llegada y capacidad goleadora», dice la web oficial del Real Madrid.

«Marcó montones de goles —añade Almudena—. Era muy delgado, con las costillas marcadas y unos muslos grandes y musculosos. No fumó un solo cigarrillo en su vida. Era un atleta. Bueno, comía mucho, eso sí. Parecía una aspiradora. También le gustaba el vino… y el whisky… Lo que yo digo, ¡un atleta! Pero aquellos eran otros tiempos.»

Su gol más célebre tuvo lugar en 1947, cuando anotó el primero del Real Madrid en el nuevo estadio Santiago Bernabéu. Llegó en una victoria por 3-1 contra el equipo portugués Os Belenenses. Su hijo, Sabino Jr., todavía conserva el banderín que Barinaga recibió como reconocimiento. También consiguió cuatro goles en la infamante victoria por 11-1 sobre el Barcelona en 1943. «Le gustaba jugar en el Real Madrid. Le pagaban muy bien. Al final, tuvo un desencuentro con Santiago Bernabéu, a la sazón el presidente del club blanco. Llegó un entrenador inglés llamado Michael Keeping, que no valoraba a mi padre. Papá intentó hablar con Bernabéu, quien le dijo: "Tú eres para mí como un hijo, jugarás". Pero nada cambió, así que pidió marcharse y fichó por la Real Sociedad. A partir de entonces, Bernabéu le vio como una especie de traidor. El nombre de mi padre apenas se mencionaba en ese club. No era bien recibido. Mi padre creía que era cosa de Bernabéu. Cuando papá falleció, el club mandó flores, pero eso fue todo.»

«En cierto modo, sentía más aprecio por el Southampton. El entrenador Tom Parker le trató de maravilla. Él le mostró el camino. Tuvo otras ofertas en Inglaterra, de grandes equipos de Londres, pero no habría firmado nunca por otro club inglés. Si se hubiera quedado en Inglaterra, quería tanto a Southampton que habría residido allí para siempre. Durante muchos años, siguió escribiendo a la hermana May, una de sus maestras en la escuela de Southampton. Ella se interesaba por su vida y él les quería mucho. Regresó muchas veces a Southampton. Tenemos una foto suya con los directivos del Southampton en los años setenta.»

Para el portero Lezama, dejar Southampton fue también una pena. «Jugó tres temporadas en el Southampton: 1937-38, 1938-39 y 1939-40 —explica su hijo Manuel—. Su hermano regresó a Bilbao en 1939, pero mi padre se quedó. El último año jugó con el primer equipo. Muchos chicos apenas aprendían inglés porque se pasaban todo el tiempo con amigos españoles, pero entonces mi padre vivía con el comandante. Finalmente, sintió que debía volver a casa. Cuando llegó a Baracaldo, su padre le preguntó: "¿Qué vas a hacer ahora? ¿Cómo vas a ganarte la vida? ¿Qué has hecho en Inglaterra?". Él respondió que sabía hablar inglés, cosa que desde luego era útil, pero añadió que también había aprendido a jugar al fútbol. En la España posterior a la guerra civil, los equipos buscaban jugadores. Fue a un club llamado Arenas de Getxo. Mi abuelo conocía a un directivo de allí. Le hicieron una prueba y, al cabo de cinco minutos, el entrenador se volvió hacia el directivo y dijo: "Diablos, fichad a este muchacho. Es el portero que estaba buscando".»

«Tal vez sea parcial, pero mi padre fue un portero increíble. En Bilbao, le llamaban el padre de los porteros modernos. Ahora se habla de Manuel Neuer. Mi papá hacía esas cosas medio siglo atrás. Salía jugando desde atrás, era un *sweeper-keeper* [arquero líbero], preveía el peligro, tenía presencia y atajaba los centros. ¡A Pep Guardiola le habría encantado! Fue un pionero. Eso fue mucho antes de Carmelo Cedrún, mucho antes de Andoni Zubizarreta. Impuso esa nueva forma de jugar de portero: dominar el área, salir de puerta. Tres meses después de haber fichado por el Arenas, se lo quedó el Athletic. Jugó allí durante dieciséis años.»

El historiador del fútbol español José Ignacio Corcuera escribió de Lezama: «Lejos de recibir aplausos, algunas de sus innovaciones fueron entendidas por la mayoría de los aficionados como pura excentricidad. Pero eran ideas revolucionarias para la época. Por ejemplo, cuando hablaba de entrenar en pistas de tenis, pero con un balón de fútbol y usando solo la cabeza para pasarlo de un lado a otro de la red, nadie le tomó en serio. Muchos años después, hay multitud de entrenadores de prestigio que lo incorporan como un método de preparación».

En estos pagos, reconocen a un buen futbolista cuando lo ven. Cuando Ryan Giggs, a sus treinta y ocho años, fue sustituido durante la derrota del Manchester United en la Europa League a manos del Athletic de Bilbao en San Mamés, en 2012, todo el estadio se puso en pie. El público local homenajeaba a un futbolista que jugaba como ellos entendían que había que jugar: con riesgo, inteligencia y olfato. El lateral izquierdo Patrice Evra devolvió los aplausos desde el terreno de juego y Giggs se sintió tan conmovido por la ovación que donó la camiseta que había llevado en el partido de ida, una derrota por 2-3 en Old Trafford, al museo del Athletic en San Mamés. En 2005, el club instituyó un «Premio Anual a un Hombre de Club» y entregó el galardón inaugural a la leyenda del Southampton Matt Le Tissier antes del derbi contra la Real Sociedad. El club dijo de Le Tissier: «Muchos grandes jugadores han expresado su admiración por ti. Dicen, por ejemplo, que Pelé comentó que, si hubieras sido brasileño, siempre habrías formado parte del once inicial».

El centrocampista del Manchester United Ander Herrera jugó aquella eliminatoria de la Europa League con el Athletic de Bilbao. «La ovación para Giggs… fue especial. —Sonríe sentado en el taburete de un bar en un hotel situado frente a Old Trafford—. Recuerdo que fue emocionante verla, oírla y tocarla en el campo. Es una característica muy especial de ese club. Hicieron lo mismo con la leyenda del Real Madrid Raúl cuando jugaba en el Schalke. Reconocen la grandeza. El viejo San Mamés era un sitio especial.» Herrera junta el pulgar y el índice, se los lleva a la nariz e inhala. «Se podía oler el fútbol. No sé expresarlo con palabras. Son los recuerdos, la cultura, el sentido compartido de pertenencia y la sensación de que el deporte tiene un significado más grande.»

Herrera tiene razón. Bilbao es un lugar especial para experimentar el fútbol. El fin de semana que voy a ver a Manuel insiste en que nos encontremos el domingo, en lugar del sábado, para no coincidir con día de partido. No es más que un choque intrascendente a final de temporada contra el Villarreal, pero aquí cada partido es un acontecimiento. Toda la ciudad late de expectación. El trayecto a pie por la calle principal que lleva hasta el estadio San Mamés —llamada Poza Lizentziatuaren kalea— es vivificante. Banderas rojiblancas cuelgan de los bares y los pisos de arriba. En los tradicionales bares de *pintxos* sirven jamón ibérico, pepinillos rellenos, bacalao salado y anchovas fritas. Hay puestos que venden bocadillos de tortilla de patatas. Los aficionados beben el tradicional cóctel vasco *kalimotxo* (una mezcla peculiar de vino tinto y Coca-Cola) y hablan apasionadamente sobre fútbol. Son anfitriones hospitalarios; los hinchas del Manchester United aún recuerdan que los seguidores del Athletic se alinearon fuera del estadio para aplaudir el apoyo que dieron a su equipo después de ese partido de vuelta de la Europa League.

La ciudad está loca por el fútbol. En las muchas tiendas de recuerdos se puede comprar baberos, zapatillas, mecheros, *aftershaves*, corbatas, carteras, relojes y botellas de vino del Athletic. En las carnicerías, los cerditos de mármol de la entrada están envueltos en bufandas del Athletic. Dentro del estadio, auxiliares y aficionados llevan las tradicionales *txapelas* vascas (las boinas originales) y los niños se ponen máscaras de leones, aludiendo al apodo del club. Los lugare-

ños llaman a San Mamés «la Catedral», un lugar de culto
nacional. Es un estadio especial donde ver fútbol, uno de los
que tienen más ambiente en Europa: por su intensidad, es
más Estambul que Iberia.

Es casi imposible visitar Bilbao y no quedar seducido por
el encanto de este club de fútbol. Su política dice que solo
pueden contar con jugadores vascos en la plantilla, prote-
giendo así su intensa identidad nacional. Para los aficionados
al fútbol, pocas cosas son tan embriagadoras como presenciar
un grupo de talentos hechos en casa triunfando juntos. Es un
sentimiento agudamente resumido por el chef catalán de
estrella Michelin Ferran Adrià, quien reflexionaba sobre la
importancia del talento local para los seguidores del Barcelona: «Si ganamos la Champions League, no importa quién
jugaba —dijo Adrià—. Pero si perdemos, entonces oiremos
sin duda que los que jugaron no eran catalanes».

Me cuenta Herrera: «Para mí, el Athletic es un club perfecto. Fabrican sus jugadores y cuidan de nosotros. Cuando
uno llega a Bilbao, sabe que debe escuchar y aprender.
Recuerdo que diez años atrás hubo un momento muy difícil
para el Athletic y estuvieron muy cerca del descenso. Se
abrió un debate acerca de si debían mantener la filosofía o
no. Aunque un día bajen a segunda división, no pueden
cambiar eso. Nunca. Nunca jamás. Es lo único que distingue
al Athletic del resto del mundo. De otro modo, no sería más
que un club de tantos. Y entonces ¿qué tienes? El vestuario
está muy unido. Puedes entrar allí y decir: "Hoy no tengo
planes después de entrenar, ¿a quién le apetece hacer algo?".
Normalmente, en un vestuario, esto solo se hace con dos o
tres compañeros cercanos. En el Athletic, todos se mezclan
con todos. Es una verdadera familia. Un club fantástico, una
gente formidable».

Allí han visto algunos jugadores prodigiosos. A lo largo
de generaciones, han desfilado un elenco de estrellas, desde
Pichichi y Telmo Zarra hasta Dani Ruiz y José Ángel Iríbar.
Lezama, hecho en el Southampton, pertenece a ese grupo.
Alrededor del nuevo estadio del club, solo tres jugadores
tienen calles bautizadas con su nombre. Rafael Moreno, más

conocido como «Pichichi» (el patito), es el primero. Fue el gran goleador del Athletic en la década de 1910 y ahora el trofeo del máximo goleador de la Liga recibe su nombre. Con solo ciento cincuenta y dos centímetros de estatura y cincuenta kilos de peso, marcó setenta y siete goles en ochenta y nueve partidos de la Copa del Rey y doscientos tantos en ciento setenta encuentros en total. En *De Riotinto a la Roja: un viaje por el fútbol español, 1887-2012,* Jimmy Burns escribe sobre Pichichi: «Fanático de la buena preparación física, usaba su velocidad y habilidad en el regate para eludir las estratagemas a menudo brutales de defensas vascos mucho más grandes y fuertes que él, al mismo tiempo que era un rematador sumamente eficaz. Los periodistas locales lo apodaron el Rey del Chut».

El segundo es Telmo Zarra, que jugó en los mismos equipos del Athletic que Lezama entre 1941 y 1955 y marcó trescientos treinta y dos goles para el club. Solo Lionel Messi ha anotado más goles en la Liga que los doscientos cincuenta y uno de Zarra. Su legado se perpetúa con el Trofeo Zarra, que se concede al jugador español más realizador de la Liga. En 2015, Lezama se unió al elenco de élite cuando el Ayuntamiento descubrió el paseo Raimundo Pérez Lezama. Uno de los asistentes a la ceremonia fue el gran José Ángel Iríbar, quien creció venerando la figura de Lezama antes de iniciar su reinado de veinte años en la portería del Athletic.

Barinaga y Lezama fueron buenos amigos hasta su regreso a España, pero la amistad se transformó en rivalidad en el verano de 1943. Ahora en las filas del Real Madrid y del Athletic de Bilbao, los Príncipes de Southampton, como sus compañeros de equipo los llamaban, se enfrentaron en la final de la Copa del Generalísimo. El Athletic ganó por 1-0 y Lezama fue la estrella. Fue un acontecimiento de gran significación política: el general Franco tuvo que pasar por la afrenta de entregar personalmente el trofeo a los vascos. «Quizás a diferencia de Sabino, mi padre era un acérrimo nacionalista vasco, pero aquí estamos hablando de la España franquista. Había que estar loco para salir a decir algo. Te volaban la cabeza —dice Manuel, apuntándome a la cabeza con dos dedos e imitando la detonación de una pistola—. Creo que la actuación de mi padre en aquel partido estuvo inspirada por todo lo que había sucedido antes, el terror que los nacionalistas españoles habían infligido a sus familiares y amigos.»

Manuel todavía conserva la crónica oficial del encuentro: «El Madrid mereció la victoria por el magnífico fútbol que jugó en la segunda mitad. El mejor jugador sobre el campo fue sin lugar a dudas Lezama, que paró todo lo que los madrileños le lanzaron. El Madrid pugnaba contra la magnífica actuación del portero del Bilbao».

Mientras sirve una taza de café, Manuel esboza una sonrisa: «Ya te he dicho que era bueno».

Después de retirarse, Lezama no quiso ser entrenador, pero Barinaga sí, y llegó a dirigir once clubes y equipos internacionales entre 1954 y 1978. En España, entrenó al Real Betis y al Real Oviedo en tres ocasiones cada uno, Osasuna, Málaga, Atlético de Madrid, Valencia, Sevilla, Real Mallorca y Cádiz. También dirigió a la selección de Marruecos y al Club América en México.

En febrero de 1966 regresó a Inglaterra cuando llevó al Valencia a jugar contra el Leeds en la Copa de Ferias: la historia del partido es un clásico para quienes veneran o ultrajan la época de Don Revie en Elland Road. El encuentro se disputó una gélida noche de invierno; aquel Valencia de Barinaga era un equipo europeo de élite. Habían levantado el trofeo en 1962 y 1963. Barinaga, habiendo olvidado claramente las duras condiciones del invierno inglés, tenía su propia perspectiva idealista de cómo había que jugar al balompié. «Si te gusta jugar un buen fútbol, el campo debe estar seco, con mucha hierba.» Sin embargo, la superficie del Elland Road del Leeds United estaba horrible, y un adversario avispado sacaría partido de las malas condiciones. Naturalmente, Don Revie calificó el campo de «perfecto» la víspera del partido.

El encuentro en sí fue una olla de presión que finalmente estalló. Al día siguiente, las primeras páginas de la prensa inglesa estaban repletas de fotos de policías sobre el terreno de juego de Elland Road, forcejeando con jugadores para disolver la tángana que se había formado. Ronald Crowther, del *Daily Mail*, lo calificó de «casi una corrida de toros». El incidente que abrió la caja de Pandora tuvo que ver con Jack Charlton, quien relató el caso en una biografía de Billy Bremner. «Lo que había sido un ambiente caldeado se puso al rojo vivo, cuando nos lanzamos a un asalto que confiábamos nos daría por vencedores. A quince minutos del final, yo corría hacia delante para sumarme a uno de nuestros ataques. Cuando provoqué a un rival en el área del Valencia, me dio una patada. Esto me enfureció, desde luego, pero antes de saber dónde estaba tuve que encajar mucho más..., porque uno de mis adversarios soltó un puñetazo del que Cassius Clay habría podido sentirse orgulloso.»

Lo que siguió fue una escena de persecución que habría podido tener de fondo la sintonía de Benny Hill, cuando Charlton echó a correr por el campo detrás de su rival español. «En aquel momento, mi cólera se desbordó [...] Lo perseguí alrededor del área con un solo objetivo: desquitarme. Había perdido los estribos por completo, después de aquellas faltas diabólicas contra mí, y ni los españoles ni las manos de mis compañeros de equipo que intentaban retenerme pudieron refrenar mi sed de venganza. De repente había jugadores empujándose y zarandeándose por todas partes. La policía saltó al campo para impedir que aquel partido de fútbol degenerase en una batalla campal. Y Leo Horn [el árbitro] salió con sus linieres, indicando a los delegados de ambos equipos que se llevaran también a sus jugadores. Cuando gané el vestuario, todavía echaba chispas.» Billy Bremner ejerció de pacificador y comentó: «No creo que los españoles pudieran comprender del todo a un escocés irritado».

2

Messi y el *midlander*

*E*l 25 de noviembre de 2012, el Barcelona hizo realidad un sueño. A catorce minutos de la conclusión de un partido de la Liga contra el Levante, el defensa catalán Martín Montoya entró en el campo para sustituir al brasileño Dani Alves. Al hacerlo, aquella ventosa noche en Valencia pasó a los anales de la historia del Barça: era la primera vez que todo el once del primer equipo contenía únicamente productos de la icónica escuela del club: la Masia. Víctor Valdés, que ha pasado la última parte de su carrera en Inglaterra con el Manchester United y el Middlesbrough, defendía la portería. Montoya, Gerard Piqué, Carles Puyol y Jordi Alba formaban la defensa. Sergio Busquets, Andrés Iniesta y Xavi integraban el medio campo. Delante, Pedro Rodríguez, Lionel Messi y Cesc Fàbregas completaban el equipo.

El Barcelona, dirigido aquel día por Tito Vilanova, él mismo un producto de la escuela, ganó por 0-4 y terminó levantando el título de Liga. Fue solo uno de tantos momentos culminantes durante un pasado reciente glorioso. En noviembre de 1998, Louis van Gaal, el exentrenador del Barcelona, auguró esta posibilidad en un encuentro con periodistas catalanes. Después del partido contra el Levante, el centrocampista Xavi declaró: «Van Gaal dijo una vez que su sueño era ver a once jugadores de la cantera juntos sobre el campo y hoy se ha hecho realidad».

Van Gaal, nada tímido cuando se presenta la ocasión de hablar de sus propias credenciales, habló para *El Mundo*

Deportivo durante la siguiente semana. «Me siento extraordinariamente orgulloso —dijo el holandés—. Diez años después de mi marcha, la escuela de Van Gaal sigue ahí. Yo hice debutar a Víctor Valdés, Xavi, Andrés Iniesta y Carles Puyol, que forman la columna vertebral del equipo. Y no solo esos jugadores, sino también Gabri, Thiago Motta, Pepe Reina, que han estado años en la élite de este deporte. El Barcelona jugó un partido oficial con once futbolistas de su escuela y eso es fantástico. Yo trabajé muchísimo con la cantera y es algo muy bonito para mí. Estoy muy orgulloso de que Xavi se haya referido a mí en un momento tan especial. Es un chico estupendo y un gran futbolista, y estoy encantado de que las cosas vayan tan bien.»

El holandés, pese a todos sus éxitos, es uno de esos tácticos eruditos que disfrutan del elogio cuando las cosas van bien, pero a los que no les gusta particularmente contestar preguntas sobre su estrategia cuando las cosas se tuercen. Esta, por desgracia, fue su suerte más habitual durante una desesperada estancia en Inglaterra en el Manchester United. Van Gaal, que mantuvo una relación conflictiva con los medios de comunicación catalanes, terminó con un comentario malicioso cuando se le preguntó sobre su legado en la Masia. «Me gustaría mandar un saludo a mis amigos de los medios que cubrieron mi estancia en Barcelona.»

Sin duda, la fe de Van Gaal en el talento joven es impresionante, pero también hizo frente a acusaciones de desnaturalizar el Barça, fichar en exceso de su Holanda natal y favorecer a veces el talento extranjero. En noviembre de 1998, acabó un partido contra el Real Mallorca con Carles Puyol como el único español en el campo. Durante aquella temporada, la escuadra de Van Gaal incluía más de quince jugadores de fuera de España. En Cataluña, se reconoce comúnmente que los verdaderos personajes influyentes han sido Oriol Tort y Johan Cruyff. Ellos hicieron más que nadie para convertir la teoría en realidad, fueron ellos las figuras fundamentales en la inauguración de la Masia en 1979.

La Masia, «caserío» en catalán, ha llegado a ser la seña de identidad de una generación de futbolistas que tratan el balón con un mimo y una precisión que eclipsan a todos los demás. La Masia original se erigió en 1702 y empezó siendo una estación de trabajo para la construcción y la arquitectura. En 1957 se convirtió en el cuartel general del club, y más tarde, cuando el Barça se amplió, la Masia fue remodelada de nuevo y se transformó en el centro de formación el 20 de octubre de 1979, cuando el expresidente Josep Lluís Núñez aceptó el consejo de Cruyff, y Tort consagró su vida a coordinar la red de jóvenes.

Tort es el menos conocido de los dos, pero su impacto y trayectoria no tienen parangón. Nacido en 1929 en L'Hospitalet, entró en los libros del Barcelona como jugador joven; posteriormente fue entrenador de los equipos infantiles a finales de la década de 1950. «Tras haber pasado por la mayoría de las etapas futbolísticas posibles en el Barça, como jugador y entrenador de la sección infantil, finalmente, en 1977, Tort se estableció como coordinador del fútbol base —escribió el periodista catalán Genís Sinca—. Pero fue bajo el mandato de Josep Lluís Núñez (1978-2000) cuando se le encargó la tarea más especial y subterránea: buscar nuevas promesas, formar una cantera de futuras estrellas enmarcada en el símbolo de la antigua masía del siglo XVIII que se encuentra justo al lado del Camp Nou. Oriol Tort se convirtió en cazatalentos futbolístico cuando este oficio apenas empezaba a nacer de manera *amateur*.»

Tort participó en el descubrimiento de Xavi Hernández, Andrés Iniesta, Iván de la Peña, Cesc Fàbregas y Víctor Valdés. Por si fuera poco, encontró a Pep Guardiola. Sinca seguía diciendo: «Un día de tantos, sus ojos se fijaron en un niño muy pequeño, físicamente esmirriado, que jugaba en el Gimnàstic Manresa y tocaba el balón con una destreza fuera de lo habitual. Encajaba con lo que buscaba. Tort lo tuvo claro: aquel niño se adecuaba perfectamente al fútbol de ataque que quería construir el Barça desde la base, el fútbol típicamente holandés que Rinus Michels y Johan Cruyff habían instaurado y que sería la base del futuro Dream Team de los noventa: inteligencia, técnica, rapidez. Aquel niño delgaducho sería su prototipo. Tort acababa de descubrir a Pep Guardiola. A continuación, el mítico cazatalentos puso en marcha otra de sus grandes habilidades, aún más valiosa: hablar con sus padres. Los convenció para que el niño entrara en la Masia y fuese educado en la cantera del club para jugar en los infantiles, y les aseguró que no solo no perdería en sus estudios, sino que potenciarían el aspecto educativo y escolar del pequeño. Más aún, Tort les explicó que en la Masia les hacían crecer en el marco de una serie de valores personales basados en el respeto y la amistad. Nunca un club de fútbol ha sacado tanto partido a largo plazo de un trabajador comprometido y sensible como Oriol Tort».

Tort falleció en septiembre de 1999, pero el trabajo de su vida se completó en 2011. La competencia del fútbol base del Barcelona quedó subrayada cuando tres graduados de la Masia (Lionel Messi, Xavi Hernández y Andrés Iniesta) fueran los finalistas al Balón de Oro de la FIFA en la ceremonia de entrega de premios en Zúrich. Y por si no bastaba con estos tres hombres en el podio, otro graduado de la Masia, Pep Guardiola, fue designado entrenador del año. «Oriol Tort representa ese personaje anónimo, entre bastidores pero fundamental para muchos clubes», dijo Vicente del Bosque, el gran seleccionador ganador del Mundial con España, en una rueda de prensa celebrada el mismo día. Sobre la alfombra roja de la ceremonia, el director técnico del fútbol base del Barcelona, Albert Benaiges, sentenció: «Este Balón de Oro es para Oriol Tort».

La Masia, la excepcional academia de arte de Cataluña, ha generado el planteamiento definitivo para el éxito futbolístico en el siglo XXI, que inspiró la gloria de la selección nacional española y fomentó una cohorte de talento a través de un estilo embriagador de fútbol: el tiquitaca. Los días en los que todo concurre, es una experiencia cautivadora para los seguidores del Barça y su elenco global de admiradores neutrales. Para los rivales, es un calvario penoso, un ejercicio de sufrimiento exquisito. Sir Alex Ferguson, el exentrenador del Manchester United dos veces derrotado por el Barcelona de Pep Guardiola en sendas finales de la Champions League, describió la experiencia como algo parecido a girar en un tiovivo, que dejó a sus jugadores mareados y desorientados. Theo Walcott, el extremo del Arsenal, quedó igualmente desconcertado después de un enfrentamiento de la Champions League. Sacudiendo la cabeza, declaró a los reporteros: «Ha sido como si alguien manejara una consola de PlayStation y moviera las figuras a su antojo». En España, a eso se le llama «ganar sin despeinarse» y, a veces, hacen que parezca tan fácil que uno podría llegar a creer que todo responde a una coreografía, de tan precisos como son los pases, y tan ensayados los movimientos. Pero ese es un estilo de fútbol que combina arte y trabajo, belleza y laboriosidad.

«En la Masia, era toda una forma de existir, y, por supuesto, de cómo jugar a un fútbol bonito —escribió Jimmy Burns—. La Masia era la guinda del pastel de la versión del Barça de fútbol base, un programa nacional de formación futbolística en España bien financiado y con una organización impecable. La curva de aprendizaje empezaba a tomar forma en partidos informales en playas, calles de barrio y descampados, pero luego se concretaba más a medida que los chicos evolucionaban a través de partidos de fútbol muy competitivos en la escuela primaria y en niveles superiores, y los profesores eran abordados por ojeadores del club, en busca de aquellos con posibilidades reales de llegar a ser profesionales de alto nivel al final de la adolescencia. Los adolescentes se vinculan a la Masia como internos o como asistentes diurnos, para recibir una educación que incluye el currículo seguido por el sistema escolar público de la región, pero que pone especial énfasis en una filosofía de la excelencia, tanto en el plano deportivo como humano.»

Guardiola, que posteriormente ha trasplantado este estilo a Baviera con el Bayern de Múnich y a Mancunia con el Manchester City, idolatra a Cruyff. «Yo no sabía nada sobre fútbol antes de conocerlo. Apareció ante mí un mundo nuevo. Antes de Cruyff, tuvimos un entrenador de Argentina que jugaba un estilo argentino, luego vino un entrenador alemán que jugaba un estilo germano. Pero entonces llegó Johan y dijo: "Muchachos, ahora jugaremos así". Cuando estuve allí, veías a niños de siete años haciendo la misma sesión de entrenamiento, con los mismos patrones, que el primer equipo. Él creó algo de la nada; para hacer eso, hay que tener mucho carisma y personalidad.»

Sin embargo, Cruyff no fue el primero en sugerir esto. De hecho, Tort no fue el primero en sugerir que el Barcelona profesionalizara su proceso de cazatalentos, acogiera a niños y grabara indeleblemente el sello Barça en la mente y el cuerpo de un chico. Más bien, el concepto de una escuela catalana con los principios del Barça se esbozó más de veinte años antes, exactamente en 1957. Es más, el padre de la idea original detrás del espléndido potencial del Barcelona fue un refugiado vasco, un niño que tomó un barco rumbo a Southampton en 1937 y se afincó en las Midlands de Inglaterra.

Emilio Aldecoa tenía catorce años cuando sus padres lo subieron a bordo del vapor *Habana* rumbo a Southampton. El buque zarpó del puerto vasco de Santurtzi, y yo me dejé caer en ese pueblo pintoresco una soñolienta mañana de junio. Con las colinas de color caqui surgiendo del agua pálida, quieta y aburrida, el mar apenas podía parecer más inocente, negando la angustia de aquel día de primavera de 1937, agitado y tenso, tanto dentro como fuera del barco. El hijo de Emilio, John, había participado en un breve documental español de televisión, titulado «Los Niños del *Habana*», y el equipo de investigación me había facilitado sus datos de contacto.

Sin embargo, la primera vez que le llamo, John contesta al teléfono con la cautela de una reina de la belleza que observara a Donald Trump. Resulta que ha sido funcionario de prisiones y que no le gusta demasiado ser abordado por desconocidos. Afortunadamente cede, contento de relatar la singular historia de su padre, y accede a que nos encontremos en la cafetería de un cómodo B&B en el pueblo galés de Chepstow. Sede del castillo de piedra más antiguo de Gran Bretaña, con los muros cincelados y unas espléndidas vistas sobre el río Wye, es un lugar maravilloso. Fue una base militar de los normandos mil años atrás y una atracción turística para artistas provistos de cuadernos de bocetos en el siglo XVIII. John se sienta y comienza a relajarse.

«Nunca hablamos de ello con detalle —dice John del viaje de su padre—. En este sentido, era como un veterano de guerra. Mejor no pensar en lo sucedido. Recuerdo ocasiones en las que iba a ver a sus familiares en España. Siempre tuvo miedo o sintió un profundo recelo de la Guardia Civil, con sus extraños sombreros y su ridículo uniforme. Nunca habló del viaje en barco. Sí hablaba de la familia que lo acogió en Stafford. Llegó al campamento de Southampton y terminó en Stafford. Una familia los recibió en su casa, no recuerdo su apellido, pero tengo una foto familiar.»

En Stafford, Aldecoa empezó a jugar al fútbol en los partidos organizados especialmente para recaudar fondos para los chicos vascos. Ya estaba al final de la adolescencia y consiguió un trabajo en English Electric, el fabricante industrial fundado en 1918. Tras el comienzo de la Segunda Guerra Mundial, en 1939, la mano de obra británica fue mermando paulatinamente y en Aldecoa encontraron un trabajador voluntarioso. «Comenzó a jugar en el English Electric, uno de los entrenadores se puso en contacto con el Wolverhampton y le ofrecieron una prueba. Le dijeron: "Ve el sábado al campo y te haremos una prueba".»

Pero el trabajo era prioritario. «Ese día mi padre tenía turno y no terminaba hasta las dos de la tarde. Entonces debía acudir al partido. Jugaban contra el Derby. Increíblemente, el tren procedente de Derby llegó con retraso, de manera que los propios jugadores rivales llegaron tarde. Así las cosas, todo el mundo se demoró y mi padre pudo llegar a tiempo. Aquel día tuvo suerte. Le hicieron la prueba y lo cogieron como jugador aficionado.»

Aldecoa fichó en 1943. A los veinte años debutó como profesional contra el Crewe Alexandra. De este modo, se convirtió en el primer español que jugaba un partido profesional en el fútbol inglés. «Eso es un gran motivo de orgullo para mí. —John sonríe—. En el Wolverhampton, jugaba con el número once.» Señala la crónica de un encuentro en un periódico local. La lee en voz alta: «Aldecoa logró superar a todos sus adversarios y estuvo siempre en condiciones de ganar el partido».

En la temporada 1943-44, Aldecoa se mostró como el arma más letal del club, al marcar ocho goles y terminar siendo el máximo realizador. En 1945, se había ganado el traspaso al rival de las Midlands, el Coventry. «En realidad, lo hizo por el amor que sentía por el juego —dice John—. En el fútbol de aquí no había mucho dinero para él, los jugadores no percibían grandes cantidades hasta que apareció Jimmy Hill para luchar por sus derechos. Eran seis libras semanales en verano y ocho libras semanales en invierno. Cuando jugó en el Coventry, trabajó como encargado de mantenimiento durante el verano para ganar un dinero extra.»

Aldecoa no podía permitirse vivienda propia y residía en casa de una familia de Wyken. Los Thompson acogieron a Emilio, y Chris Thompson, que tenía seis años cuando llegó el jugador, recordaba ese periodo en una entrevista con el *Coventry Telegraph*. «Aún hoy, mirando atrás, no me resulta particularmente extraño haber vivido con un futbolista famoso. Era algo de lo más normal en aquellos tiempos: era 1945. A lo largo de la Segunda Guerra Mundial habíamos tenido alojadas en casa a unas cuantas muchachas de todo el país. Las habían mandado a trabajar a Coventry, y éramos una de las familias que las hospedaban. Emilio se casó con una chica que solía venir a verle y se alojaba cerca, en Sewall Highway, cuando venía. Recuerdo que pensé que ella parecía más española que él. Cuando anunciaron su boda, había racionamiento por la guerra y todos los vecinos de la calle se presentaron con un montón de frutos secos para la tarta. Tuvimos que reservar toda nuestra fruta para hacérsela. Recuerdo que cuando mi papá enfermó, Emilio se pasó días enlosando una terraza en nuestro jardín para que mi padre no tuviera que hacerlo.»

Aldecoa estaba agradecido a Inglaterra. Era uno de aquellos niños que se acostaron sobre colchones sucios y cartones aplanados tras desembarcar en Southampton, que chutaban un balón sobre la hierba entre las tiendas que se habían instalado en los campamentos de la ciudad. A sus catorce años, era lo bastante mayor para ser consciente de los horrores que vivía su país. Jamás lo olvidó. «Era vasco —declara John con firmeza—. Su familia, mi abuela, tenía un pequeño café. Su padre era electricista y trabajaba en las acerías. Se lesionó al cortarse un dedo. Cuando las tropas entraron y terminó la guerra civil, les confiscaron el café. Un sargento de la Guardia Civil irrumpió y se lo quedó. Mi padre no era indulgente con el régimen.»

Aldecoa era generoso fuera del terreno de juego, pero también se reveló como una estrella dentro del campo. En 1946, el Coventry derrotó al Chelsea por 2-0 y el titular del *Daily Mail* rezaba: «La banda española inquietó al Chelsea», ya que Aldecoa y José Bilbao, otro refugiado del País Vasco, se alinearon en el lado izquierdo. José Bilbao jugaría solo seis partidos con el Coventry, pero Aldecoa formó parte del mobiliario a medida que el fútbol cautivaba la imaginación en la posguerra. «Fue una gran inyección de moral recuperar el fútbol —dice Jim Brown, historiador del Coventry Football Club—. Jugó algunos partidos con el filial, le hicieron debutar en el primer equipo contra el Portsmouth en octubre y marcó. Fue el primer futbolista español que firmó un contrato profesional en la liga inglesa.»

El aficionado al Coventry Tom Denrith declaró al documental *Los niños del Habana*: «Solo lo vi en dos ocasiones, pero me produjo una honda impresión. Era vistoso; era muy esbelto y atlético. Además, tenía buen aspecto. Los viejos jugadores del Coventry eran muy musculosos, y luego estaba ese extremo guapo y bien parecido con su mata de pelo negro. Parecía una estrella de cine».

Después de tres campañas en la segunda división, Aldecoa regresó a España, firmó por el Athletic de Bilbao y tuvo dos temporadas impresionantes. Desde la banda izquierda, marcó nueve goles en cuarenta y ocho partidos, y luego estuvo dos temporadas en el Valladolid antes de llamar la atención del Barcelona. En Cataluña, Aldecoa recaló en un equipo que pasaría a los anales de la historia del fútbol. Encabezado por el legendario húngaro Ladislao Kubala, el

Barça se convirtió en la fuerza dominante en el fútbol español. Ganaron tres Copas del Generalísimo consecutivas, en 1951, 1952 y 1953, además de dos títulos de liga, en el 52 y el 53. En aquel periodo, conquistaron también la Copa Eva Duarte y la Copa Martini Rossi, y posteriormente fue conocido como «el Barça de las Cinco Copas», por haber ganado cinco trofeos en la temporada 1951-52 después de añadir también la Copa Latina a sus arcas.

Dice John que Aldecoa adoró el tiempo que pasó en el Barcelona. «En su tercer partido en el Barça, jugaron contra el Athletic. Fue de locura, incluso en aquella época. Tenemos la imagen idealizada de hombres con chistera reuniéndose alegremente para ver fútbol. ¡Falso! Todos los aficionados del Athletic gritaban: "¡Hijo de puta!", "¡Traidor!". Mi madre dijo que aquel día fue terrible para él. Pero no, de verdad, adoraba jugar en el Barcelona; se sentía muy orgulloso de ese logro y particularmente de jugar con su gran amigo Kubala.»

Kubala es una de las figuras emblemáticas del fútbol español. Varios libros le rinden homenaje. En 2012, el periodista español Frederic Porta escribió una biografía titulada *Kubala, el héroe que cambió la historia del Barça*, que incluye un prólogo de Martí Perarnau, el periodista en el que Pep Guardiola confía por encima de todos los demás. En su informe forense sobre el fútbol español, Jimmy Burns dedica un capítulo a «Kubala y otros húngaros».

El viaje de Kubala a España fue posiblemente todavía más dramático que la experiencia sufrida por Aldecoa. Quizá por eso llegaron a estar tan unidos. El periplo de Kubala incluyó una precipitada huida del régimen militar, escalas en tres países y una feroz persecución por parte de los húngaros comunistas autoritarios. De alguna manera, también culminó en la conversión de Kubala en el jugador mejor pagado en la historia del Barcelona. En enero de 1949, hizo una apuesta por su vida cuando se escapó de la Hungría comunista, tratando de hacer carrera como futbolista y huir de la brutalidad del régimen de influencia soviética que dirigía su país. Se marchó vestido con el uniforme militar, atravesó Austria e Italia, y hasta se instaló por un tiempo en un campo de refugiados en Roma, donde montó un equipo de fútbol. Luego el equipo de los refugiados, llamado Hungría, fue a España para jugar contra el Real Madrid y la selección española. Fue allí donde Kubala conoció al director deportivo del Barcelona, Pepe Samitier.

Burns relata la absurda manera en que se hizo jugador del Barcelona recordando una conversación con Enrique Llaudet, que trabajaba entonces en el club: «Kubala llegó a España pensando que ficharía por el Real Madrid, pero como estaba medio mamado no sabía muy bien si llegaba o se marchaba. Si Kubala tenía una debilidad, era que bebía en exceso: whisky, vino, lo que le pusieran delante. Pues bien, hubo una gran confusión en el tren que lo llevaba de Madrid a Barcelona, y en un momento dado Kubala se dirigió a Samitier y dijo: "Oye, vamos hacia Madrid, ¿verdad?". Y Samitier respondió: "Por supuesto que sí". Luego Kubala insistió: "Pero en el cartel pone Barcelona", y el Sami repuso: "No te preocupes. Ahora iremos al club". Y así fue como nos trajo a Kubala».

Kubala fue el Lionel Messi de su tiempo, un sinónimo de grandeza. No salió barato. Porta escribe que Kubala recibió un contrato por tres años de setecientas mil pesetas anuales (equivalentes a 172.000 euros en la actualidad), y el club también se comprometió a garantizar la llegada sin novedad de su esposa y sus hijos. El debut de Kubala en el Barça se demoró, debido a una prohibición internacional de un año después de que la federación húngara lo denunciara por desertor. Las autoridades húngaras hicieron también varios intentos frustrados para extraditarlo. Menos mal que fracasaron. En once años como jugador del Barça, marcó doscientos ochenta goles en trescientos cuarenta y cinco partidos.

«Kubala era un genio —escribió Porta—. También fue el primero en ejecutar la *paradinha* [la breve pausa para engañar al portero] al lanzar un penalti. ¡Solamente erró dos penas máximas en toda su carrera! Su precisión en el tiro era fantástica, protegía el balón con su cuerpo, abría las defensas a su antojo. Además, instigó un mayor profesionalismo en sus compañeros de equipo, introduciendo ejercicios de calentamiento antes de los partidos, una práctica infrecuente en aquella época.»

Aldecoa aprendió muchísimo de Kubala, y las dos familias pasaban mucho tiempo juntas. «Hasta el día de su muerte, mi padre llevó un reloj de pulsera de oro que le regaló Kubala —dice su hijo John—. Mi papá solía llevarme al campo de entrenamiento del Barcelona; yo tenía una pierna derecha fenomenal de niño; aunque más adelante trabajé en las fuerzas aéreas británicas. Kubala estaba en el aparcamiento dando toques al balón sin dejarlo caer al suelo y haciendo trucos como un *freestyler* actual y yo me quedaba allí, fascinado, mirándolo. Era un gran tipo, siempre muy amable. Eran buena gente; los españoles son de talante familiar y uno sentía que formaba parte de aquello. Por Navidad, las familias de los jugadores celebraban una gran cena; montaban una pantomima para nosotros. Yo tenía seis, siete, ocho años. Era una vida distinta, una vida comunitaria; no puedo imaginarme que ahora sea lo mismo. No pretendo que todo fuera perfecto. En la España de la década de 1950 se sabía lo que ocurría, se percibía el ambiente entre la Guardia Civil y los catalanes, pero la gente seguía con su vida. ¿Qué remedio había? Crecí hablando castellano; el catalán estaba prohibido. Aprendí algunas palabras en catalán, pero mi padre me advirtió de que no las usara nunca. Sabíamos que estaba prohibido.»

La carrera de Aldecoa no fue tan brillante como la de Kubala, y es cierto que no figura entre las más valoradas de aquella época. Hizo una única aparición en la selección española, un partido en casa contra Irlanda en mayo de 1948. Después del encuentro, hubo una cena para ambos equipos en el hotel Ritz de Barcelona. John todavía conserva el menú. Los jugadores de los dos combinados charlaron mientras tomaban vino, jerez y oporto, antes de sentarse a comer marisco y tapas tradicionales españolas.

Pero fue fuera del terreno de juego donde puede encontrarse la proeza más admirable de Aldecoa. En 1957, mandó una propuesta a los mandatarios del Barcelona. Es un trabajo notable, progresista y pionero que sigue siendo relevante en nuestro tiempo. Se trata, en esencia, de un prototipo para la Masia. Señala directamente las preocupaciones con respecto al Barcelona de aquel momento, subrayando su incapacidad para captar talentos locales en Cataluña. Luego insiste en la necesidad de un programa de ojeadores organizado, en el requisito de que los chicos sean entrenados del mismo modo en todas las categorías inferiores, en la necesidad de diferenciación a medida que los jugadores progresan de acuerdo con su desarrollo físico y mental, y en la obligación del Barcelona de alojar a esos muchachos. Si se borrara la firma de Aldecoa, uno habría creído fácilmente que era un informe redactado por uno de los célebres visionarios del pasado reciente del Barça, como Tort, Cruyff o Guardiola. Quizá lo más sorprendente sea que el final del informe rinde homenaje al Manchester United y a los «Busby Babes», lo que sugiere que Aldecoa bien pudiera haber encontrado la inspiración en el noroeste de Inglaterra.

Aldecoa escribe: «Está claro que en la región de Cataluña existen algunos de los mejores centros para jóvenes futbolistas en España. No hay más que echar un vistazo a las alineaciones de los mejores clubes de la primera y segunda división, y se puede ver claramente. También sabemos que muchos jugadores catalanes han alcanzado fama internacional jugando fuera de nuestra región. Para garantizar que esto no se convierta en lo habitual, el Barcelona Football Club debe concebir y fundar una organización de control, formación y entrenamiento con instructores cualificados y personas que antepongan su entusiasmo por el club a su interés personal. Es mi modesta opinión que el Barcelona debe desarrollar esta identidad. Aparte de formular consideraciones técnicas y físicas, el chico debe querer también inscribirse en el Barcelona, esto es importante POR ENCIMA DE TODO. Ha de tener ese sentimiento de fidelidad y amor a los propios colores, el amor a un club; debemos fomentar y apoyar este sentimiento en todas las etapas».

Aldecoa sigue expresando la importancia de fichar jugadores a corta edad, para adaptarlos al estilo de vida del Barcelona. «Un futbolista puede haber nacido para ser especial, con ciertas predisposiciones de calidad. Sin embargo, también desarrolla debilidades y defectos en este juego. La eliminación de esos defectos, la indicación del camino correcto a una edad temprana es la labor básica de un entrenador. Si un chico llega a manos de un instructor a los diecinueve o veinte años, poco se puede hacer en esa etapa; sus vicios o defectos están tan arraigados en él que la labor se torna muy difícil y rara vez tiene éxito. En cambio, ese chico con un talento natural, que ha nacido con una cualidad innata, tiene que ser guiado y modelado a su edad más temprana, catorce, quince, dieciséis años, a veces quizás algo mayor, pero rara vez se da el caso. Hay muchachos que se desarrollan físicamente a un ritmo distinto, pero también intelectualmente su entendimiento madura a edades diversas. Otros tardan más en aceptar consejo e instrucciones, y así sucesivamente.»

Luego expone un plan para identificar y reclutar jóvenes talentos, un modelo que es fundamentalmente el que todavía siguen muchas escuelas.

Así pues, ¿cómo localizamos esos chicos? ¿Cómo y quién queremos que forme y entrene a los muchachos? Lo primero que hay que recordar es que debemos tener paciencia con este tipo de trabajo. Tratamos con seres humanos, no con maniquíes. Pero también es crucial que las personas que se integran en nuestra organización sean profesionales, demuestren los valores morales correctos y apoyen totalmente lo que representa el club. No consideremos nunca a esos chicos como otra fuente de ingresos. No asignemos nunca un sitio a un muchacho porque es amigo de fulano que dirige el equipo o es el primo de alguien más. Ante todo, tiene que estar allí por razones justas, para ser una fuerza buena y positiva para el club. Así, ¿cómo los encontramos? Esa resulta una tarea sencilla si primero de todo implantamos el sistema correcto; los chicos están ahí, delante de nuestros propios ojos, jugando en esta región. De manera que propongo:

1. Una oficina central dentro del club, exclusivamente destinada a estas necesidades, con de ocho a diez instructores bajo las órdenes de un director principal. Deberían redactar informes técnicos y mandarlos para su estudio. Junto a estos informes y consultas con los instructores, hay que hacer un trabajo cada mes. Este nos informará acerca de los chicos que progresan más rápido que los demás. Después de eso, algunos subirán y algunos realizarán trabajo variado si encuentran más difíciles determinadas facetas [diferenciación]. Los informes de los partidos nos darán una medida exacta de la capacidad del jugador en situaciones competitivas de juego sobre el terreno, en la noble pugna con sus adversarios. Aprenderemos sobre sus cualidades de liderazgo, su fuerza de espíritu en la adversidad, todas esas cosas. Aquellos valores morales básicos que un buen jugador debe reunir y no ha de olvidar jamás, sea cual fuere el nivel de perfección técnica o física que posea. Tenemos el deber de preparar a un jugador moral y técnicamente para que pueda adaptarse a cualquier otro ámbito de la vida o, con un poco de suerte, para otro club de fútbol, algo que nunca debemos impedir si es lo mejor para el jugador y no puede competir a nuestro nivel.

2. En todas las provincias o regiones futbolísticas importantes, debemos tener un ojeador, alguien en quien el club confíe ciegamente. El ojeador estará obligado a asistir a los partidos en los que participen jugadores jóvenes, en parques locales, incluso en juegos en la calle. Deberá entonces mandar un informe completo sobre cualquier muchacho que haya llamado la atención de su ojo experto. Ese chico será observado después por otro miembro del personal de la oficina central y luego podrá tomarse una decisión respecto a reclutarlo o no.

3. Cualquier jugador incluido en la plantilla del club ha de estar seguro de que tendrá la oportunidad de ganarse un puesto en el primer equipo. Creo que el contacto y la orientación personales son un factor crucial para asegurar la confianza del joven, creer en él, la certeza de que, juegue donde juegue, es un jugador del BARCELONA, y es tratado como tal, con la misma consideración que la mayor superestrella del club.

4. En nuestro gran club, tenemos la oportunidad de fundar un nuevo centro de formación en el nuevo estadio. Podemos incor-

porar todo el equipo moderno que precisamos, y tan importante como eso, o acaso más, la creación de algunos espacios de residencia para una serie de jóvenes jugadores de calidad y potencial excepcionales, donde puedan estar bajo nuestra tutela constante, ofreciéndoles educación y un estilo de vida. No debemos olvidar nunca, repito, que tratamos con seres humanos, y hemos de tener la conciencia tranquila en lo que se refiere al cuidado y la atención que procuramos para su futuro.

5. En materia de cualquier implicación en la vida de un chico, es muy necesario consultar con los padres y obtener su plena autorización. No podemos permitir nunca que nuestros propios intereses se impongan a eso, o pongan en riesgo la felicidad de un muchacho. Mostrando nuestra buena voluntad y nuestros deseos, es fácil llegar a un acuerdo total que responda tanto a los intereses del chico como a los del club.

6. El coste de este proceso es muy pequeño si consideramos las ventajas que puede y debe aportar. Hará unos doce años, el Manchester United vio su estadio en ruinas después de los bombardeos aéreos [durante la Segunda Guerra Mundial]. No tenían equipo y debían jugar los partidos en el estadio de sus vecinos, el Manchester City, a quienes pagaban un alquiler. Hoy poseen un estadio magnífico, después de construir una instalación preciosa por unas doscientas mil libras esterlinas, y son uno de los clubes más potentes de Inglaterra. Su equipo es magnífico y JOVEN. Se han gastado unos dos millones de libras; podemos seguir su ejemplo. Han ganado tres títulos de liga entre 1946 y 1957, levantando el trofeo en 1952, 1956 y 1957. Han terminado segundos en cuatro ocasiones, ganaron la FA Cup en 1948, alcanzaron la final en 1957 y han estado en las semifinales en otras tres ocasiones.

La veneración que Aldecoa sentía por el modelo de fútbol base de sir Matt Busby es aún más notable por cuanto esto se escribió antes del accidente aéreo de febrero de 1958, cuando la leyenda del equipo cristalizó para siempre en la tradición del fútbol. Su informe concluye diciendo: «No afirmo tener ninguna gran autoridad ni que mis ideas deban prevalecer. Simplemente me gusta expresar ideas que creo pueden aportar una gran mejora a este club que he representado durante varios años y con el que tanto me identifico».

Es el informe de un visionario. Y no hay que olvidar los alumnos de la Masia que están en deuda con Aldecoa: Pep Guardiola, Cesc Fàbregas, Carles Puyol, Xavi Hernández, Mikel Arteta, Gerard Piqué, Lionel Messi, Iván de la Peña, Sergi, Albert Ferrer, Héctor Bellerín y Bojan Krkic son solo una muestra. ¿Es posible que Messi esté en deuda con un *midlander* de adopción? ¿Y se puede considerar la Masia como uno de los mayores y desconocidos legados de los trágicamente desaparecidos Busby Babes?

«Vaya, ¿puede ser verdad? —pregunta Arteta, actualmente ayudante de Pep Guardiola en el Manchester City, cuando nos sentamos en el campo de entrenamiento del club—. Siento un profundo orgullo de que ese hombre fuera el primer español que jugó en Inglaterra, parece representar todo aquello que defendemos.» Hay, sin lugar a dudas, conclusiones tentadoras, pero no está claro hasta qué punto los escritos de Aldecoa influyeron realmente en la dirección del Barcelona. Manel Tomás Belenguer, el historiador que lleva los archivos históricos del Barça, es incapaz de encontrar ningún registro de una respuesta oficial del club a la carta de Aldecoa. Por tanto, cabe la posibilidad de que esa labor precursora cayera en oídos sordos. Puede que no sea más que una coincidencia que la escuela del Barcelona se desarrollara de ese modo cuando Cruyff y Tort se hicieron con las riendas del poder.

Sin embargo, existen pruebas para rebatirlo. Sabemos que Aldecoa se mantuvo cerca de personas clave del club; a principios de la década de 1970, el presidente del Barcelona, Agustí Montal, hizo un intento concertado de incorporarlo al club como traductor y asesor del entrenador inglés Vic Buckingham y su ayudante Ted Drake. Aldecoa declinó, pero se mantuvo siempre cerca de los directivos de su antiguo club y particularmente de Kubala, quien entrenó al Barça entre 1961 y 1963, y de nuevo en 1980. Sabemos que Kubala era un entusiasta defensor del talento joven, como Ferran Olivella, el central del Barça entre 1957 y 1969, comprobó a sus dieciocho años. A principios de la década de 1950, Kubala era la joya de la corona del Barcelona, pero a menudo traía jugadores jóvenes para las sesiones individuales de entrenamiento. «Entrenaba a solas con él —dijo Olivella—. Nadie me ha enseñado tanto como él. Nunca he visto a nadie golpear un balón de una forma tan sencilla y tan limpia como Kubala, era como un curso intensivo con un profesor particular.»

Aldecoa y Kubala intercambiaban manuales de entrenamiento. John recuerda que su padre llenaba cuadernos de ejercicios con anotaciones e ideas para la evolución del talento joven. Según varias crónicas en la prensa catalana, Kubala presionó por un sistema académico organizado durante los años sesenta, pero solo llegó a cumplirse cuando lo recomendó Cruyff a finales de la década de 1970.

En 1960, Aldecoa regresó a Inglaterra y se incorporó al Birmingham City, donde estuvo en el cuerpo técnico y trabajó como ojeador de jóvenes durante varios años. «Yo nací en España, pero tuve que nacionalizarme para alistarme en la RAF —explica John—. A los nueve años regresé a Stafford con mi madre. Mis padres aún estaban juntos, pero las cosas eran difíciles. No se podía mandar dinero fuera del país, no había tipo de cambio entre Inglaterra y España. Eso cambió a finales de los años sesenta y principios de los setenta, cuando se inició el comercio turístico. Por fortuna, mi padre mandaba un billete de mil pesetas, y el director del banco era un amigo que podía hacer que sirviera. Pero no había nada oficial. Resultaba muy complicado. Mi padre regresó en 1960, cuando le convencieron los directivos del Birmingham City.»

Adondequiera que fuera Aldecoa, Kubala lo seguía. En agosto de 1960, el hispano-húngaro voló a Birmingham para visitar a su amigo. Una fotografía del *Daily Mail* muestra a Kubala conversando con Gil Merrick, el entrenador del Birmingham, y Aldecoa. «Siempre se puede aprender en el fútbol... o eso dicen —escribió el *Mail*—. La estrella del Barcelona, Laszlo Kubala, así lo demuestra con su visita a Gran Bretaña para recabar información en su proyecto de convertirse en uno de los mejores técnicos de fútbol de España. Y ayer habló de tácticas con el entrenador del Birmingham, Gil Merrick, y el del City, Emilio Aldecoa.»

Durante su estancia en Birmingham, Aldecoa realizó más intervenciones importantes; según su hijo, desempeñó un papel fundamental en el proceso de detección de talentos que permitió fichar a Bob Latchford y a Trevor Francis, dos jugadores que llegarían a batir récords de traspaso en Gran Bretaña. En 1974, el delantero Latchford fue objeto de un traspaso por trescientos cincuenta mil libras esterlinas del Birmingham al Everton. En 1979, Francis se convirtió en el primer futbolista del país de un millón de libras cuando fichó por el Nottingham Forest de Brian Clough, también desde el Birmingham. Don Dorman era el principal ojeador del Birmingham, pero, entre bastidores, Aldecoa estuvo buscando jóvenes talentos por esos campos de Dios.

«Empezó a ayudar en la detección y contratación de jóvenes —dice John—. Contribuyó a fichar a los hermanos Latchford, Bob y Peter, por el Birmingham. Peter Latchford medía solo unos ciento setenta y siete centímetros cuando su hermano lo colocaba delante de un cobertizo y le chutaba balones. Se convirtió en portero e hizo una gran carrera en el Celtic. Cuando se marchó, habían comenzado a seguir a Trevor Francis, todavía escolar. No se podía contratar ni atraer a jugadores menores de dieciséis años. Creo que para entonces habían empezado a hablar con sus padres después de verlo en varias pruebas en St Albans y después para un equipo de las Plymouth Schools, donde parece ser que Francis anotó un *hat-trick*. Coincidí con los Latchford en varias ocasiones y recuerdo haber ido a su casa. Su madre era muy posesiva. Les hacía la maletita marrón, con calcetines y ropa interior bien puestos. Pero eran unos chicos muy majos.»

Aldecoa había regresado a España cuando Francis irrumpió en la escena siendo adolescente. Cuando me puse en contacto con Trevor para confirmar esas afirmaciones, confesó que tenía constancia del papel de Aldecoa en su contratación. Sin embargo, es poco probable que Aldecoa hubiese hablado con el jugador y su familia, puesto que Dorman tomó la iniciativa a este respecto, incluso comprando una lavadora a los padres de Francis.

De vuelta en España, Aldecoa fue conocido como «el inglés» y llegó a ser comentarista de fútbol británico en la prensa escrita.

En vísperas de la Copa del Mundo de 1966, un periódico catalán abordó la historia de Aldecoa en el fútbol inglés. Hablaba de su implicación en el fútbol base del Birmingham, donde subrayó su visión: «Mi misión aquí en Inglaterra, donde el profesionalismo no es tan estridente, es inculcar los valores del club a los jugadores jóvenes. Entreno a los chicos de entre quince y veintiún años, y afortunadamente, durante las últimas temporadas, hay en el primer equipo muchos jugadores a los que he llevado bastante durante sus primeros años. En este preciso momento, puedo hablar de los dos defensas, el central, el interior izquierdo y el extremo derecho. Puedo notar el cambio en el fútbol inglés. Está dejando atrás su rigidez y la falta de imaginación que había tenido anteriormente. Los clubes están empezando a aceptar nuevos sistemas, nuevas formas de pensar y más contacto desde el extranjero».

Predijo que Inglaterra llegaría a la final del Mundial (por supuesto, levantaron el trofeo) y también emitió su veredicto sobre cada uno de los jugadores. «Bobby Moore, del West Ham, un capitán fuerte, duro, más competente que brillante. Norman Hunter, del Leeds, un jugador muy rudo, todo un guerrero, con más inventiva que Moore. Bobby Charlton, ¡ole! Un chico que posee todas las cualidades de un gran jugador, de clase mundial. Si tiene el día, simplemente no hay nadie mejor. Geoff Hurst, rápido en el giro, valiente dentro del área, marca goles para el West Ham. Jimmy Greaves, un delantero excelente, bueno técnicamente e imaginativo. Es irresistible cuando se le antoja. Desde los dieciocho años, ¡ha marcado cada año treinta o cuarenta goles para los Spurs!»

Sin embargo, Aldecoa no era el único refugiado vasco que estaba pendiente del Mundial de 1966. En el este de

Inglaterra, en Cambridge, el antiguo limpiabotas de sir Alf Ramsey animaba a su antiguo mentor, y es aquí donde encontramos a la familia Gallego y a dos hermanos que dejaron atrás la España devastada por la guerra para recalar en el fútbol inglés. Casi cincuenta años después, en los jardines del crematorio de Cambridge, se congrega un centenar de personas, trajeadas bajo el sol primaveral. Es una escena solemne, pero se ven sonrisas cálidas, viejos amigos que se estrechan la mano, señores mayores pensando en su próxima salida de golf, señoras charlando mientras toman el café de la mañana.

Es el 21 de mayo de 2015 y se entierran los restos de un futbolista. Antonio Gallego tuvo una buena vida, falleció a los noventa años y, en medio de la tristeza, existe un deseo de celebrar y atesorar aquellos recuerdos del pasado de color sepia. He acabado aquí, en las afueras de la ciudad universitaria de Cambridge, después de encontrarme con Naomi Westland, investigadora y activista de Amnistía Internacional. Un año antes, había escrito un artículo para *El País* en el que visitaba a la familia Gallego. Antonio y su hermano José se habían embarcado a bordo del buque *Habana* como niños refugiados, y más tarde llegaron a ser futbolistas del Norwich y el Southampton. Naomi me puso en contacto con el hijo de Antonio, Paul, pero el día que le llamo resulta ser, lamentablemente, la semana siguiente a la muerte de su padre.

Paul es más paciente de lo que cabría esperar, e insiste en que su padre querría que recordaran su historia. El relato es el de dos hermanos que se hicieron futbolistas en Inglaterra, se cruzaron con el seleccionador ganador de un Mundial, sir Alf Ramsey, y sirvieron a este deporte hasta la cincuentena. Me pide que asista a la ceremonia y conozca a sus familiares y amigos. De modo que aquí estoy, un sofocante día de primavera, sentado en un crematorio y rodeado por todos ellos, recopilando anécdotas y recuerdos.

Antonio llegó a Inglaterra a bordo del *Habana*, el mismo barco que llevó a Sabino Barinaga y Emilio Aldecoa a la costa británica. A diferencia de sus dos compañeros, eligió una existencia distinta y decidió quedarse en el Reino Unido para el resto de su vida, en lugar de regresar a su España natal. El buque a Southampton fue una vía de escape para los niños Gallego; fue su portal a una existencia más feliz. Pero supuso también mucha presión, una repentina pérdida de inocencia, una vida transformada sin previo aviso, una familia desplazada y desarraigada contra su voluntad.

La guerra civil le había arrebatado el sentido de la normalidad de un plumazo, obligando a su madre a tomar decisiones desesperadas. Su padre, un hombre tremendamente político, luchaba a favor de las fuerzas de izquierda; la familia cree que lo mataron en Guernica. Su cuerpo no se ha recuperado jamás. La responsabilidad de proteger a la familia recayó en su esposa, Luisa. Mantener a sus hijos cerca era arriesgar sus vidas. Ponerlos a bordo de un barco era afrontar la posibilidad de no volver a verlos. Finalmente optó por lo segundo, después de haber colocado a sus hijos en un orfanato para cobijarlos. Antonio tenía doce años. Y se le unieron su hermano José, de catorce, y otros tres hermanos. Luisa se quedó con su sexto hijo, una niña pequeña, mientras la pareja buscaba refugio donde podía entre el bombardeo. Trágicamente, su hijita cayó enferma y murió.

Los niños a bordo del barco llevaban al cuello una tarjeta blanca en forma de hexágono, sujeta por un trozo de cordel blanco. Rezaba «Expedición a Inglaterra» y contenía, además, un número de identificación. Antonio era el número 4117 y conservó su tarjeta hasta el día de su muerte. «La travesía fue muy accidentada —explicó Antonio a *El País* en 2012—. José era el mayor; cuidaba de los más pequeños lo mejor que podía, pero en realidad esa misión recaía en mí porque él era muy tímido. Mientras tuviera a mi hermano detrás, podía valerme por mí mismo. Para entonces, nuestra casa en España había quedado destrozada, nuestro padre había desaparecido, luchando por la República, y ella [Luisa] quería ponernos a salvo.»

A su llegada a Southampton, los cinco hermanos fueron trasladados a un campamento en Eastleigh antes de instalarlos en una casa de Station Road, en Cambridge, a un tiro de piedra de la estación central. La casa, administrada por el Jesus College, una filial de la Universidad de Cambridge, albergó más de treinta niños refugiados vascos. Jessie Stewart editó un libro titulado *Recuerdos: The Basque Hostel at Cambridge*, que expone algunas de las primeras impresiones que aquellos niños dejaron en la población local. «El testimonio más interesante de su desarrollo en los seis primeros meses fue una serie de pinturas. Los primeros días, en muy pocas no aparecía un avión, una casa en llamas o un buque de guerra vomitando humo, pero al cabo de unas semanas las escenas rurales y campestres y las extrañas pinturas florales se hicieron cada vez más frecuentes al mismo tiempo que se hacía raro ver algún recordatorio de la guerra.»

En lo que se refiere a la familia Gallego, el deporte sería su desahogo. Los chicos vascos afincados en Cambridge formaron un equipo de fútbol y se organizaron partidos benéficos para recaudar donativos con los que mantener a los refugiados. «El fútbol lo era todo para nosotros —dijo Gallego—. Nos arraigamos a Cambridge e hicimos muchos amigos aquí jugando al fútbol. De no haber sido por él, habríamos vivido una vida muy distinta.»

En 2016, unos catorce meses después del funeral, el hijo de Antonio, Paul, me invitó amablemente a la casa de su familia, donde reside con su madre y la esposa de Antonio, Joan. La anciana ya ha superado los noventa, y una respiración sibilante interrumpe sus frases. No ha sido la misma desde que falleció su marido, reflexiona Paul, pero tiene la mente despejada y conserva la lengua afilada. «¿Dónde está aquella hermosa foto de tu padre, Paul? No, no es esa, tarugo.»

La pareja se sienta codo con codo en un sofá, repasando una caja llena de recuerdos. «Bueno, le conocí cuando era un niño —empieza Joan—. Entonces ingresaron en aquel casón próximo a la estación de trenes y teníamos la misma edad. Él nació en junio, y yo, en septiembre del mismo año. No éramos más que unos críos, y los chicos de la escuela local donaban un penique semanal para el mantenimiento de los niños vascos. Nos conocimos antes de la Gran Guerra, la

Segunda Guerra Mundial. Aprendió inglés muy pronto. Era un hombre muy amable.»

Paul explica: «Estaban Joe, Tony y tres hermanas. Todos permanecieron juntos y tuvieron suerte. Habían matado a su padre en la guerra civil; sabemos que lo mataron, pero eso es todo. Sabemos que era un hombre muy político. Por eso su madre los sacó del país. A medida que se hacía mayor, mi padre sintió un fuerte resentimiento hacia Franco. Sinceramente, le odiaba, con todas sus fuerzas. Siempre recelaba de volver y de los peligros de la Guardia Civil. Le acompañé en un par de ocasiones. Sabíamos que si estábamos en un bar, no debíamos decir mucho. Mi padre desconfiaba de la gente. Fue allí en 1969 y en 1982. Vimos a su familia materna en San Sebastián y a su familia paterna cerca de Valladolid.»

Mientras los niños se adaptaban a la vida en Inglaterra, el suplicio continuaba para su madre, Luisa. «Mi padre no vio a su madre durante diez años —refiere Paul—. Se mantuvieron en contacto de algún modo, posiblemente a través de la Cruz Roja. Ella estaba en París cuando los nazis ocuparon Francia. —Sacude la cabeza y pregunta a su madre—: ¿Cómo mantienes el contacto durante una guerra? Ahora parece imposible. Eso fue antes de todos los *smartphones* y correos electrónicos. Debía de ser por carta. Sospecho que el contacto era muy infrecuente. Sin duda, hubo un momento en el que la madre no sabía si sus hijos estaban vivos y sanos, y en que estos no sabían si su madre aún vivía. Uno no puede imaginarse esa sensación, esa incertidumbre.» Interrumpe Joan: «Después de París, ella se marchó a Portugal, y por último se vino a vivir aquí, a Inglaterra, a finales de la década de 1940. Se pusieron en contacto con el diputado local, que movió los hilos para organizarlo, por lo que puedo recordar».

Luisa se trasladó a Cambridge en 1947. Por entonces sus dos hijos José y Antonio se embarcaban en sendas carreras futbolísticas. Ambos se habían unido al Cambridge Town, el equipo *amateur* local. José fue el primero al que descubrieron. Se unió al Brentford, en primera división. Luego Antonio jugó en el Norwich City. Ninguno tuvo una carrera particularmente apasionante. No poseían las facultades de Barinaga, Aldecoa o Lezama, pero José, en particular, era un extremo estupendo y tuvo contacto con la aristocracia del fútbol. Fichó por el Southampton en 1948, donde se codeó con Alf Ramsey.

«Esta es una historia verídica y era la especialidad de José. Coincidieron en el Southampton en la misma época. Obviamente, José era un jugador nuevo; Ramsey ya era veterano. Le tomó bajo su protección, era muy bondadoso; a cambio, José le limpiaba las botas todos los días. Es cierto que tanto José como mi padre se sentían más ingleses que españoles. Citaré un ejemplo. Durante la Copa del Mundo de 1966, mi papá y yo fuimos a casi todos los partidos. ¡Un bono de diez costaba menos de cuatro libras esterlinas! La final valía diez peniques y el resto se repartía. El día de la final fue fantástico. Nos desplazamos en coche desde Cambridge. Habíamos asistido a todos los partidos de Inglaterra: contra Uruguay, México, Argentina, Portugal. Y entonces llegó el turno de Alemania. Resulta extraño mirar atrás. Confiábamos en ganar porque Inglaterra jugaba en casa. Mi papá animaba a Inglaterra, desde luego. Se sentía inglés; la habría apoyado incluso contra España. Estaba agradecido a Inglaterra, a los ingleses; este país le salvó la vida, y eso no es dramatizar.»

José solo estuvo un año en el Brentford antes de bajar una división y recalar en el Southampton. Sin embargo, las lesiones le pasaron factura después de una entrada particularmente brutal por parte de un jugador del Barnsley. En 1950, se unió al Colchester United, rechazando al Exeter City, pues quería estar cerca de su familia en Cambridge. Poco después regresó al campo *amateur* y jugó en el Cambridge United en las ligas semiprofesionales, mientras que Antonio fichó por el Cambridge Town. La breve estancia de Antonio en el Norwich se truncó cuando lo echaron en el verano de 1947. Una carta de J. F. Wright, el presidente del Norwich, decía: «Lamento tener que informarle de que el club prescinde de sus servicios para la temporada 1947-48 y de que, en consecuencia, se ha puesto su nombre en el mercado de fichajes. La prima por traspaso exigida por el club es GRATUITA».

Tanto José como Antonio siguieron jugando en el fútbol *amateur* hasta la cincuentena, mientras José trabajaba de inspector de gas, y Antonio, de vendedor de cigarrillos y dulces. José murió en 2006, a los ochenta y dos años. «José dejó de jugar al fútbol cuando tenía cincuenta años; un día sufrió un ataque al corazón después de un partido», dice Paul. No obstante, era un deportista nato, y posteriormente se pasó al golf y ganó la President's Cup con sesenta años en el Girton Golf Club. El periódico local registró un «sorprendente total de sesenta y dos golpes para un hándicap de quince», solo seis años después de que José se inscribiera en el club por motivos de salud. En julio de 1983, declaró al *Cambridge Evening News*: «Me recomendaron que practicara el golf como terapia después de una serie de ataques al corazón. Las más de las veces solo juego con un palo, el hierro tres, para andar. Pero cuando es un torneo, me gusta ir a por todas».

Tras afirmar que había regalado todos sus viejos trofeos, su veredicto sobre el fútbol es particularmente instructivo. «Me interesa leer sobre el United, pero he perdido el contacto con ellos y con el fútbol. Y no acabo de entender cómo se juega ahora. Hablan acerca del 3-3-4 y del 4-2-4. Creo que son muy hábiles, pero tengo la impresión de que este deporte ha perdido mucho. Ahora ya no se trata de lo bueno que eres, sino de lo bueno que eres frenando el juego del contrario.»

Cuando empieza el oficio en el crematorio, las amistades comparten recuerdos felices de su amigo Tony (la versión anglificada de su nombre, Antonio, así como José era conocido como Joe por los autóctonos). Bufandas del Cambridge United adornan la sala. Las composiciones musicales incluyen el tema de *El padrino*. «Adoraba esa película», le susurra un viejo amigo, sonriendo, a su esposa. Luego viene el *Glory, Glory, Halleluja!*, un homenaje a su equipo favorito, el Tottenham Hotspur. «Quiero decirles algo —anuncia un hombre contemporáneo de Antonio—. No lo hizo tan mal para ser un inmigrante, ¿verdad?»

3

Gol de oro

Brian Moore, el decano de los comentaristas de fútbol de ITV, lo calificó de «posiblemente el gol más extraordinario que se haya marcado nunca en un partido europeo, y desde luego en una final europea». Escribiendo en el *Guardian*, David Lacey lo definió como «una exquisita muestra de insolencia hispano-marroquí».

A través de una línea telefónica algo distorsionada, y desde su casa en Ceuta, Nayim suelta una risita. La conversación ha derivado hasta el gol que hace que los hinchas del Tottenham Hotspur todavía canten su nombre desde las gradas. «No, desde entonces no he hablado nunca con David Seaman [...] ¡pero sé lo que cantan!» Y se pone a entonar: «Nayim..., ¡desde la línea media!».

Nayim, nombre completo Mohammed Alí Amar, es un antiguo centrocampista de los Spurs cuyo nombre figura para siempre en la leyenda del club londinense. Curiosamente, su contribución más memorable a la causa del Tottenham no la hizo con los colores blanco y azul de este club del norte de Londres, sino con el blanco y azul del Real Zaragoza. Su momento decisivo llegó en mayo de 1995, dos años después de dejar el Tottenham al término de una admirable estancia de cinco años allí. El escenario fue la final de la Recopa, en la que el Arsenal de Stewart Houston se enfrentó al Real Zaragoza en el Parque de los Príncipes de París.

Era una contienda igualada y brusca que parecía destinada a la tanda de penaltis después de que el futbolista del

Arsenal John Hartson contrarrestó el tanto del argentino Juan Esnaider. Sin embargo, en los últimos segundos de la prórroga, Nayim tenía otros planes. Cuando el defensa del Arsenal Tony Adams se agachó a rechazar de cabeza un saque de puerta del Zaragoza, Nayim se anticipó y bajó el balón con el pecho. Levantó la vista un instante y vio a Seaman fuera del marco. Nayim se preparó, dejó que la pelota botara dos veces antes de soltar una patada a seguir de cuarenta y cinco metros que se le escurrió entre las manos a un sorprendido Seaman y se coló por debajo del larguero.

Para Seaman, aquel fue un momento humillante. Abandonó el campo con la cabeza gacha y las mejillas ardiendo. Su cara no se mostraría tan avergonzada hasta que el brasileño Ronaldinho le sonrojó de forma análoga en la Copa del Mundo de Japón y Corea del Sur, en el año 2002. Irónicamente, el Arsenal no habría llegado a esa final sin las destacadas aptitudes de Seaman. El portero inglés había parado tres penaltis en la tanda que les dio la victoria sobre la Sampdoria en las semifinales del torneo. Solo unos minutos antes, en la prórroga de París, Seaman había hecho una parada increíble a Xavier Aguado, cuando desvió con la punta de los dedos su remate de cabeza al poste. Pero solo el más ferviente de los seguidores del Arsenal recordaría estos detalles de la temporada 1994-95 de Seaman. Tal es la cruel e implacable existencia de un portero, esforzándose en la incesante e imposible búsqueda de la perfección.

Seaman se rehízo. Llegó a ser el segundo mejor guardameta del fútbol inglés a medida que avanzaba la década de los noventa, solo por detrás de Peter Schmeichel, del Manchester United. Pero los recuerdos del Parque de los Príncipes persistieron. Los hinchas rivales se burlaban de él, imitando su dramática caída agitando las manos y echando el cuerpo hacia atrás. «Vamos a hacer un Seaman», cantaban masivamente con la melodía de la conga.

En vísperas de la Eurocopa de 1996, Seaman dijo: «Cuando me percaté de que el inesperado globo de Nayim iba a superarme pensé: "¿Por qué yo?", ya que antes de eso creía haber jugado bien». En una entrevista concedida en 1998 al

Daily Mail, Seaman reflexionaba: «Siempre sé que estoy a un fallo de meterme en un lío. El Parque de los Príncipes, menuda pesadilla. Debo admitir que aquello me recordó los gajes del oficio. Hasta me sentí raro cuando regresé a ese estadio con Inglaterra. Cuesta trabajo olvidarlo».

Tampoco lo han olvidado en Zaragoza, donde en 2006 bautizaron una calle del barrio de Trasmoz en honor de ese gol: «Calle Gol de Nayim». Anteriormente, Trasmoz adquirió fama en España como el escenario del secuestro del doctor Julio Iglesias Puga. Era el padre de Julio Iglesias, la superestrella mundial ganador de varios premios Grammy y que ha producido numerosos discos de platino. De hecho, Iglesias comenzó siendo futbolista y no se le daba nada mal. Fue portero en los equipos base del Real Madrid y la primera opción en el equipo filial cuando sufrió un accidente de coche que estuvo a punto de arrebatarle la vida a los diecinueve años. El impacto le comprimió un nervio de la espina dorsal y estuvo postrado en cama durante dos años. Mientras se recuperaba en el hospital, una enfermera le trajo una guitarra. Poco sospechaba aquella mujer que su paciente llegaría a ser uno de los artistas más célebres del mundo, con más de ochenta álbumes y trescientos millones de discos vendidos, cantando en catorce idiomas distintos. El doctor Iglesias era también, por supuesto, el abuelo de Enrique.

En Trasmoz, la banda terrorista ETA le mantuvo cautivo durante veinte días, entre diciembre de 1981 y enero de 1982. Finalmente, el doctor Iglesias, que era ginecólogo y engendró dos generaciones de ídolos, fue liberado. En España tenía fama de donjuán y lo apodaban cariñosamente «Papuchi». Cuando murió a los noventa años en 2005, su esposa, de cuarenta y dos, esperaba su segundo hijo en el espacio de dos años.

Nayim se ríe. «¡No puedo competir en notoriedad con la familia Iglesias! Pero ya sé qué me vas a preguntar. ¿Lo hice aposta? ¿Pretendía marcar aquella noche contra el Arsenal? ¡Sí, sí, sí! Antes del partido, habíamos estudiado vídeos del Arsenal y sabíamos exactamente que jugaban al fuera de juego y que Seaman ocuparía posiciones muy adelantadas.

Durante el partido, recuerdo que uno de mis compañeros, Santiago Aragón, ya lo había probado sin suerte. Pero no es tan fácil lograrlo. Cuando me llegó el balón, lo vi y pensé: "¿Por qué no?". Ya lo había hecho antes cuando vivía en Ceuta, siendo adolescente. Cuando estuve en el Tottenham, me quedaba un rato después de los entrenamientos y desafiaba a Paul Gascoigne y Chris Waddle a chutar al larguero desde lejos. Evidentemente, esto era distinto. Era el último minuto del encuentro. La intención estaba ahí, pero tuve la suerte añadida de que el portero fallase. Me sorprendió que entrara. Seaman era el mejor guardameta del mundo en aquel momento. Bueno, de hecho, Peter Schmeichel era genial. Pero Seaman estaba ahí. Su nombre tenía cierto prestigio, era el portero titular de Inglaterra. Aquel fue el momento decisivo de mi trayectoria.»

Gustavo Poyet, el excentrocampista del Chelsea y del Tottenham y compañero de Nayim en el Zaragoza, corrobora su versión de los hechos. Poyet dice: «Nos comentó a Santi Aragón y a mí que Seaman siempre estaba fuera del arco. Después de la final, fuimos al estadio vacío del Zaragoza y cada uno de los tres cogió un balón e intentó repetir su truco. Chutamos cincuenta balones y algunos entraron en la portería, pero ninguno con la misma inclinación que en el gol de Nayim. Creo que se merecería una placa en el Parque de los Príncipes, algo que rezara: "Nayim marcó este gol en aquella final"».

Nayim habla de su patria chica, Ceuta, un enclave español en la costa mediterránea septentrional de Marruecos. Punto de convergencia del océano Atlántico y el más tranquilo mar Mediterráneo, fue una de las líneas de la costa atravesadas por Ulises en su mítico regreso a Ítaca que glosó Homero. Separada del sur de España por el estrecho de Gibraltar, el general Franco reclamó Ceuta al comienzo de la guerra civil española, tras haber sido gobernada anteriormente por griegos, romanos, el Imperio bizantino, tribus musulmanas y, por último, los portugueses. La identidad de sus habitantes es una mezcla curiosa, medio africana y medio española.

En nuestra historia, Nayim es una figura imprescindible. Es el primer español que jugó en la Premier League. Quizá de forma sorprendente, también puso fin a una espera de más de treinta y cinco años en la que el fútbol inglés no contó con ningún jugador español.

El fútbol inglés ostenta un hondo y rico patrimonio de jugadores foráneos. Ya en 1892, el canadiense Walter Bowman se convirtió en el primer extranjero en jugar en la Football League al fichar por el Accrington. En 1908, el Tottenham contrató al alemán Max Seeburg, el primer futbolista nacido en un país europeo que jugó en Inglaterra. Nils Middelboe, capitán de la selección danesa, fichó por el Chelsea como *amateur* en 1913. Vinieron egipcios, franceses, austriacos y holandeses hasta el estallido de la Segunda Guerra Mundial.

«A principios de la década de 1930 —escribió Matthew Taylor en *When Saturday Comes*—, la progresión del fútbol extranjero había convencido a uno o dos clubes ingleses de que tal vez merecía la pena asumir el riesgo de contratar a un jugador foráneo. Con lo que no contaban era con la oposición del Ministerio de Trabajo. El Arsenal había llegado a un acuerdo con el portero de la selección austriaca Rudy Hiden, que incluía un empleo de cocinero, además de su salario como futbolista, pero los funcionarios de inmigración le negaron la entrada cuando llegó a Dover. El delantero centro belga Raymond Braine, fichado por el Clapton Orient, consiguió entrar en el país, pero también fue obligado a marcharse. Para prevenir tales casos, la Football Association inglesa optó por requerir dos años de residencia a los jugadores de fuera del Reino Unido, una medida que prohibía en la práctica a los clubes británicos la contratación de profesionales extranjeros.»

La implicación política en el fútbol no era extraña durante esa época. En la década de 1930, cuando los Gobiernos europeos eran en el mejor de los casos conservadores, y en el peor, nazis, la identidad nacional y el control de la inmigración eran asuntos muy preocupantes. Los regímenes fascistas utilizaban el deporte como un brazo del Estado totalitario para subrayar la fuerza de la nación. En Italia, Mussolini introdujo el proyecto de la Carta di Viareggio para el fútbol italiano, que limitaba a dos jugadores extranjeros por equipo en 1926 y prohibía todos los no-italianos en 1928. En la Copa del Mundo de 1934, Italia decidió provocar a Francia en la segunda fase del torneo saliendo al terreno de juego con camisetas negras, simbólicas del fascismo. Fino Fini, el director del Museo del Fútbol Italiano, relató a un documental de la BBC: «El secretario general Achille Starace sugirió que sería un bofetón en la cara para los franceses. Mussolini dijo: "Está bien, hagámoslo, hagámoslo"».

En Inglaterra, la postura de Whitehall y la Football Association con respecto a los jugadores extranjeros perduró después de la Segunda Guerra Mundial. La norma de dos años de residencia implicó que la contratación de jugadores procedentes del continente estuvo prácticamente prohibida en el fútbol inglés hasta 1978. Claro que hubo ciertas excepciones, y siempre era posible conseguir fichajes extranjeros de la Commonwealth, aunque hasta eso tenía sus complicaciones. Sin embargo, entre 1951 y 1956, seis finales consecutivas de la FA Cup incluyeron a un jugador foráneo. En 1951, el chileno George Robledo jugó con el Newcastle; en 1952, cuando su hermano Ted se reunió con él en el campo, marcó el gol decisivo de un equipo que tenía como estrella a Jackie Milburn.

La pareja había ido a parar a Inglaterra después de que su madre, Elsie Oliver, de South Yorkshire, volara a Argentina para ser la institutriz de los hijos de un minero inglés. Después de que la familia se trasladara a Chile, Elsie se enamoró de Arístides Robledo, un contable, y dio a luz a George en 1926 y a Ted (Edward) en 1928. En 1932, Elsie regresó a Yorkshire sin su marido. Los chicos se escolarizaron en Inglaterra y George firmó con el Barnsley a los dieciséis años. Tras anotar cuarenta y siete goles en ciento catorce partidos para el club de Yorkshire, el Newcastle pagó unas veintiséis mil quinientas libras esterlinas para fichar a George. Su hermano Ted se incorporó al club como parte del acuerdo.

George tenía tanta clase que fue incluido en la selección nacional de Chile para la Copa del Mundo de 1950, en el mismo grupo que Inglaterra y Estados Unidos, en el año de infausto recuerdo en el que los americanos sorprendieron a Inglaterra, los inventores del juego, y ganaron por 1-0. Las apuestas eran de quinientos a uno a favor del triunfo de Estados Unidos sobre Inglaterra, y el equipo inicial americano estaba formado íntegramente por jugadores *amateurs*, entre ellos un cartero, un pintor-decorador, un lavaplatos y un chófer de coche fúnebre. La Chile de George perdió contra Inglaterra y España, pero batió a Estados Unidos en una victoria por 5-2 en la que Robledo anotó el primer gol.

Después de las dos finales de la FA Cup, los hermanos regresaron a Chile para jugar en el Colo-Colo, pero en 1970 Ted fue víctima de una tragedia. Escribiendo en el *Independent* en 1999, Richard Williams informaba: «Días después de regresar al golfo Pérsico de una visita a Inglaterra, Ted desapareció de a bordo de un barco, el *Al Sahn*, que había zarpado de Dubái. Dijeron que tuvo una pelea con el capitán de la nave, pero nadie que le conociera creía que el introspectivo Ted hubiera podido provocar un altercado así. El capitán fue acusado de homicidio. [El tercer hermano] Walter viajó dos veces al golfo en busca de la verdad, pero el cuerpo de su hermano jamás llegó a encontrarse y las circunstancias de su muerte siguen sin resolverse». George se sintió profundamente afectado por la desaparición de su hermano: murió en 1989, con sesenta y tres años.

Después de la participación de los hermanos Robledo en las finales de la FA Cup de 1951 y 1952, el natural de Sudáfrica Bill Perry marcó el gol decisivo para el Blackpool en la célebre «final de Matthews». El deslumbrante extremo Stanley Matthews hacía su tercer intento de ganar la FA Cup tras sendas derrotas en las finales de 1948 y 1951. Lo consiguió en 1953 merced a una victoria por 4-3 sobre el Bolton. Perry anotó el tanto ganador en el minuto noventa y dos.

El australiano Joe Marston jugó la final de la FA Cup con el Preston, que caería derrotado por 3-2 ante el West Bromwich Albion. Marston era amigo de Duncan Edwards, el prodigiosamente dotado Busby Babe que falleció en trágicas circunstancias entre los restos del accidente aéreo en Múnich de 1958. Marston compartía habitación con Edwards cuando se presentó en Hampden Park para representar un once de la liga inglesa contra un homólogo escocés en marzo de 1955. La incidencia de Marston en el Preston fue muy relevante, hasta el punto de que recibió la Orden del Imperio Británico en 1980; además, quedó cuarto en una votación en la que los aficionados del Preston seleccionaban los cien mejores jugadores de la historia del club. Las futuras estrellas australianas Craig Johnston, otrora extremo del Liverpool, y Tim Cahill, excentrocampista del Millwall y el Everton, definirían a Marston como un pionero y una fuente de inspiración.

Luego, en 1955 y 1956, le tocó el turno al alemán Bert Trautmann. El guardameta fue un raro ejemplo de la llegada de un europeo al fútbol inglés en una época en la que había estrictas limitaciones impuestas por el Parlamento, la Football Association e incluso la Asociación de Futbolistas Profesionales (PFA), que consideraban a los jugadores extranjeros una amenaza para el trabajo de la cantera. Esta asociación había sido fundamental para impedir el traspaso del portero austriaco Rudolf Hiden en 1930.

El portero del Manchester City Trautmann fue un caso singular. Antiguo paracaidista de la Luftwaffe, hacía poco que había sido liberado de un campo de prisioneros de guerra. Fue miembro de las Juventudes Hitlerianas y sirvió en Rusia durante la Segunda Guerra Mundial. Trautmann fue uno de solo los noventa soldados de su primer regimiento (compuesto por más de mil hombres) que sobrevivieron a la contienda. Jugaba al fútbol en los equipos de los prisioneros de guerra en el noroeste de Inglaterra y lo descubrieron como sustituto del veterano guardameta del Manchester City Frank Swift.

Más de veinte mil seguidores del Manchester City, entre ellos muchos judíos, protestaron por el fichaje de Trautmann. Un rabino local, Alexander Altmann, hizo gala de una gran compasión y una extraordinaria capacidad de perdonar al instar a su comunidad a tender una rama de olivo al antiguo oficial nazi. «Gracias a Altmann, al cabo de un mes, todo estaba olvidado —declaró Trautmann al *Observer* en 2010—. Más adelante, acudí a la comunidad judía y traté de justificarme. Intenté darles una idea de la situación para la población de Alemania en la década de 1930 y de sus circunstancias adversas. Les pregunté cómo habrían reaccionado ellos si se hubieran encontrado en la misma situación, bajo una dictadura. Hablando de este modo, la gente empezó a comprender.»

Como portero del Manchester City, entró en la leyenda de la FA Cup cuando jugó la mayor parte de la segunda mitad de la final de 1956 contra el Birmingham City con una fractura en el cuello tras un choque con Peter Murphy. Posteriormente, los cirujanos le dijeron que podía haber muerto o haber quedado paralítico. El Manchester City ganó el partido por 3-1 y la redención de Trautmann a los ojos del público británico se completó cuando fue elegido jugador del año por la Football Writers' Association.

Hay pocas carreras y vidas prodigiosas y pintorescas entre los extranjeros que jugaron en Inglaterra durante ese periodo, pero fueron muy excepcionales: el anuario de la Football Association de 1964-65 registraba tan solo quince jugadores no británicos en las dos primeras divisiones del fútbol inglés. Se pusieron obstáculos a la llegada de incorporaciones foráneas. El West Ham, por ejemplo, no pudo fichar al capitán israelí Mordechai Spiegler en 1970.

En su autobiografía, el exdelantero del West Ham Trevor Brooking escribió: «Spiegler, un centrocampista dotado de buena técnica, fue tachado sin tapujos por el secretario de la Football League, Alan Hardaker, de inelegible para jugar en Inglaterra. Ron Greenwood había quedado impresionado con él durante la Copa del Mundo de 1970 en México y le invitó a entrenar con nosotros. Mordechai tenía un conocimiento enciclopédico del fútbol inglés y un día se sentó con Jimmy Greaves en el autobús que nos llevaba a una carrera de entrenamiento de pretemporada. Sentarse al lado del gran Greaves debió de ser una experiencia extraordinaria para Mordechai, que habló sin parar del fútbol inglés durante todo el trayecto. En opinión de Jimmy, el fútbol era para jugarlo, no para hablar de él. Cuando se apeó del autobús, se acercó a Greenwood y le dijo: "No dejes que vuelva a sentarse a mi lado, ¡por favor!". Así que Mordechai firmó por el Paris Saint-Germain».

Hasta 1978, la UEFA había sido cómplice al limitar la contratación de futbolistas extranjeros, pues las federaciones nacionales temían que eso obstaculizara la evolución de las selecciones nacionales. Esta actitud se modificó en 1978, cuando se comprobó que el Tratado de Roma permitía la libre circulación dentro de la Comunidad Europea. Esto abrió la puerta a la contratación de europeos, a la vez que los clubes podían fichar, además, a dos jugadores de cualquier parte del mundo. El Tottenham pudo contratar al dúo argentino Osvaldo Ardiles y Ricardo Villa, pero la Asociación de Futbolistas Profesionales inglesa se sintió frustrada cuando el Sheffield United fichó a su compatriota Alex Sabella, quien aún no había sido seleccionado por su país.

Por increíble que parezca, el Sheffield United firmó a Sabella después de que el club hubiera fracasado en la puja por hacerse con Diego Armando Maradona, que tenía entonces diecisiete años. El entrenador de los Blades, Harry Haslam, descubrió a Maradona en un viaje a Argentina; nada más terminar el partido, se propuso organizar un traspaso por doscientas mil libras esterlinas. Sin embargo, el Sheffield United, que militaba en segunda división, no pudo reunir el dinero con la suficiente rapidez y tuvo que conformarse con fichar a Sabella, del River Plate, en una operación de ciento sesenta mil libras. La contratación de Sabella provocó un endurecimiento de la reglamentación por parte de la PFA. Se decidió que una comisión de representantes aplicaría las normas sobre los futuros fichajes y que solo se permitiría llegar a Inglaterra a «internacionales contrastados».

A finales de los años ochenta, la contratación de talento extranjero se estancó de nuevo cuando se prohibió a los clubes ingleses participar en competiciones europeas a raíz de la tragedia de Heysel y las acusaciones de vandalismo. Lógicamente, esto hizo de Inglaterra una opción menos atractiva para la élite del continente. En 1989, el Arsenal se convirtió en el último club en conquistar el título de liga utilizando solo jugadores ingleses. Una década después, el día de San Esteban de 1999, el Chelsea de Gianluca Vialli fue el primero en sacar un once inicial integrado solo por jugadores extranjeros. En 2005, el Arsenal fue el primer club en la historia de la liga inglesa en formar una plantilla entera de jugadores foráneos. Esta rápida evolución puede atribuirse en parte a la decisión de la Unión Europea de eliminar el cupo con respecto al número de futbolistas de un Estado miembro autorizados a jugar dentro de otra nación de la Unión. El otro factor decisivo fue la sentencia Bosman de 1995, que favoreció aún más la circulación de futbolistas en el seno de la Unión Europea.

Sin embargo, pese a todos los progresos relativos de los años ochenta y noventa, no deja de sorprender que Nayim fuese el único español presente en la élite del fútbol inglés hasta la llegada de Albert Ferrer en 1998. El lateral catalán se convirtió en el primer futbolista español contratado por un club de la Premier League cuando se marchó del Barcelona rumbo al Chelsea; Nayim había sido fichado en 1988, cuatro años antes de la escisión de la máxima división con respecto a la antigua Football League en 1992. Para cuando Ferrer llegó, los clubes de la Premier League ya habían contratado a futbolistas de Alemania, Argentina, Australia, Barbados, Bélgica, Bermudas, Bolivia, Brasil, Bulgaria, Canadá, Chipre, Colombia, Costa Rica, Croacia, Dinamarca, Eslovaquia, Estados Unidos, Estonia, Francia, Georgia, Ghana, Grecia, Hungría, Islandia, Israel, Italia, Jamaica, Nueva Zelanda, Nigeria, Noruega, Polonia, Portugal, la República Checa, Rumanía, Rusia, San Cristóbal y Nieves, Senegal, Serbia, Sudáfrica, Suecia, Suiza, Trinidad y Tobago, Turquía, Ucrania, Uruguay y Zimbabue. Así pues, ¿por qué no España?

4

Apertura

«*E*n Inglaterra, está en nuestra naturaleza viajar —comentó el escritor de viajes del *Sunday Times* A. A. Gill—. Todos tenemos hambre de un clima aceptable. Pero a menudo me pregunto qué es lo que buscan exactamente los españoles cuando van de vacaciones.» Quizá tal cosa dé una respuesta muy sencilla a la pregunta de por qué el fútbol inglés esperó tanto tiempo para oír el correteo de pies españoles en dirección a las islas. En Inglaterra llueve mucho, el sol suele hacerse de rogar y los inviernos pueden llegar a ser terribles. No es el mayor de los cumplidos para el fútbol inglés que los únicos jugadores que llegaron hasta 1988 viajaran hacinados en un barco de refugiados en una misión de salvamento para huir de la guerra civil cuando eran niños en el País Vasco.

Por fortuna, hay mucho más que eso. Por ejemplo, ¿podemos dar por supuesto que los jugadores españoles eran especialmente apetecibles para los clubes ingleses durante ese tiempo? El Real Madrid mantuvo un rico patrimonio de éxitos en las competiciones europeas, pero los clubes españoles no cautivaron a los espectadores continentales en la segunda mitad del siglo xx. Entre 1966 y 1992, por ejemplo, los clubes españoles estuvieron veintiséis años sin ganar la Copa de Europa y sus representantes solamente llegaron a tres finales de este torneo. El Bayern de Múnich derrotó al Atlético de Madrid en 1974, el Liverpool batió al Real Madrid en 1981 y el Steaua de Bucarest se deshizo del Barcelona en 1986. El Barça ganó la Recopa en tres ocasiones entre 1979 y 1989, y el Valencia en una ocasión. Pero lo cierto es que los equipos españoles no fueron la fuerza dominante del fútbol europeo que son ahora.

En el fútbol de selecciones, España conquistó la Eurocopa en 1964. Solo alcanzó otra final, en 1984, cuando perdieron contra Francia. No volvieron a ganar el torneo hasta 2008 y 2012. La selección española solo ha disputado una final del Mundial: en 2010. «Ahora es fácil de olvidar —dice Nayim—, pero durante aquel tiempo España no estaba en la cima del fútbol europeo. El fútbol español, en lo que se refiere al equipo nacional y a su reputación en el extranjero, no era demasiado importante. Madrid y Barcelona eran grandes nombres, pero no fue hasta cuando empezaron a dominar la escena europea cuando comenzó la invasión de jugadores españoles en los años noventa y en la siguiente década. Cuando yo estuve allí, era un bicho raro, el único. Aproveché la ocasión, pero también había aislamiento en España.»

Tradicionalmente, a los futbolistas españoles no se les han dado demasiado bien los viajes al extranjero. Cuando el exdelantero del Barcelona Bojan Krkic fichó por la AS Roma en el verano de 2011, el periódico italiano *La Gazzetta dello Sport* escribió que, como el trigésimo tercer español que jugaba en Italia, tendría que superar un «historial de fracasos y desencantos». El estudio de casos italiano aporta pruebas del esfuerzo hispano por adaptarse. Pep Guardiola duró trece partidos en el Brescia (en 2003). Iván Helguera, el excelente baluarte del Real Madrid, jugó ocho encuentros con la Roma en la temporada 1997-98. Gaizka Mendieta, elegido como el mejor centrocampista de la Champions cuando era la estrella del Valencia de Rafa Benítez, en la campaña 2001, disputó solo veintisiete partidos poco satisfactorios con la Lazio antes de regresar a España. Posteriormente, el presidente del Real Madrid, Florentino Pérez, definió Italia como una trituradora de futbolistas españoles.

Para dar con una excepción, tenemos que remontarnos a 1961, cuando el icónico Luis Suárez, el único ganador español del Balón de Oro, dejó el Barcelona para reunirse con su estimado míster Helenio Herrera y se convirtió en la estrella en Italia durante doce años con el Inter de Milán y la Sampdoria. No hay que concluir que algo en el carácter español determina cierto comportamiento. Lo que sí podemos decir, en cambio, es que las consecuencias sociopolíticas de la dictadura del general Franco contribuyeron a una sensación de aislamiento.

Después de la Segunda Guerra Mundial, España siguió siendo el paria del oeste de Europa. Las democracias occidentales que con tanto ahínco habían luchado contra el fascismo tenían poco tiempo para ocuparse de los extremistas de la península ibérica. Los clubes de fútbol ingleses no tendían a mirar hacia España para hacer negocios. Boris Nikolaj Liedtke, historiador de las relaciones internacionales de España, escribió: «La opinión pública mundial se ponía en contra de Franco. Canadá rechazó públicamente los intentos de establecer relaciones diplomáticas por parte de España. Durante la primavera de 1946, seis Estados comunistas, cuatro latinoamericanos, tres de la Commonwealth y otros cuatro cortaron relaciones diplomáticas con España». Entonces Polonia pidió a las Naciones Unidas que interrumpiera las relaciones, y el secretario general de la ONU, Trygve Lie, se hizo eco de la petición. También los bielorrusos quisieron poner fin a las comunicaciones con España.

El Reino Unido, Australia y Estados Unidos opinaron que, puesto que España no constituía una amenaza, los asuntos internos españoles no eran motivo de preocupación para las Naciones Unidas. Creían que romper relaciones con España provocaría más convulsiones europeas. España fue condenada finalmente, excluida de las Naciones Unidas, y la organización exigió la retirada inmediata de los embajadores de Madrid. Sin embargo, para Franco, ese no fue el peor revés, ya que pudo concentrar el apoyo interno en nombre de la unidad nacional. «Aparte del valor de prestigio —concluía Liedtke—, las relaciones se mantuvieron inalteradas. Las relaciones diplomáticas como tales no terminaron en ningún momento. Estados Unidos y Gran Bretaña habían reconocido el régimen de Franco desde 1939 y siguieron haciéndolo después de 1946.»

Sin embargo, no deja de ser verdad que España suscitaba recelo. Javier Tusell, historiador español, comentó: «La imagen que los visitantes extranjeros tenían de España en los primeros años del franquismo era la de un país que había sido condenado a una pobreza irremediable». Pepe Mel, exentrenador del West Bromwich Albion que creció en España en la década de 1960, explica: «España fue un país tercermundista hasta hace treinta años. Mucha gente estaba en la miseria o peor. Algunos escarbaban en la basura para poder comer. España ha crecido mucho en los últimos cuarenta años, y eso se refleja en todo. Los éxitos deportivos son un ejemplo, pero España ha mejorado enormemente en la sanidad pública o en el campo de la medicina. Antes, tales progresos habían sido impensables».

Jimmy Burns escribe sobre la España de los años 1950 como un periodo «en el que la nación de Franco bregaba debido a su aislamiento del resto de Europa. Era la época anterior al turismo de masas, cuando España, y Madrid en particular, todavía era considerada por la mayoría de los extranjeros como un lugar siniestro, atrasado y represivo».

Esto podía apreciarse en la intromisión política en el fútbol. El aparato propagandístico de Franco introdujo el periódico deportivo *Marca*, que llegó a ser el diario más vendido de la nación, con más de trescientos cincuenta mil ejemplares al día. La primera portada del *Marca* tenía la foto de una muchacha rubia levantando el brazo en el saludo fascista. Era un mensaje de unidad y apoyo a todos los deportistas españoles, hombres y mujeres. El Real Madrid se erigió como el brazo deportivo del régimen de Franco. Es cierto que Santiago Bernabéu, exfutbolista del Real Madrid y luego presidente durante muchos años, trabajó en Hacienda, mientras que varios ministros del Gobierno también eran miembros del club. Tusell informa que todos los clubes estaban obligados a incluir al menos dos falangistas en su equipo, una resolución que se mantuvo en vigor hasta 1967. El lenguaje propio del periodismo deportivo era «castellanizado» por la censura, lo que implicaba la prohibición de escribir nombres de clubes ingleses. En consecuencia, en 1941 el

Athletic de Bilbao cambió su denominación a Atlético de Bilbao, obedeciendo un decreto especial emitido por Franco.

Con todo, es demasiado simplista decir que los españoles no llegaban al fútbol inglés lisa y llanamente debido al régimen franquista, pues sería pasar por alto el cambio radical en la política internacional española a principios de la década de 1960. El dictador no murió hasta 1975. Tras el hundimiento de la economía en 1959, España abrió sus fronteras a la inversión extranjera. La idea de «apertura» comenzó en 1953, cuando se firmó una alianza con Estados Unidos que permitió a España integrarse en las Naciones Unidas y en la UNESCO. Esto implicaba que España iniciaba la transición de un país agrícola hacia una economía industrializada. Formaba parte de una mutación progresista en la España de Franco, a medida que la introducción del turismo extranjero y la emigración iban de la mano con la liberalización del comercio y menos regulaciones económicas.

En 1959, era necesario. Tusell describe una situación de «cataclismo», en la que importaciones esenciales como el petróleo estuvieron a punto de suspenderse. El cambio funcionó: a finales de 1959, el balance del Instituto Español de Moneda Extranjera pasó de cincuenta y ocho millones de dólares en números rojos a cincuenta y dos millones de crédito. Tusell atribuye el cambio de rumbo a la inversión extranjera, la emigración de españoles a Europa y el turismo. A principios de la década de los sesenta, España conoció un desarrollo económico en pie de igualdad con Italia, Francia y Alemania. El aumento del turismo invirtió el déficit comercial: las cifras de visitantes subieron desde los siete millones en 1961 a los veinticuatro millones en 1970. Entre 1960 y 1973, solo la economía nacional de Japón creció más deprisa.

La población española experimentó un cambio cotidiano y tangible. En 1975, casi dos tercios de los hogares españoles tenían frigorífico, televisor y lavadora. Y el presupuesto alimentario por familia era de un treinta y ocho por ciento de media, mientras que anteriormente había sido del sesenta por ciento. Esto sentó las bases para la invasión del consumismo: el número de aparatos de televisión se disparó de seiscientos en 1956 a más de dos millones una década después. La liberalización de la economía cambió el paisaje cultural de España. La libre circulación dentro del Mercado Común animó a los españoles a buscar una mayor calidad de vida en el extranjero. Entre 1960 y 1973, más de un millón y medio de personas emigraron de España rumbo al norte o el centro de Europa. Así pues, era muy posible que los españoles jugaran al fútbol fuera de su patria.

Dentro de España tuvo lugar un proceso de urbanización, a consecuencia del cual el número de españoles que vivían en grandes ciudades aumentó considerablemente. En la década 1960-1970, señala Tusell, la población rural disminuyó del cuarenta y dos al veinticinco por ciento de la población total. Esto, a su vez, abrió los ojos hispanos a un mundo más globalizado. Quedaba mucho trabajo por hacer. No fue hasta 1970 cuando el Gobierno empezó a gastar más en educación de lo que invertía en el Ejército. La cifra de trabajadoras aumentó, aunque solo hasta el veinticuatro por ciento de toda la población activa. Pero, claramente, España se convirtió en un país más abierto entre 1959 y la muerte de Franco, en 1975, si bien no deja de ser curioso que a medida que más jugadores continentales se dirigían hacia las costas inglesas, continuaba la espera de la llegada de un español al fútbol inglés.

Ese jugador fue Nayim y le debió mucho a Terry Venables, exseleccionador nacional de Inglaterra y exentrenador del Barcelona. Venables llegó al Barça en el verano de 1984. El 26 de mayo de aquel año, la portada del *Mundo Deportivo* rezaba: «*Hello, Mr Venables!*». Lo apodaban «El Tel» (un guiño a la serie de humor británica *Fawlty Towers*) y llegó al conjunto culé tras una excelente temporada en el Queens Park Rangers. Su predecesor, César Luis Menotti, comentó: «Yo no me quedaría con ese tipo procedente de Inglaterra; no saben jugar al fútbol», antes de predecir: «No llegará a comerse los turrones». Sin embargo, Venables conquistó la Liga en su primera temporada y estuvo a punto de ganar la Copa de Europa en su segunda campaña, pero los rumanos del Steaua de Bucarest lo impidieron en la final de Sevilla.

Durante ese tiempo, fichó a tres delanteros británicos: el

inglés Gary Lineker, el escocés Steve Archibald y el galés Mark Hughes. Era una época distinta para los futbolistas británicos e irlandeses, en la que les pagaban más dinero en el extranjero que en su país. Entre finales de la década de 1950 y los años ochenta, las grandes figuras del fútbol británico, como John Charles, Denis Law, Jimmy Greaves, Liam Brady, Kevin Keegan, Mark Hateley, Graeme Souness, Ray Wilkins, Luther Blissett, Ian Rush, Glenn Hoddle y Laurie Cunningham, se marcharon al extranjero. Esto, por sí mismo, puede ayudar a explicar la escasez de talento español en Inglaterra. Los mejores jugadores ganaban más dinero en España, mientras que la Asociación de Futbolistas Profesionales y la Football Association inglesas eran por entonces contrarias a la invasión de más talentos extranjeros en el fútbol inglés.

En su autobiografía de 1989, *Sparky*, Mark Hughes aborda el meollo de por qué el talento británico se sintió atraído por España. Admite que el Barcelona le pagaba «cifras telefónicas». En el Manchester United, Hughes había estado percibiendo tan solo doscientas libras esterlinas a la semana, aunque esto era el legado de un contrato firmado cuando era adolescente. «Ningún secreto: era dinero —dijo Hughes—. Un montón de pasta. Ninguna otra cosa me hubiera hecho subir al avión. Muchos futbolistas británicos, cuando se les presenta la ocasión de jugar en el extranjero, hablan de muchas cosas. Necesitan un nuevo reto, han construido sus sueños sobre jugar en Europa, quieren desarrollar su técnica con los continentales. Tal vez, pero no son más que medias verdades. La auténtica motivación es el dinero. Y eso los convierte en mercenarios del fútbol, como yo. No es ninguna deshonra ni vergüenza; se trata de asegurar tu propio futuro y el de tu familia.»

Más recientemente, Lineker se hacía eco de estos sentimientos, aunque en un tono más comedido que Hughes. «En mis tiempos, era una oportunidad de ganar mucho más dinero; ahora la Premier League paga tan bien como en cualquier otro sitio, así que los jugadores no tienen que marcharse por razones económicas.»

El astro argentino Diego Armando Maradona se marchó el mismo verano que Venables llegó al Barcelona. Contrataron al delantero escocés Steve Archibald para sustituirlo. Archibald, que había sido mecánico de automóviles, tenía un carácter fogoso. En el Aberdeen, había jugado a las órdenes de Alex Ferguson, y ambos tuvieron una riña memorable después de que el jugador consiguiera un *hat-trick* en los cuartos de final de la Copa escocesa contra el Celtic. Manda la tradición que el autor del *hat-trick* se quede con el balón del partido, pero, en esta ocasión, Ferguson insistió en que Archibald no se quedara el balón como recuerdo y el delantero le desobedeció. En su libro sobre la etapa de Ferguson en el Aberdeen, Michael Grant cuenta que el técnico arrastró a Archibald hasta su despacho para reprenderle y que «al día siguiente estaba sentado en la sala del cuerpo técnico con Pat Stanton y Teddy Scott, tomando el té y charlando cuando la puerta se abrió de golpe. Archibald gritó: "Aquí tienes tu jodido balón", y lo lanzó con fuerza al interior del cuarto. Los tres agacharon la cabeza y derramaron el té por el suelo mientras el balón rebotaba». En el Aberdeen, Archibald estaba en el despacho de Ferguson tan a menudo que el asiento situado frente a la mesa del entrenador llegó a conocerse como «la silla de Archibald».

Su paso al Barcelona fue particularmente curioso, pues, de hecho, no quería dejar el Tottenham para irse a España. En realidad, la directiva del Barça tampoco quería a Archibald; preferían con mucho al mexicano Hugo Sánchez, que acabaría siendo una leyenda del Real Madrid. «Yo no quería ir al Barcelona —insistía Archibald en una entrevista con el periodista Graham Hunter en 2016—. No había estado nunca de vacaciones en España, nunca quise ir a España de vacaciones. Nunca quise dejar los Spurs, que necesitaban el dinero. Irving Scholar, el nuevo propietario del Tottenham, era un tipo joven que creía que podía controlar el mundo. Nadie en los Spurs decía: "¡Quédate!". El trato estaba cerrado, así que tuve que irme. En el mismo hotel donde tenía que firmar, Hugo Sánchez estaba arriba, pues el club le quería a él. Pero Terry dijo: "No, no, quiero a Steve". Aquello se alargó durante horas. Pensé: "Joder, pues no parece que me quieras". Terry me pidió que esperara media hora. Yo ya me disponía a marcharme. Entonces entró el presidente del club, me miró a los ojos y dijo: "¿Quieres fichar por el Barcelona?". Respondí que sí y se cerró el trato.»

Una vez en Barcelona, Archibald se adaptó, aprendió el idioma y marcó goles que permitieron al Barça ganar su segunda Liga en veinticinco años. El índice de éxito de los británicos en el Barcelona variaba, cosa que influyó en cómo se veía el fútbol inglés desde España. En el caso de Mark Hughes, el exdelantero del Manchester United que desde entonces ha entrenado al Blackburn, el Manchester City y más recientemente el Stoke City, la experiencia fue «una historia de terror no apta para menores», según confesó él mismo. Hughes había tenido problemas con el alcohol durante su etapa en el Manchester United. Calificaba su comportamiento de «absoluta locura». En los seis meses antes de dejar el United, Hughes se sintió «torturado y atormentado».

Las cosas no mejoraron a su llegada a Barcelona, donde se quedó pasmado cuando le instalaron en un hotel que «parecía salido de aquellas historias de horror de vacaciones», con un «supuesto restaurante que habría sido repudiado por British Rail». La prensa catalana lo pilló después de pasar una noche fuera, cuando no se presentó al entrenamiento a la mañana siguiente. Venables definió a Hughes como «una gran decepción». En su autobiografía *Born to Manage*, Venables dijo: «Tenía solo veintidós años. Su edad y cierta inmadurez eran más responsables que nada de sus mediocres actuaciones. Su estilo físico causaba problemas. No le temía a nadie, ni siquiera al carnicero de Bilbao, Goikoetxea, que había dejado su terrible huella en Maradona. Cuando se topó con Mark y trató de intimidarlo, no tardó en comprender que se trataba de un jugador con el que era mejor no meterse. Mark rara vez hacía otra cosa que defenderse, pero los árbitros se fijaban en su nombre antes de cualquier incidente y siempre estaban amonestándolo y mostrándole tarjeta amarilla. Le resultaba tan angustioso que tuve que prescindir de él».

Venables regresó a Inglaterra en 1987 y se trajo a Nayim un año después. Nayim había estado en la Masia desde los quince años, tras ser descubierto por el Barcelona cuando crecía en Ceuta. En Can Barça fue donde Venables reconoció su potencial. En el Barcelona, no es infrecuente que el técnico del primer equipo dirija las sesiones de entrenamiento de los equipos del fútbol base. «Lo bonito de la Masia era la mezcla de las diversas categorías inferiores —dijo Venables—. Almorzábamos todos juntos, y yo les formaba y entrenaba cuando podía. Esto me permitía mantener contacto con los jugadores, llegar a conocerlos no solo como futbolistas, sino también como jóvenes.»

Nayim se había esforzado por entrar en el primer equipo del Barcelona, pero se fue cedido al Tottenham en noviembre de 1988. Había sufrido lesiones graves y apenas había jugado en los últimos dieciocho meses. Su primera aparición en el fútbol inglés tuvo lugar ante solo doscientos espectadores, cuando marcó un magnífico tanto en jugada individual para los suplentes del Tottenham contra el Charlton. Durante su cesión, hizo lo suficiente para convencer al Tottenham de sus méritos; el verano siguiente, firmaron su traspaso: se convirtió en el primer español en firmar por un club inglés desde 1947.

El trato se negoció en una reunión entre Venables, el presidente de los Spurs Irving Scholar y el directivo del Barcelona Joan Gaspart. Se acordó el traspaso como parte de la operación que también haría regresar a Gary Lineker a Inglaterra. Venables lo calificó de «un doble acuerdo excelente». El contrato de Lineker para cuatro años superaría las doscientas cincuenta mil libras esterlinas anuales. El de Nayim era bastante más modesto. El Barcelona valoraba a Nayim lo suficiente para incluir una opción de recompra en el contrato, una práctica que aún se emplea en el fútbol base azulgrana.

Para Nayim, era un viaje a lo desconocido. «Recuerdo que, cuando fiché, tuve que esperar unos meses a que me llegara el permiso de trabajo. Eso me permitió entrenarme físicamente con los suplentes; luego, cuando accedí al primer equipo, estaba preparado. No tuve problemas de adaptación. Vivía en un hotel con mis compañeros de equipo. Era de locos. Allí estaban Erik Thorstvedt, Gudni Bergsson, Paul Gascoigne y Paul Stewart. Nos divertíamos de lo lindo.»

Como en el caso de todos los jugadores del Tottenham de aquella época, Nayim fue víctima de las cosas de «Gazza». «Muchas bromas. —Se ríe—. Cuando llegué por primera vez, no sabía ni media palabra de inglés y él se burlaba. Tardé unos tres meses en poder salir, orientarme solo por Londres y coger el metro o un taxi. Aprendí el idioma con rapidez. Recuerdo que veía el telediario de la BBC de las diez. Leía la prensa amarilla en los entrenamientos. Al principio, me fijaba solo en las fotos y los titulares; luego fui progresando. Me acuerdo del críquet en la radio, *Test Match Special*. Mis mejores profesores eran mis compañeros de equipo. Aprendí mucho en el vestuario. Gazza y Paul Stewart siempre estaban gastando bromas. Me birlaron la llave de la habitación y me cambiaron cosas de sitio. ¡Creí que me estaba volviendo loco! A la hora de cenar, le cambiaban mi pedido al camarero cuando yo no miraba. Me lo tomaba bien, como era de esperar, con una sonrisa y una carcajada. Al cabo de unos meses, ya formaba parte del grupo y participaba en las bromas.»

La voz de Nayim se atenúa cuando habla de Gascoigne. «Tenía tanta calidad como cualquiera que yo hubiera visto, y yo venía del Barcelona. Estamos hablando indudablemente del mejor futbolista del mundo en aquel momento. No había nadie que fuera capaz de hacer las cosas que hacía él con un balón. Cuando se lo proponía, era imparable, una fuerza de la naturaleza. Sabía chutar, defender, superar a un rival, marcar goles. Era mejor que cualquier jugador del Real Madrid o del Barcelona. Me rompe el alma ver lo que le ha ocurrido. Tiene el corazón más grande que nadie que haya conocido en el fútbol. A veces me preocupaba la gente que le rodeaba. Hace unos años estuve en un partido contra los Spurs y me topé con él. La verdad es que ya no le reconocía en persona. Él me vio y se me acercó. Me di cuenta de que entonces estaba un poco mejor y trataba de ponerse bien. Espero que encuentre la paz.»

Tardó un poco a acostumbrarse al cambio de cultura futbolística: «No se puede comparar el fútbol en Inglaterra de ahora al de entonces. Fue una locura cuando me incorporé. Es cierto que en España la gente estaba algo preocupada por mí, pero conocía a Terry y vi la ocasión de jugar en un gran equipo británico. Yo diría que el Tottenham, el Nottingham Forest y el Manchester United jugaban como se debía. El resto eran balones largos, juego directo, rudo. En mis primeras sesiones de entrenamiento, Guy Butters me hizo trabajar mucho el aspecto físico. Los jugadores rivales creían que podían intimidarme. Todo el mundo era competitivo, me mordían los tobillos. Pero mis compañeros de equipo me protegían. Teníamos un equipo estupendo: Vinny Samways, Paul Allen, Gazza. Era fácil jugar en ese equipo».

La incidencia de Nayim siguió creciendo. Un excelente tiro libre culminó una victoria por 0-3 sobre el Manchester United en Old Trafford. Fueron momentos complicados para Alex Ferguson en el Manchester United; el último gol de Nayim provocó que miles de aficionados abandonaran el estadio. La crónica del partido de un periódico nacional decía: «Los que se quedaron abuchearon a su propio equipo. Son tiempos difíciles para Ferguson, quien, tras gastarse doce millones de libras esterlinas para armar un equipo, ahora debe de estar avergonzado al ver que son completamente inconsistentes».

Nayim, en cambio, solo recibía aplausos. Se convirtió en un hombre acosado. La primera jornada de la temporada 1990-91, los Spurs se enfrentaron al Manchester City, que contaban con el duro centrocampista Peter Reid en sus filas. La crónica que un periódico inglés publicó del triunfo del Tottenham por 3-1 describe cómo Reid «le mordió los tobillos a todo el mundo, y estuvo a punto de partirle la pierna a Nayim». Por fortuna para el jugador español, aquel día fue también el primero en la historia del fútbol inglés que era obligatorio llevar espinilleras.

En el norte de Londres, se habían encariñado con aquel

talentoso futbolista ceutí. En una entrevista previa a la final de la FA Cup en mayo de 1991, Nayim recibió el guiño de aprobación del legendario entrenador del club, Bill Nicholson: «Me gusta Nayim. Salió a escena en la semifinal y demostró casi tantos recursos como Gazza. Es un jugador muy listo».

Tal vez su mejor actuación con la camiseta de los Spurs fuera en la victoria por 2-0 sobre el Liverpool de Graeme Souness en noviembre de 1992. Una crónica del partido decía: «El gol que encarriló el triunfo merecería una ruidosa celebración en todo el país de haber salido de la bota de Paul Gascoigne. Su autor nació en Marruecos y sería saludado con el lanzamiento de numerosos feces si se repitiera el sábado por la noche en la televisión africana. En las gradas, las reverencias al estilo de las que se hacen en una mezquita lo dijeron todo».

En aquel entonces, su estado de forma era tal que el seleccionador español Javier Clemente voló hasta Inglaterra para verlo en acción contra el Aston Villa. Un entrenador español viajando al extranjero para observar jugadores era algo novedoso en aquella época. Clemente dijo: «Todo el mundo sabe que soy un gran admirador del fútbol inglés y comprendo que no es fácil para un extranjero triunfar aquí. Tengo entendido que ha añadido algunas características inglesas a sus aptitudes futbolísticas y ese podría ser el tipo de jugador que ando buscando».

Nayim también levantó cierta polémica y se ganó una reprimenda del nuevo comentarista de la BBC Trevor Brooking por sus dotes de intérprete dentro del área. Brooking había sido una voz amable en sus primeros tiempos de comentarista, lo que llevó a Brian Clough, el protestón entrenador del Nottingham Forest, a decir que Brooking «flota como una mariposa y pica como tal». No obstante, en noviembre de 1992 censuró ferozmente a Nayim por fingir una falta para forzar un penalti en un partido contra el Oxford. «La prensa se me echó encima después de aquello. Los periódicos me llamaron tramposo. Recuerdo también una polémica en Anfield. Intenté engañar al árbitro y lo único que conseguí fue marrar una ocasión clarísima. Después de eso, Terry Venables me sentó en el banquillo y me ordenó que dejara de hacerlo. Me habló de la mentalidad inglesa y de lo importante que era comportarse honradamente.»

Hasta la fecha, los jugadores españoles en Inglaterra siguen con el estigma de que están dispuestos a hacer trampas para conseguir sus objetivos. Cuando me encontré con el delantero español Álvaro Morata, que le costó cincuenta y ocho millones de libras esterlinas al Chelsea, para hacerle una entrevista a los dos meses de su estancia en Inglaterra, me impresionó enterarme de su temor a ser encasillado. «Tengo que pasar menos tiempo quejándome a los colegiados o cayéndome; debo concentrarme en el juego —me dijo—. En España y en Italia, es más normal protestar a los árbitros, pero aquí, en Inglaterra, no les interesa. A medida que pasa el tiempo, me doy cuenta de que es dar una mala imagen a los aficionados y un mal ejemplo a los niños que te están viendo. No es muy elegante.»

En 1993, Nayim dejó los Spurs después de ciento cuarenta y cuatro partidos. Su mejor momento con los colores del Tottenham llegó en la final de la FA Cup de 1991. Es la última ocasión en la que los Spurs levantaron el trofeo. En la final contra el Nottingham Forest, Gascoigne tuvo que salir del campo lesionado a los diecisiete minutos. Nayim lo sustituyó y desempeñó un papel determinante en los dos goles: uno de Paul Stewart y otro (el decisivo) en propia puerta de Des Walker. «Viví dos momentos excepcionales en mi carrera —dice Nayim—. Uno fue aquella noche contra el Arsenal; fue especial. Me sentía muy motivado por haber estado en los Spurs. Me encantaban los derbis londinenses, la pasión, la publicidad, las previas de los periódicos y los programas de radio. ¡Y luego la sensación de ganar! La escuadra que derrotamos en la Recopa era un equipazo: Lee Dixon, Nigel Winterburn, Tony Adams, Paul Merson (que era un jugador formidable) e Ian Wright delante. Yo quería ganarla tanto para los Spurs como para el Zaragoza. El único jugador de aquel Arsenal con el que he hablado alguna vez es Merson, con quien coincidí en Sky. Por lo demás, el primer momento grande fue cuando ganamos la final de la FA Cup en el mítico Wembley. Era la época en que todo el mundo adoraba la FA Cup, cuando era lo máximo del fútbol inglés. La sensación ese día fue extraordinaria. Sentí que encajaba de verdad en vuestro fútbol.»

5

Sueños de Wembley

*E*s media mañana en la pintoresca playa de Talamanca, un relajante oasis en medio del barullo de la ciudad vieja de Ibiza. Por las noches, esta isla es un destino irresistible para los británicos juerguistas; un lugar donde los grandes nombres de la música *dance* pinchan discos, futbolistas de la Premier League posan para *selfies* y celebridades de segunda fila descorchan botellas de champán en lujosos clubes de playa. Instalado en una tumbona junto a una piscina de agua prístina, Roberto Martínez sonríe. Es una sonrisa triste. Hace ocho semanas, con el Everton, puso fin a su peregrinaje por el fútbol inglés. Y ya empieza a estar inquieto.

Martínez parece cansado. El paso del tiempo le ha hecho perder buena parte de su pelo y la barba incipiente tiende más a la sal que a la pimienta. En su mejor estado, Martínez tiene la capacidad de iluminar una habitación entera: guapo, bien vestido, con unos espléndidos zapatos marrones. Pocos personajes de los que han desembarcado en el fútbol inglés son más agradables. Me sorprende gratamente encontrarme a un hombre tan generoso con su tiempo: acabamos compartiendo varias horas al sol.

Graham Barrow era el entrenador del Wigan cuando Martínez, que entonces tenía veintitrés años, llegó al cuarto escalón del fútbol inglés en el verano de 1995. Era un paso surrealista y, francamente, inexplicable en una época en la que los españoles no honraban el fútbol inglés. En palabras del periódico local de Wigan, Martínez «cambió la paella por los pasteles de carne». Abandonó el Zaragoza y firmó por el club de Lancashire junto con sus compatriotas Isidro Díaz y Jesús Seba. Era tan intrigante que, en su presentación, el trío posó con sombreros mexicanos.

Con el tiempo, Barrow llegaría a ser el ayudante de Martínez en el Wigan y en el Everton. «Con un entrenador británico, una conversación sobre fútbol suele durar media hora —dice Barrow—. Con Roberto, te vas a las cuatro o cinco horas. Está obsesionado, en el mejor sentido de la palabra. Es muy curioso, porque cuando era jugador no se le veía venir. Era fácil entrenarle, pero escuchaba a los demás en lugar de hablar. Cuando lo tuve a mi cargo en el Chester, le vi responder más con sus propias ideas. Entonces me pregunté si su carácter, afable y simpático, funcionaría como entrenador. Sabía que era inteligente y que sería atrevido. Pero ya se sabe que en el fútbol británico hay que ser fuerte e impetuoso, no darse por vencido. Has de ser capaz de echar broncas y decir las cosas sin tapujos. Me pregunté cómo manejaría esa faceta, pero lo hizo a su modo y los jugadores respondieron.»

Ningún otro español ha dedicado tanto tiempo de su carrera al fútbol inglés como Martínez. Como jugador, estuvo en categorías menores: en el segundo, tercer y cuarto escalón con clubes como el Wigan, el Walsall, el Chester y el Swansea. Su apego al Swansea y al Wigan fue tal que entrenó a ambos clubes. De hecho, llevó al Swansea a un ascenso antes de conquistar la FA Cup con el Wigan. En su momento, también hubo algún contacto sutil desde el Hull City, de donde Steve Bruce se marchó sorprendentemente.

«Esta habría sido mi décima temporada seguida como entrenador —dice—. Comencé en el Swansea en febrero de 2007 en las ligas inferiores; después tuve doscientos sesenta y cinco partidos consecutivos en la Premier League con el Wigan y el Everton. Es muy extraño. Normalmente, planifico todo en junio, pero este verano me relajo y disfruto de mi familia. Todavía no he tenido luna de miel. Me casé en el verano de 2009, pero acepté la oferta del Wigan… y era pretemporada. Queremos ver Sudáfrica como es debido. Beth (mi esposa) y yo estuvimos juntos en 2010 allí; también en el Mundial de Brasil y en las Eurocopas de Polonia y de Francia. Pero fui allí por trabajo, como experto u ojeador. La luna de miel figura en la lista de deseos.»

Es curioso encontrarse a un optimista como él con una actitud tan reflexiva. Le dolió cómo terminó su estancia de tres años en el Everton. El 30 de abril de 2016, el Everton derrotó al Bournemouth por de 2-1. El triunfo sobre el terreno de juego fue estéril. El ambiente en las gradas había cambiado. Una avioneta sobrevolaba Merseyside con un mensaje bastante deprimente: «Hora de irte, Roberto». En Gladwys Street, la calle adyacente al estadio, un centenar de hinchas hicieron una sentada y no pararon de gritar: «Roberto Martínez, vete de nuestro club». En el *Liverpool Echo*, el locutor de radio y seguidor del Everton David Downie escribió: «Creo que habríamos podido ganar los últimos cuatro partidos por 10-0 y no hubiera servido para redimirle de lo que ha sido una campaña espantosa. Es difícil no sentirse exasperado y querer que mayo termine».

Fue una caída en desgracia triste y desalentadora. Las razones estaban claras. Los críticos sostenían que el Everton había titubeado y había retrocedido después de una primera temporada estupenda en la que el equipo de Martínez terminó quinto, a un paso de clasificarse para la Champions League. Los partidos en casa se convirtieron en un gran problema. El Everton concluyó la temporada 2015-16 con solo veintitrés puntos en los diecinueve encuentros disputados en casa (los mismos que el descendido Norwich City y un punto menos que el decimoséptimo clasificado, el Sunderland). Equipos medianos como el Swansea, el West Ham, el Stoke y el West Bromwich se habían llevado todos los puntos de sus visitas a Merseyside. Se encajaron demasiados goles en casa. Solo el Bournemouth y el Aston Villa recibieron más.

«El problema estaba en Goodison —admite Martínez—. Demasiados goles. Había poca intensidad. Nos costaba. Mantengo que el nivel de fútbol fue fantástico en determinados momentos de la temporada. Pero también tuvimos mala suerte. Por ejemplo, jugamos contra el West Ham en casa, fallamos un penalti cuando íbamos 2-0 y terminamos perdiendo 2-3 con diez hombres y tres goles encajados en doce minutos. Creo que esos momentos nos marcaron. Los seguidores sufrían en casa, como nosotros. El nivel de juego en la primera mitad de la temporada fue fantástico. Conseguimos más goles en jugada que la mayoría de los equipos durante [...] Creo que más que el Leicester, que ganó el campeonato, incluso más que el Arsenal. Así es como concebí que jugara el equipo.»

Aquella animadversión hacia él le sorprendió. Tras una trayectoria de nueve años como entrenador y después de un total de veintiuna temporadas en Inglaterra, ha percibido un cambio de actitud. «Hoy en día tenemos redes sociales, Twitter…, y vivimos en un mundo en el que la gente puede ser agresiva y encolerizarse muy pronto.» Sacude la cabeza. Está preocupado por sí mismo, pero también por su familia.

Martínez se crio en Balaguer, una pequeña ciudad de quince mil habitantes entre Zaragoza y Barcelona. Su padre fue entrenador de fútbol del equipo local. Fue allí donde Martínez se interesó por la preparación y se consagró a sus principios. Acompañaba a su padre a los partidos y a los entrenamientos. De camino a casa, intercambiaban ideas y planificaban los partidos. Roberto jugaba con sus amigos en la plaza Mercadal. Aún recuerda la sensación cuando debutó con el Real Zaragoza ante el Atlético de Madrid: «De niño había coleccionado cromos de figuras de fútbol en España, que pegaba en mi álbum de recortes. Fue increíble ver a esos jugadores cobrar vida, delante de mí, en carne y hueso».

Como entrenador, aprendió de su padre: heredó su espíritu competitivo. Ambos solían pelearse cuando jugaban a las cartas o al parchís en casa o en reuniones familiares. En su propio relato de la temporada en que logró el ascenso con el Swansea, escribió un pasaje particularmente llamativo: «Por desgracia, a lo largo de la vida he reaccionado a ciertos resultados de la misma forma que mi padre. Como jugador y entrenador, probablemente ha sido imposible vivir conmigo si el resultado me era adverso. Quienes me rodean sufren;

es posible que suceda en todas las familias que tienen a alguien vinculado al deporte profesional. Cuando no ganas, te sientes desgraciado. Supongo que das por supuesto que en casa puedes ser tú mismo: eso significa que quienes viven bajo tu mismo techo han de soportar tu desdicha».

Así pues, mejor no hacer mucho caso a ese optimismo que encuentra en la decepción. Martínez detesta perder. Sin embargo, con el tiempo, se ha vuelto más prudente. «Siempre me cercioraré de que mi hija tenga una red sólida de familiares y amigos —dice—. Crecerá sabiendo que soy un personaje público. En el fútbol, si ganas, eres el mejor del mundo. Si pierdes, eres el demonio. Tengo un amigo que me dice: "Cuando te ven en televisión después de ganar un partido, eres Paul Newman. Cuando te ven después de perder un partido, ¡eres Quasimodo!".»

Martínez se echa a reír: «Pero es verdad. Es un mundo de extremos. El fútbol inglés ha cambiado. He estado entrenando siete años seguidos en la Premier League. Durante los dos últimos años, ha habido un cambio radical en cuanto a la atención que recibes. Ahí están las redes sociales y su influencia. Hay más presión. Se es más agresivo. Y eso no es bueno. Como entrenador, disponer de un proyecto a largo plazo se ha vuelto más complicado. Cuando elaboras un plan, sabes que vas a tener contratiempos. Debes tratar de sobrevivir, pues la presión ha ido a más. Además, está la presión del público. La gente se apasiona, se interesa. Y eso es bueno. Pero lo queremos todo y lo queremos ya. Se analiza cada derrota, cada revés. Para triunfar necesitas solidez. Fíjate en los primeros tres años de Sir Alex Ferguson en el United: hoy en día, lo habría tenido más que complicado. Es un cambio cultural. Si el dueño es ultraprotector con el técnico, puede funcionar, pero los dueños han de ser fuertes».

Solo dos años antes, los seguidores del Everton veneraban a su nuevo entrenador. En fundas nórdicas azules se grabó la leyenda «Solo lo mejor». Se descubrió un cartel en el estadio que rezaba: «La Facultad de Ciencias vuelve a abrir, 6 de junio de 2013», en referencia a la fecha en que Martínez llegó al club. Roberto destacó en su primera temporada en el Everton (2013-14). Allí aprovechó el trabajo a largo plazo de David Moyes. Llegó a Goodison Park y transformó la mentalidad del club. Prometió al presidente Bill Kenwright que el club disputaría la Champions League. El equipo evolucionó, jugó con más atrevimiento y se enfrentó cara a cara con sus adversarios de la parte alta de la tabla clasificatoria.

Los aficionados habían llegado a criticar el hábito de Moyes de infravalorar al club. A veces describía a un grupo de jugadores con talento como una banda de camorristas. «Me dirijo a un tiroteo armado con un cuchillo», dijo Moyes antes de un partido del Everton contra el Manchester City en septiembre de 2011. Y lo dijo pese al récord del Everton de siete victorias en sus ocho encuentros anteriores contra el City y a pesar de que el equipo había ganado sus cuatro partidos previos.

Martínez brilló en su primera temporada, en la que el Everton luchó por meterse entre los cuatro mejores de la Premier League. Terminaron con setenta y dos puntos, con un fútbol fluido que liberaba a jóvenes talentos como John Stones, Ross Barkley y Romelu Lukaku. El Everton viajó a Old Trafford y derrotó al Manchester United de David Moyes. Después visitaron al Arsenal y tuvieron una posesión del sesenta y tres por ciento en la primera mitad.

En la ciudad deportiva del club, Martínez disfrutó de la historia de la entidad: invitó a Howard Kendall, el entrenador que conquistó dos títulos ligueros con el Everton en la década de los ochenta, a una taza de té. Supervisó la instalación de una serie de lonas sobre la escalera del complejo de entrenamiento de Finch Farm. Las fotos de los nueve equipos del Everton ganadores de la Football League y los cinco vencedores de la FA Cup decoraban las paredes. Martínez ordenó que dejaran un espacio libre, con la esperanza de que su Everton obtendría pronto un puesto de honor entre los héroes del pasado.

Los medios de comunicación locales elogiaron su labor. Llegaba poco antes de las ocho de la mañana. Y a veces no dejaba el trabajo hasta pasadas las nueve de la noche. Introdujo un sistema de puntuación para motivar a los jugadores en el campo de entrenamiento. En los ejercicios de tiro y la práctica de pases, el mejor jugador del día obtenía un punto: al final de la campaña, quien tenía la puntuación más alta recibía un premio. Después de marcar una falta contra el Aston Villa, el extremo Kevin Mirallas corrió hasta el banquillo para celebrarlo con su entrenador. En declaraciones posteriores, Mirallas dijo: «En toda mi carrera, nunca había celebrado un gol con un entrenador. Lo hice porque en las semanas anteriores mantuvimos largas conversaciones sobre cómo podía aportar más y mejorar».

El entrenador dijo que Ross Barkley (un fornido y elegante centrocampista) era «la respuesta de Inglaterra a Michael Ballack». Barkley explicó: «Es de locos: el míster dice que me parezco a Ballack, y mi entrenador en la Sunday League ya me lo decía cuando tenía once años. Sabía que con él tendría mi oportunidad. En el Wigan había dado paso a jugadores jóvenes. Yo sabía que era el tipo de jugador que le vendría bien porque es un entrenador táctico. Confiaba en que esa temporada podía hacerme un hueco».

Martínez pareció un visionario cuando habló de su intención de convertir al lateral izquierdo Leighton Baines en el siguiente Philipp Lahm. El defensor del Bayern de Múnich llevaba una carrera estupenda cuando Pep Guardiola llegó a Baviera y lo reinventó como centrocampista. Guardiola definió al capitán de Alemania como «el jugador más inteligente» con el que había trabajado. Y Martínez vio semejanzas con Baines. Así que se lo llevó a Old Trafford para asistir a un partido de cuartos de final de la Champions League entre el Manchester United y el Bayern de Múnich. El objetivo era que Baines observara de cerca a Lahm.

Por desgracia para Martínez, aquella resultó ser una temporada inesperada y terriblemente competitiva. Finalmente, el Everton no pudo hacerse con el pasaporte para acceder a la élite continental. El Arsenal, cuarto, sumó setenta y nueve puntos. El botín de setenta y dos puntos del Everton habría bastado para asegurarse un puesto entre los cuatro primeros en todas las temporadas de la Premier League, excepto en tres (ya que la división pasó de veintidós a veinte equipos después de la temporada 1994-95). Cuando el Everton se clasificó para disputar la Champions League al quedar cuatro, con la dirección de Moyes en 2005, lo hizo con solo sesenta y un puntos. El Manchester United, vencedor del triplete de 1999, ganó la Premier League con solo setenta y nueve puntos.

Martínez tuerce el gesto. «Cuando el Leicester ganó la Liga, el Arsenal fue segundo con setenta y un puntos; el Tottenham fue tercero con setenta puntos. Como entrenador del Everton, tienes dos opciones. O te escondes de la historia, o haces frente a su condición de uno los clubes más icónicos del fútbol británico. No habían ganado un solo trofeo desde 1995. Es un peso que cargas sobre tu espalda. La intensidad que muestran los hinchas es especial. En ningún momento, quise que el presidente o los jugadores se sintieran presionados. Asumí esa presión y los últimos cuatro meses fueron muy duros. Me sentía en el centro del foco. Era un equipo muy joven que quería conseguir títulos. Yo estaba como loco por ganar un torneo. Puse toda la carne en el asador en las copas. En la liga, si no andas cerca de las plazas europeas ni luchas por evitar el descenso, cuesta trabajo motivar a la gente. Llegamos a dos semifinales en las competiciones coperas.»

«En cuanto el Everton gane un trofeo, todo el club empezará a despegar. Cuando llegué al club, teníamos el mismo presupuesto que el Aston Villa y el Fulham. Ambos bajaron. Nosotros creamos la filosofía de dar oportunidades a los jugadores jóvenes. Teníamos a John Stones, Ross Barkley, Romelu Lukaku, Gerard Deulofeu, Seamus Coleman..., jugadores especiales. Este verano, seguro que Stones y Lukaku se irán por una fortuna. Pretendíamos ponernos en situación de competir, pero lo hacíamos sin inversión. De modo que gestamos un equipo joven con grandes expectativas.»

Martínez demostró llevar razón con respecto a Stones, que firmó por el Manchester City en una operación de cincuenta millones de libras esterlinas. Lukaku fue al Manchester United por setenta y cinco millones, en otra venta récord del club al año siguiente, en el verano de 2017.

La sentencia de muerte para la trayectoria de Martínez en el Everton llegó durante una espantosa semana de abril de 2016, cuando el equipo fue vapuleado en Anfield por el Liverpool por 4-0, antes de perder por 2-1 frente al Manchester United en Wembley en la semifinal de la FA Cup. Estuvieron horribles en el derbi de Merseyside, en una noche en la que el Liverpool chutó treinta y siete veces a puerta (tuvieron que jugar la mayor parte del segundo tiempo con diez por la expulsión de Ramiro Funes Mori). Contra el United de Louis van Gaal, fueron mucho más competitivos, pero tuvieron la desgracia de encajar un gol de Anthony Martial en las postrimerías del encuentro. Martínez asiente: «Sí, sí. Desde luego. Dos partidos tremendos. Tuvimos mala suerte con las lesiones. Stones tuvo retortijones de barriga. Funes Mori fue expulsado en Liverpool. Aquella semana nos afectó terriblemente. Después de aquellos partidos, se acabó la temporada. Finiquitada. Después de aquello, los jugadores estaban mentalmente centrados en la Eurocopa; los últimos partidos fueron muy difíciles».

Durante aquella turbulenta última campaña, apareció una opinión revisionista y negativa de Martínez. Se le señaló como un entrenador incapaz o poco dispuesto a renunciar a sus creencias aunque no lograra progresar. Sus méritos anteriores se examinaron con lupa. Quienes habían celebrado su histórico triunfo en la FA Cup con el Wigan reconsideraron su legado. Se centraron en que sus cifras defensivas eran sistemáticamente deficientes. El optimismo de Martínez, que le permitía ver arcoíris sobre el horizonte cuando los aficionados solo podían ver nubarrones, comenzó a flaquear.

El escritor neoyorquino Henry Miller lamentó en cierta ocasión que «todo el maldito mundo se está volviendo cien por cien americano». Martínez daba a veces la impresión de ser descendiente de aquellos gurús de la positividad. Llegó a ser conocido como el entrenador que hizo descender al Wigan, lo que eclipsó la singular historia del muchacho de

Balaguer que consagró su vida como jugador a la Football League y luego fue ascendiendo por los escalafones del fútbol inglés como entrenador. Martínez sabe cuál es la siguiente pregunta, sabe que voy a preguntarle si se volverá más pragmático.

«No. Uno no renuncia a sus principios —responde—. No, no. El fútbol tiene ciclos. Hemos tenido la suerte de que, en los últimos años, ha triunfado un tipo de fútbol creativo. España ha enseñado eso al mundo, pero, después de tres títulos consecutivos, también han tenido sus problemas. Ahora asistimos a un nuevo debate sobre un fútbol más defensivo, con más organización y más contraataques. Yo acepto todos los estilos; es una cuestión de gustos. Mi preferencia es adueñarse del balón, dominar el juego, mover a la defensa y marcar goles. Para eso, se requiere un buen nivel técnico y estar bien sincronizados.»

«Pero está esa contrarrevolución que consiste en defender bien y colocar a gente detrás del balón. Algunos se cansan de entrenar equipos que construyan juego. Solo se puede jugar defensivamente y contraatacar frente a un equipo que quiere construir. Por supuesto, tienes que defender y organizarte bien. Esto también es un arte, y puede ser brutalmente hermoso, como sucede con el Atlético de Madrid y el Leicester en su mejor nivel. Pero si vemos dos equipos defensivos, el espectáculo de este deporte mengua. No creo que nadie quiera ver eso. Es preciso que uno de los dos tenga ambición y quiera romper la línea de defensa. Mi objetivo es crear ocasiones y entretener a la gente. El entrenador defensivo es el que construye una casa; yo quiero ser la persona que destruya esa casa.»

En el fondo, Martínez sigue siendo un romántico. Le viene de su padre. «Papá entrenaba al Balaguer como si estuviera al mando de un equipo puntero como el Barcelona —dijo anteriormente Martínez—. Sea cual sea el equipo que dirijas, los principios son exactamente los mismos.»

Su infancia forjó su filosofía y las influencias que recibió la definieron. Cuando llegó al Wigan, trabó amistad con el delantero del Manchester United Jordi Cruyff, el hijo del legendario entrenador del Barcelona, Johan. Jordi describe a Martínez como «el hermano que nunca tuve». Ambos tenían las llaves de la casa del otro; Martínez fue el padrino en la boda de Cruyff y también fue padrino de su hijo. «Alguna vez hablé con su padre, Johan. Siempre me sentía nervioso. Era una gran inspiración para mí. Se convirtió en el padrino del fútbol moderno. Tuvo una intuición. Creo que no solo en el fútbol, sino también en el trasplante de ideas y valores. Eso me parece fascinante. No solo ganar, sino también cómo hacerlo.»

Martínez sigue estando orgulloso de su legado en el Everton. «Traté de mantenerme fiel a mis creencias. Hice debutar a Brendan Galloway, Tom Davies, Callum Connolly, jugadores de futuro. Jonjoe Kenny, Mason Holgate y Dominic Calvert-Lewin han llegado después de mi marcha. La forma como jugamos en la segunda parte contra el United en la semifinal de la FA Cup fue un punto de referencia. Sentí que teníamos claro cómo debíamos competir contra los grandes. En nuestro mejor nivel, éramos rígidos y obstinados defensivamente, pero peligrosos con el balón. Desarrollábamos esta mentalidad con jugadores más jóvenes, animándolos a ser atrevidos. Barkley nunca había tenido continuidad antes de que yo llegara. Di oportunidades reales a Stones. Deulofeu causó muy buena impresión. Lukaku creció a pasos de gigante. Eran todos jóvenes, necesitaban paciencia, tiempo para aprender y oportunidades para jugar. En realidad, el Everton no había estado generando jugadores jóvenes. Wayne Rooney destaca, pero el caso de Wayne no era nada estructural. Era un talento que surge una vez en una generación. Para generar talentos regularmente, se requiere un proyecto a largo plazo. Entre bastidores, Joe Royle volvió y ayudó muchísimo. Creo que en los próximos años asistiremos al brote de más frutos hijos de esa labor.»

Una semana después de nuestra entrevista, un suceso inesperado. Martínez es nombrado nuevo seleccionador nacional de Bélgica: es la oportunidad de conducir a un grupo de futbolistas sumamente talentosos hasta la fase final de la Copa del Mundo 2018. Martínez formó parte de una larga lista de candidatos que incluía al italiano Cesare Prandelli, al alemán Ralf Rangnick, al francés Rudi Garcia y al técnico holandés Louis van Gaal. Fuentes próximas a la federación belga explicaron en privado que Martínez los sedujo con una presentación en vídeo de cinco puntos, en la que analizaba minuciosamente las humillantes derrotas de Bélgica ante Italia y Gales en la Eurocopa de 2016.

Me reencuentro con Martínez un año después, en el verano de 2017, en ocasión de una entrevista para el periódico. En ese momento, la selección belga avanza con paso firme hacia la fase final de la Copa del Mundo y crece en confianza. En su casa de Balaguer, todavía hay fotos de Martínez de niño vestido con el uniforme de la selección española en 1982, con el balón del Mundial, el Tango. «¡Aún conservo mis cromos Panini! —Sonríe—. Yo era un emocionado chico de nueve años durante el Mundial de España en 1982. Los cromos te mantenían enganchado. Era un gran hincha del Real Zaragoza. Carlos *Lobo* Diarte era mi jugador favorito. Marcó el primer gol que vi en directo por televisión. Volví locos a mis padres hasta que dimos con un cromo de Lobo. Entrenar en una Copa del Mundo sería un sueño.»

Liberado de la presión de la Premier League, parece revitalizado mientras me muestra las instalaciones de entrenamiento de Bélgica en Tubize. Saborea el reto de transformar el excepcional conjunto de individualidades belgas (un conjunto eliminado por Gales en la Eurocopa de 2016) en un equipo bien cohesionado capaz de ganar una Copa del Mundo. Un conjunto que incluye a los defensas del Tottenham Toby Alderweireld y Jan Vertonghen, al cerebro del Chelsea Eden Hazard, al centrocampista creativo del Manchester City Kevin de Bruyne y al delantero del Manchester United Romelu Lukaku.

«Ha habido una falta de orientación desde las generaciones anteriores. Un chico alemán crece sabiendo que un torneo implica que debes llegar a la final. España es un caso parecido. No ganaron nada durante cincuenta años. El equipo no estaba preparado. Ahora llegan jugadores jóvenes con la esperanza de ganar torneos. En Francia ocurrió lo mismo.

Thierry Henry [el segundo entrenador] aporta la experiencia de ganar. Podemos ver la diferencia. Hay demasiada presión sobre los jugadores, pero este es un grupo con mucho talento y vamos a ver adonde nos lleva esto. Cuando no te comprometes con algo, puedes arrepentirte. Nosotros no pecaremos de falta de compromiso. Tenemos jugadores que se preocupan por su país. Y luego, bueno, ya veremos hasta dónde llegamos. Al principio, no sabía qué esperar. Había estado en el otro lado. Había visto el fútbol de selecciones como un obstáculo en medio de nuestras temporadas. Quedé gratamente sorprendido al ver cuánto les importaba a los jugadores.»

Se ha instalado en Waterloo, a una media hora de Bruselas. Beth, su esposa, que es escocesa y a quien conoció durante su estancia en Motherwell, está aprendiendo francés y flamenco con él, mientras que su joven hija Luella se ha matriculado en una escuela local. Martínez viaja regularmente a Inglaterra para ver en acción a los talentos belgas. Su ayudante Richard Evans ha visitado todos los clubes que tienen en sus filas a algún internacional belga, para poder seguir el programa de preparación física de cada jugador y aplicarlo en la selección. Toda la comida que se sirve en el comedor del complejo de entrenamiento se produce en Bélgica. Su cuerpo técnico prepara dosieres individuales sobre los jugadores susceptibles de ser seleccionados. Martínez ve al menos un partido a diario, y viaja cada semana a presenciar encuentros en Inglaterra, Francia, España, Italia, Alemania y Bélgica.

Durante nuestra conversación de hace un año, en aquella piscina, Martínez había demostrado ser detallista hasta lo obsesivo. Una noche de Champions League, suele ver siete partidos. Ve tres encuentros a la vez, y luego graba otros cuatro. Mientras tanto, su esposa prefiere entretenerse con *Emmerdale* y alguna serie más en otra habitación.

«Por norma general, veo un partido entre seis y diez veces», dice con naturalidad. Por más que a los técnicos les guste hablar de su ética profesional, esta diligencia no es habitual en un primer entrenador de la Premier League.

Cuando nos encontramos una semana después y le pregunto a Aitor Karanka (exentrenador del Middlesbrough) si es igual de puntilloso, tuerce el gesto y contesta: «Los veo dos, acaso tres veces».

Martínez explica: «Busco cosas que me gustan y cosas que no me gustan. Luego observo desde distintos ángulos y veo los movimientos que hacen los jugadores. Suelo estudiar lo que estamos haciendo con el balón y paro el vídeo cuando no lo tenemos. Hubo un partido que vi diez veces..., no, once. Lo observé desde la perspectiva de cada jugador sobre el campo. Era un partido de pretemporada, mi primero en el Wigan. El salto de segunda a primera división es enorme. Se dan menos márgenes de error. Si cometes un fallo en segunda división, puedes salir indemne. En la Premier League, si un equipo como el Wigan empieza perdiendo 0-1..., bueno, cuesta trabajo rehacerse. No tengo dudas de que mis distintas experiencias, entrenando en la League Two, la League One, la Championship y la Premier League, facilitaron mi evolución y aprendizaje. Esto es lo que me permitió cumplir mi gran sueño en el Wigan: el sueño de ganar la FA Cup».

Para contextualizar la obra de Martínez en el fútbol inglés, debemos regresar al verano de 1995. El presidente del Wigan, Dave Whelan, había abierto JJB Sports en España. Un representante de la compañía en la zona, Paul Hodges, tuvo la idea de contratar algunos jugadores españoles para elevar el nivel del club. Por aquel entonces, el Wigan vivía sus horas más bajas, en el cuarto escalón del fútbol inglés.

«Dave Whelan nos dijo que tenía un sueño: llevar el modesto Wigan Athletic a un nuevo estadio y a la Premier League. Estábamos en el viejo estadio de tercera división. Fue el comienzo de una historia extraordinaria. Éramos jóvenes, los tres estábamos en la escuela del club; entonces, en esa pretemporada, Seba dio un gran salto. Tenía veintiún años y estaba en el primer equipo. Creo que debutó contra el Atlético de Madrid. Isidro hizo lo propio frente al Athletic de Bilbao. En aquella época, era un verdadero salto a lo desconocido. Ahora existe mucha información, se busca todo en Google. Mis padres estaban de acuerdo. Yo ya estaba a dos horas de casa cuando jugaba en el Zaragoza. Así que dos horas en coche se convirtieron en dos horas en avión. Mi padre había sido futbolista y estaba loco de contento. Mi madre dijo: "Si me prometes que aprenderás inglés, puedes ir". Insistió mucho en ello porque sabía que si el fútbol salía mal, por lo menos habría aprendido un idioma.»

La familia de Martínez siempre había sido estricta respecto a la educación y se mantuvo muy unida. Su padre había tenido miedo cuando él dejó su hogar para ir a Zaragoza a los dieciséis años, temeroso de que cediera a las tentaciones de la nicotina y el alcohol en la gran ciudad. Finalmente, la familia llegó a un acuerdo. Roberto podría irse, con la condición de que también se matriculara en la Universidad de Zaragoza, donde se sacó el título de psicoterapeuta. Cuando firmó su primer contrato y recibió su primer sueldo en el Zaragoza, regaló a su padre un reloj Rolex de imitación y a su madre un anillo con un diamante, también de imitación. Más adelante, cuando ganaba bastante más dinero en el Wigan, les compró lo mismo, pero esta vez tanto el diamante como el reloj eran auténticos.

La familia de Seba fue más difícil de complacer cuando llegó el momento de dar el gran paso. La abuela del jugador advirtió a su nieto que le dejaría irse…, pero solo si le prometía a cambio recuperar Gibraltar para España.

El trío se instaló en el 317 de Poolstock Lane, en una casa adosada en el corazón de la obrera Wigan. «Era extraño que las tiendas cerraran a las cinco de la tarde —recuerda Martínez—. Ni siquiera podíamos encontrar una taza de café. Lo digo en serio. En 1995, en el norte de Inglaterra, todo era té, té y nada más que té. Quizá se podía encontrar un café americano, pero un expreso como Dios manda… ni hablar. Estábamos acostumbrados a dormir la siesta después de entrenar, pero cuando queríamos salir de tiendas por la tarde, todo estaba cerrado. Vivíamos en el centro de Wigan, los aficionados llamaban a la puerta de casa y charlábamos. Así que las cosas eran difíciles, pero también placenteras. El fútbol fue el cambio radical. En ese momento, uno tenía que darse cuenta de que no hay bueno y malo. Había formas de entender el juego, y uno decidía aquello que quería ser.»

Seba, con el que habló en un pequeño café en la estación de tren de Zaragoza, retoma la historia: «Joder, fue difícil. La primera pretemporada…, dura, durísima. Brutal. Todo era distinto. Mucho correr. Correr, correr y más correr. En cuanto a organización, el club tenía un gran potencial. El nivel de entrenamiento, en cambio, quedaba muy por debajo. Era extraño. Cada balón suelto, una entrada fuerte. Incluso en los entrenamientos había una intensidad exagerada entre compañeros de equipo; algo que jamás se habría permitido en España. Teníamos que correr mucho, a veces cuarenta minutos sin parar. Era un entrenamiento apto para un atleta, no para un futbolista. No había nada específico para el fútbol. Fuimos unas cuantas veces a ver jugar al equipo de rugby Wigan Warriors y hablábamos con los aficionados. Nos llevábamos buenos palos de los hinchas contrarios. Cuando militas en las divisiones inferiores, los insultos son más frecuentes. Todo el mundo está más cerca del campo. Los jugadores y los seguidores rivales me llamaban "español de mierda". Nos acostumbramos a eso. Me traía sin cuidado. En lo que más sufría era en el plano físico. En España, los árbitros no dejaban pasar una y estabas protegido. En Inglaterra, era una batalla campal. Los árbitros permitían a los jugadores hacer lo que quisieran».

Fuera de los terrenos de juego, los hábitos del fútbol inglés sorprendieron a los tres amigos. Martínez es abstemio; su única copa de champán se la tomó el día de su boda. «Me crie sabiendo que no hay que tomar bebidas gaseosas o azucaradas. En cierto modo, era demasiado para mí. Tal vez estaba demasiado contenido. En el fútbol británico, en 1995, sucedía lo contrario. Los chicos salían y se tomaban veinte cervezas. Entrenaban duro y se divertían de lo lindo. Me hizo sentir curiosidad. Estaba sentado con unos tipos que vaciaban una cerveza tras otra mientras yo me cuidaba. Ahora todo el mundo sabe cómo limitar las lesiones, pero en aquella época hacía feliz a la plantilla. Nos ayudaba a competir. No lo he probado nunca. Salíamos y decían: "Es noche de equipo". En Zaragoza, una noche de equipo consistía tal vez en una buena cena a una hora normal, un poco de marisco, quizás un bistec especial. Si te atreves, una buena copa de vino. En Wigan, se iba directamente al pub. No había nada de comer. Solo se cenaba cerveza. Me daba risa. Era algo fascinante…, pero extraño.»

Seba continúa: «Los jugadores y el cuerpo técnico no daban importancia alguna a la nutrición. La gente fumaba y bebía. No me lo podía creer. No me dio por fumar…, ¡pero llegué a vaciar una jarra de cerveza! Creo que una de las razones por las que el señor Whelan nos contrató era para intentar cambiar la mentalidad del vestuario y el nivel de profesionalismo. Pero nos divertíamos, eso sí. Al principio, nos alojábamos en un hotel. Una parte de nuestro cometido era elevar el nivel del club. En el hotel, la noche de los viernes y los sábados, había una disco. El DJ anunció que había allí tres chicos españoles. Nos pidió que nos levantáramos, pinchó la *Macarena* ¡y tuvimos que enseñar a bailarla a toda la sala!».

Durante mucho tiempo, el fútbol español ha estado por delante en la ciencia del deporte, como recordaba Terry Venables al hablar de su estancia en Barcelona. El exentrenador reflexionaba en su autobiografía sobre la noche que el Barcelona sentenció un título de liga derrotando al Valladolid. «En Inglaterra, los jugadores lo habrían celebrado de forma desenfrenada. Pero iba a descubrir otra diferencia en España. El capitán Julio Alberto, que contribuyó espléndidamente durante toda la temporada, se acercó a mi mesa con una copa en la mano. "Míster, le engañé", me dijo. ¿Se disponía a revelar un incidente asombroso o una conspiración que yo ignoraba? No, Julio se refería al hecho de que no había bebido vino tinto, sino una Coca-Cola la noche antes del partido, cuando era tradición que cada jugador tomara una copa de vino. El equipo médico creía que era mejor para los futbolistas beber una copa de buen vino que un refresco lleno de azúcar. Julio siguió diciendo: "Le engañé, míster. Usted creía que estaba tomando vino, pero lo tiré y bebí Coca-Cola".»

Venables estaba admirado por la disciplina de los futbolistas españoles. «Rara vez bebían, no fumaban y se cuidaban. Se enseña a los deportistas profesionales a cuidarse y a no correr riesgos con su preparación.» Era de esperar que los jugadores españoles parasen después de tomar una o dos copas, pero en Inglaterra era otra cosa. Gaizka Mendieta, que llegó al Middlesbrough en el verano de 2003, se quedó perplejo cuando le advirtieron de que no se le permitía disfrutar de una copa de vino con la cena la noche anterior a su primer partido. Mendieta declaró a la emisora de radio Talksport: «Alguien sentado a la mesa del entrenador dijo que no se podía beber alcohol porque una copa llevaba a otra, y así sucesivamente: era mejor no tomar ninguna. Yo lo entendí, pero entonces pregunté por qué no comíamos como era debido, en lugar de huevos fritos con kétchup y pizzas y chocolatinas después del partido. Era muy distinto de España».

No es que los españoles fueran perfectos. Jimmy Burns, en su libro *Barça: la pasión de un pueblo*, recuerda un episodio que sucedió durante la estancia de Rinus Michels en el Barcelona, en los años setenta: un día en el que el legendario entrenador holandés cuestionó la profesionalidad de la plantilla. El Barcelona perdió una eliminatoria de Copa contra el Sevilla, un equipo de segunda fila. Entonces siete jugadores del club se dirigieron al hotel para jugar a las cartas. «Pidieron dos botellas de cava y siete copas al servicio de habitaciones —escribió Burns—. Minutos después, llamaron a la puerta. Al abrirla, los jugadores se encontraron cara a cara con un malhumorado Michels, que sujetaba las dos botellas. En una rara manifestación de sus emociones, el técnico holandés les empezó a gritar: "¡El problema con los futbolistas españoles es que no son profesionales!". Los jugadores no salían de su asombro. Sobre todo cuando el entrenador tiró las botellas al suelo: se hicieron añicos y un trozo se clavó en el pie descalzo de uno de ellos.»

Fue el equivalente en vino espumoso a la bota voladora que Alex Ferguson lanzó en el vestuario del Manchester United y que impactó en una ceja de David Beckham. Dios sabe qué habría pensado Michels de los escalones inferiores del fútbol inglés, donde los tres muchachos del Wigan ingerían sus comidas antes de los partidos en el café local Asda y confiaban a Ramón, el cocinero español de un restaurante italiano llamado Milanos, la mayor parte de sus cenas.

El viaje de Martínez desde la fritanga hasta el champán tiene su correspondencia en su primer partido de la FA Cup: un encuentro de la primera ronda en un campo inclinado de Runcorn, disputado en noviembre de 1995. Su trayectoria como técnico empezó en febrero de 2007, cuando regresó al Swansea, donde había estado tres años como jugador (entre 2003 y 2006). Sin embargo, su primera experiencia como entrenador fue una década antes.

Al término de la temporada 1993-94, a Martínez le llegó la hora de cumplir con el servicio militar en España. No obstante, recibió una exención y lo sustituyó por servicios en favor de la comunidad. Allí entrenó a su primer equipo, un grupo de niños menores de nueve años que jugaban una liga infantil. «Teníamos un código de conducta. Cuando eres un jugador joven, dependes de los padres. Necesitaban unas normas. Hice una lista de turnos para llevar los chicos a los partidos. Luego les hice dejar de gritar. Nos reunimos con los padres y marcamos los límites. Uno de los padres los anotó todos. Los padres pueden ser muy positivos o muy negativos. Formamos una gran familia.»

A su gran amigo Jordi Cruyff le preocupaba que Martínez tuviera dificultades para dominar un vestuario en el que estaban sus antiguos compañeros de equipo. Sin embargo, Martínez tuvo un notable éxito: consiguió el ascenso desde el tercer escalón del fútbol inglés y cerró la temporada en lo más alto de la división, con diez puntos de ventaja. Incorporó una identidad española al club. De hecho, la filosofía de juego ha sobrevivido a los regímenes de entrenadores posteriores como Brendan Rodgers, Michael Laudrup o Garry Monk. Pero quedó un toque británico. Graeme Jones, excompañero en el Wigan, se convirtió en segundo entrenador. El antiguo técnico del club, Kevin Reeves, pasó a ser cazatalentos jefe. El trabajo en red se vio facilitado por que la esposa de Reeves trabajaba en una compañía aérea de bajo coste. Esto permitía a Reeves viajar al extranjero más fácilmente y ayudó en varios fichajes españoles. Ángel Rangel, un lateral derecho contratado por quince mil libras esterlinas, todavía jugaba en la Premier League con el Swansea diez años después.

Martínez observó cierta similitud entre el orgullo nacional galés y el elevado sentido del patrimonio de vascos y catalanes. Fichó a los delanteros Andrea Orlandi y Gorka Pintado, junto con el centrocampista Jordi Gómez. El objetivo era combinar pasión y habilidad, disciplina y talento. Los españoles no lo tuvieron fácil. Garry Monk, antiguo baluarte defensivo de Martínez y que ha llegado a ser un buen entrenador por méritos propios, se ríe al recordar la llegada de Rangel a una playa de Swansea para un entrenamiento de pretemporada. Rangel se había imaginado que habría unas sesiones ligeras con balón sobre la arena. En cambio, Martínez ordenó al equipo subir y bajar corriendo los montículos de la playa a toda velocidad. Rangel terminó la sesión entre vómitos.

«Aquel día se llevó un buen susto», sonríe Martínez. Michael Calvin reveló en su libro *Living on the Volcano* que Martínez ha castigado a cualquier jugador «que perdiera el balón en una sesión de posesión, obligándole a tirarse al suelo para realizar una serie de flexiones». Puede que Martínez sea un romántico, pero los métodos de la vieja escuela también pueden ser útiles.

En 2009, el círculo de Martínez en el fútbol inglés parecía cerrado. Entonces regresó al Wigan, el club al que se había unido como jugador catorce años antes. El objetivo de cada temporada era sobrevivir en la Premier League. En sus cuatro campañas, el Wigan terminó dos veces decimosexto, otra decimoquinto y otra decimoctavo. En dos ocasiones, tuvo que luchar hasta el final para sobrevivir. Cada temporada traía complicaciones, pues su presupuesto era escaso y dependía de una dirección técnica valiente y atrevida.

En la primera campaña de Martínez, hubo dudas entre los jugadores. Seba se había convertido en uno de sus ojeadores. Años después, recuerda aquella angustia. De hecho, el presidente Dave Whelan, principal valedor de Martínez, tuvo que intervenir. «Recuerdo cuando empezó en el Wigan. Estaban perdiendo partidos y la moral era baja. Un viernes, Dave Whelan fue al comedor y se dirigió a todos. Dijo: "Roberto es mi hombre, tenéis que seguirle, ayudarle y trabajar con él". Whelan fue a comer allí todos los viernes, pero aquello fue importante. No era nada controvertido, pero los jugadores sabían que antes que el entrenador serían ellos los que salieran del club. ¡Ojalá todos los equipos tuvieran esta mentalidad!»

En la segunda temporada de Martínez, la lucha por evitar el descenso se mantuvo hasta la última jornada. El Wigan sobrevivió al derrotar al Stoke lejos de casa, en el Britannia Stadium. El presidente y el entrenador se abrazaron emocionados sobre el césped, delante del grupo de aficionados que habían viajado para acompañar al equipo. La siguiente campaña parecía el final del trayecto. Después de veintinueve jornadas, el club cerraba la clasificación con veintidós puntos. Entonces ocurrió algo extraordinario, pues el equipo ganó siete de los últimos nueve partidos: derrotó al Liverpool en Anfield y al Arsenal en el Emirates; además, asestaron un golpe letal a las esperanzas de Alex Ferguson de conquistar el título con una victoria por 1-0 sobre el Manchester United en el DW Stadium de Wigan.

Graham Barrow, que estaba en el cuerpo técnico de Martínez, explica que la remontada no fue ninguna casualidad: «Vapuleamos al Newcastle por 4-0 y batimos merecidamente al United. Pasamos a un 3-4-3. A veces, un entrenador trabaja en algo durante una semana y luego lo pone en práctica el sábado. Nosotros trabajamos en eso durante tres meses, dos sesiones semanales, empezando por los fundamentos básicos de los tres de atrás, la misión de los laterales; trabajamos en cómo los cuatro del medio campo debían encajar, y luego con los tres de delante. Era repetición, muy básica. Pero después fuimos mejorándolo paulatinamente. Cuando llegó el momento, fue espectacular. Los resultados fueron increíbles. Roberto demostró una extraordinaria paciencia esa temporada. Otros se habrían dejado llevar por el pánico. Ayudó que mantenía una relación padre-hijo con el señor Whelan. Era inmune, de verdad. Ese apoyo fue fundamental. No se asustó. No se precipitó respecto del momento de poner en práctica la defensa de tres que estaban entrenando. Es el entrenador idóneo para darle tiempo porque sabes que va a dar con la tecla. La buena relación con el presidente le concedió ese tiempo.»

Un año más tarde, en mayo de 2013, llegó algo todavía mejor: el Wigan Athletic ganó la FA Cup por primera vez en su historia, al derrotar al Manchester City, todo un transatlántico. Durante el verano anterior, el Liverpool acechó a Martínez. En 2011 había sido sondeado por el Aston Villa, pero rechazó de plano la oferta del club de las Midlands. Quería cumplir su contrato con el Wigan. La especulación en torno al Liverpool fue fuerte. Aparecieron fotografías del técnico español caminando por una calle de Florida con el dueño americano del Liverpool, John W. Henry. Siguió un toma y daca. Martínez y el Wigan afirmaron que desestimó el cargo porque el Liverpool tenía interés en colocar un director deportivo por encima de él. El Liverpool sugirió que Brendan Rodgers era su candidato preferido.

Finalmente, Martínez se quedó en el Wigan, el club con el presupuesto más bajo de la categoría, al que llevó a la gloria de la FA Cup en Wembley. Fue algo así como un cuento de hadas: un desenlace que desafiaba la lógica y los pronósticos. Mientras que el equipo entero del Wigan estaba valorado en 12,8 millones de libras esterlinas [14,8 millones de euros], cada jugador del Manchester City promediaba un importe de 16,4 millones [19 millones de euros]. Deberían de haber salido goleados…, pero se tejió un nuevo capítulo para la historia legendaria de Wembley.

La sonrisa de Martínez vuelve a ensancharse: «Fue una de esas cosas que merecen todo el dolor y el sacrificio necesarios para llegar hasta allí. Dejé atrás a mi familia, me fui a un país sin saber su idioma, adapté mi vida a algo muy distinto. Dave Whelan lo hizo posible. Su historia personal era increíble. Había jugado en Wembley y se rompió la pierna en la final de la FA Cup de 1960. Ese día, en Wembley, encabezó el equipo en su salida al campo después de recibir un permiso especial de la Football Association. Fue su final. Yo pasé mucho tiempo con él. Fue muy especial. Es un exitoso hombre de negocios, multimillonario y todo lo demás, pero en su vida futbolística le faltaba algo. Necesitaba ese día. Ganar la final de la FA Cup y dedicárselo fue fantástico. Por más dinero que tuviera, la satisfacción de aquel día no tiene parangón. En mi caso, llegar desde España sin nada, querer triunfar, jugar seis años en el Wigan, soportar muchos cambios de entrenador, llegar al estadio nuevo, convertirme en el técnico del club, entrenar en la Premier League… Es todo muy especial. Siempre sentí que me debía al Wigan. Aquello fue culminar un gran sueño».

En vísperas del encuentro, se intensificaron las especulaciones sobre el futuro del entrenador del Manchester City, Roberto Mancini. El Wigan jugó el partido de su vida: sus jugadores dieron la impresión de que atravesarían ventanas de vidrio por su entrenador. Martínez cerró sus anotaciones del programa del Wigan con las palabras en castellano «sin miedo». El partido respondió a ese lema. En el campo de entrenamiento, podías encontrar un cartel que rezaba: «VALOR, POSESIÓN Y ARROGANCIA». Aquel día, el Wigan encarnó cada una de esas palabras. Fueron mejores.

«Cuando nos dirigíamos al estadio en el autocar —dice Martínez—, pensaba que estábamos preparados. No tenía nada que ver con el equipo contrario. Hay que ser tonto para eso. Enfrente teníamos al Manchester City: éramos muy inferiores. En el Wigan, era como si cada partido fuese una oportunidad de hacer historia. Estábamos rompiendo récords y alterando la historia de un club. Antes de mi llegada, no habíamos ganado un solo un partido contra ninguno de los cuatro clubes históricos ingleses. Entonces derrotamos al Arsenal fuera, al Manchester United en casa, al Chelsea cuando Carlo Ancelotti estaba allí, al Manchester City en la FA Cup, al Liverpool en Anfield. Emocionalmente, éramos buenos, el grupo estaba unido y conocíamos cómo debíamos jugar. Lo mejor fue que durante la preparación conseguimos dejar de lado lo de ganar o perder. Jugar bien era lo principal. Nos habíamos enfrentado a ellos tres o cuatro semanas antes en la liga y habíamos perdido por 1-0. No obstante, tuvimos tres o cuatro ocasiones de gol y fuimos mejores. Sabíamos que podíamos ganar. No había nada que perder. Éramos el Wigan, jugando en Wembley, con la posibilidad de hacer historia. Esto hizo que los chicos se vinieran arriba.»

«Habíamos jugado en Wembley en la semifinal, así que el equipo estaba acostumbrado a eso. Nos hospedamos en el mismo hotel, utilizamos el mismo autocar, tomamos el mismo camino hasta el estadio. Nos asignaron el mismo vestuario que en la semifinal contra el Millwall. Cuando el árbitro pitó el final, fue algo así como: "¡Joder, hemos ganado la copa con el Wigan!", porque no pensábamos en ganar, solamente en jugar muy bien. Sabíamos que podíamos explotar. Lo importante era nuestro control emocional. No había ninguna incertidumbre y dominábamos la situación. Nuestro extremo de veintidós años, Callum McManaman, estuvo sensacional; rompió a Gael Clichy por la banda. En realidad, era un niño. Había jugado contra el Bournemouth y el Bradford en la League Cup y se había esforzado mucho. Se ponía tan nervioso antes de los partidos que no dormía ni descansaba lo debido. Hasta que nos enfrentamos al Huddersfield en un partido de Copa y se produjo un cambio. Yo le había dicho que no jugaría; estaba molesto conmigo. Me dijo que estaba descansado y quería jugar. Lo hizo muy bien ese día y, a partir de entonces, fue distinto.»

Para Barrow, el hombre que dirigió por primera vez a Martínez en 1995, era algo inimaginable. «A medida que nos íbamos acercando, pensaba: "Oh, Dios mío, esto está ocurriendo de verdad". El punto fuerte de Roberto es ganar un partido único. Es uno de sus grandes talentos. Paul Jewell y Steve Bruce lo hicieron bien en el Wigan, pero Roberto fue el único que logró batir al Chelsea, al Liverpool, al Manchester United y al Arsenal. Si reparas en su trayectoria como entrenador nuestro, siempre se luchó por la permanencia, pero siempre supimos sorprender a un equipo grande. Cuando ganamos a los grandes, no solo les ganamos: es que merecíamos ganarles. No estábamos recostados con la espalda contra la pared, defendiéndonos lo mejor que podíamos. Ganamos con un fútbol ofensivo y descubriendo debilidades en el adversario. Cuando regresábamos de los partidos fuera de casa, en el autocar, él visionaba el partido entero dos veces. Ya estaba subrayando cosas. Nunca he visto a nadie con tanta dedicación y tanta ética de trabajo. Es el rey de los partidos únicos, y la Copa consiste en eso. Después de la final, sonreía de oreja a oreja. Todavía nos quedaba la lucha por la permanencia. Pagamos nuestra victoria en la Copa: perdimos el encuentro en el campo del Arsenal.»

El porte jovial de Martínez se apaga. El éxito se tiñó de tristeza. El Wigan bajó de la Premier League tres días después, al sucumbir por 4-1 ante el Arsenal. Al hacerlo, se convirtió en el primer club que ganaba la FA Cup y descendía de categoría; pero pocos seguidores cambiarían ese trofeo por un par de años más luchando en la máxima división. Cinco clubes (el Manchester City en 1926, el Leicester en 1969, el Brighton en 1983, el Middlesbrough en 1997 y el Portsmouth en 2010) habían alcanzado la final, habían perdido y, para rematarlo, habían descendido.

En sus localidades, los padres de Martínez estaban radiantes. «Yo estuve en la semifinal y en la final en Wembley con los padres de Roberto. —Seba sonríe—. Estaban muy orgullosos. Ocupábamos un palco. Su papá se volvió loco cuando marcaron. Roberto tenía mucha confianza antes del partido, ¡pero era el Manchester City! Hubo alegría, felicidad, incredulidad. Si se escribiera en forma de libro, parecería inverosímil.»

Barrow concluye: «Si veinte años atrás hubiéramos sugerido que podíamos lograr algo así, habríamos sido el hazmerreír de la ciudad. Roberto volverá. Intentará ganar el Mundial con Bélgica y entonces volverá, estoy seguro».

Martínez no fue el primer español en inscribir su nombre en toda una final en Wembley. Catorce años antes, en mayo de 1999, un centrocampista vasco llamado Alejandro Calvo García disfrutó de su momento de gloria. Calvo García es otro que echa por tierra las percepciones de los futbolistas extranjeros. Me encuentro con él y con su esposa Leire para cenar en el pueblo de Beasain, justo cuando el sol se oculta detrás de los picos del monte Txindoki, allá a lo lejos. Su amigo José llega en mitad de la velada y me invitan a alojarme en la hacienda que la familia tiene en la montaña.

La geografía de la región es serena y espectacular, con colinas verdes y onduladas, con aire fresco que huele a pino por las mañanas. Por eso sorprende más que Calvo García dedicara ocho años de su vida al Scunthorpe United, el equipo de la industrial y nada atractiva ciudad de Lincolnshire. Pero el carácter de Calvo García tiene muchos matices: enseguida me di cuenta. La pareja fue amiga íntima de Martínez y de Jordi Cruyff a finales de la década de los noventa, en Mánchester. De hecho, conservan la relación.

En Scunthorpe, le recuerdan con cariño, sobre todo por marcar el gol de la victoria contra el Leyton Orient en la final del *play-off* de tercera división en Wembley, aquel que valió el ascenso. Él también los quiere. Escribió un libro con el periodista vasco afincado en Gran Bretaña Íñigo Gurruchaga: *Scunthorpe hasta la muerte*. Calvo García era un joven prometedor que trabajaba en la constructora nacional CAF, donde estudió para delineante. Allí le ofrecieron un contrato fijo. Pero su sueño seguía siendo el fútbol. «La gente decía que estaba loco, que en qué estaba pensando. Pero yo solo quería jugar al fútbol. Estaba dispuesto a caminar sobre brasas para conseguirlo.»

Fichó por el Beasain, donde jugó a las órdenes de Perico Alonso, el padre de Xabi. Tras una decepcionante estancia en el Eibar, surgió una oportunidad en Inglaterra. Leire me cuenta: «Su representante le dijo que tenía esa opción. Y él se fue para Mánchester. Al principio fue solo para someterse a unas pruebas. Cuando llamó y me pidió que me reuniera con él, no me lo pensé dos veces. La gente de Scunthorpe llegó a querernos y nos trató bien. Yo recibía clases regulares de inglés y entré a trabajar en el hospital local».

Para Alex, la adaptación no fue fácil. «En aquel entonces, era un hecho insólito. En mi tierra, la gente vive a poca distancia de sus padres durante toda su vida. No podía comunicarme. Era mudo. Te encuentras en vestuarios de chicos un tanto gamberros: un microcosmos en sí mismo. Debían de pensar que yo sería una víctima fácil. No era una época en que los extranjeros fuesen bienvenidos en los vestuarios. Hubo cuatro o cinco que se me acercaron. El fútbol inglés estaba muy atrasado y se protegía mucho. Pero empecé a caerles bien. Cuando llegué por primera vez, aterricé en Mánchester. De Mánchester a Scunthorpe hay dos horas y media de trayecto. Me pareció una eternidad. No pude decirle ni una sola palabra al chófer. Quería ser amable, pero no sabía nada de inglés. Hubo mucha autopista y también algo de miedo.»

Antes de su primer partido, el titular de la última página del periódico local decía: «De España a Scarborough». «En Scarborough ganamos por 2-0, pero no me pareció que fuese un partido de equipos de categoría inferior. Lo físico del juego me sorprendió. Era como jugar al fútbol en otro planeta. Había jugadores que salían porque querían hacer faltas, en lugar de jugar al fútbol. El estilo vasco era más parecido al inglés, pero, aun así, era duro. Fui al gimnasio y me preparé a conciencia. Estuve trabajando durante horas. Entonces llegó la primera pretemporada. ¡Y fuimos a campamentos militares!»

Álex y Leire conectaron con la ciudad. Sus propios orígenes obreros tenían paralelismos con su nuevo hogar. El padre de Álex, José Miguel, había estado afiliado a Comisiones Obreras, un sindicato vinculado al ilegalizado Partido Comunista en la España de Franco. Sus tendencias revolucionarias le habían valido el apodo de «Zapata», debido a su parecido físico con el bigotudo guerrillero mexicano. En 1972, cuando Alex era solo un bebé, la familia vivió un episodio traumático. Gurruchaga escribió: «El 2 de octubre, al padre de Alex lo detuvieron en un puesto de control de la Guardia Civil junto con dos compañeros. Llevaban octavillas para repartir en un pueblo vecino. "¿Qué es esto?", preguntó un guardia que había visto uno de los folletos sobre el salpicadero. Los arrastraron a la parte trasera del *jeep*, los golpearon con la culata de las metralletas y los condujeron a las montañas». Los llevaron al cuartel de la Guardia Civil. A uno le rompieron una muela. Al padre de Álex le ataron y lo azotaron con cables eléctricos.

Gurruchaga continuaba diciendo: «Sufrió lesiones graves en el esternón. Se le habían amoratado las muñecas por la presión de las esposas. Despertó dentro de una bañera, sin saber cómo había llegado hasta allí». Registraron la casa de la familia. Álex estaba en la cuna; su hermano mayor, Mikel, en la cama. Encarcelaron a su padre. Estuvo en las cárceles con peor reputación de la España franquista: Martutene, Carabanchel, vuelta a Martutene y luego Jaén. La familia se mantuvo con fondos clandestinos de partidos comunistas del este de Europa. Cáritas, la organización benéfica de la Iglesia católica, también ayudó a Mari Carmen, la madre de Álex.

José fue liberado a finales de 1975, tras la muerte de Franco. Álex no comparte su fervor político, pero la justicia social es importante para la familia. *La lista de Schindler* consta entre sus películas «favoritas» y ha denunciado la desigualdad en la prensa vasca. Está molesto por la votación favorable al Brexit. Su experiencia personal de la Gran Bretaña obrera había sido la de una comunidad que recibió a un forastero con los brazos abiertos. Le preocupa el tono del debate público con respecto a la inmigración.

Explica: «Scunthorpe estaba en medio de la nada, pero yo venía de una tradición industrial con mi familia. Cuando fui allí, vi muchas semejanzas. Vi una sociedad socialmente tensa. Vi la pobreza, las fundiciones y los retos de la modernización. Me identificaba con todo eso. Estaba el Iron Trust, un grupo que apoyaba al club y a los trabajadores. Tienes que ser consciente de tu condición y de tus privilegios como futbolista. He visto a gente perder la cabeza y el sentido de la realidad. Creen que durará siempre, pero no es así. Hay que estar preparado. La gente habla de superestrellas, pero yo digo: "¿Qué es una superestrella?". Para mí, una superestrella es alguien que trabaja muy duro, que tiene la ética correcta, que trata a la gente como es debido. Me preguntan: "¿No cambiarías tu carrera por la de Leo Messi?". La respuesta es no. He disfrutado cada momento».

Durante esos ocho años, tuvo oportunidades para marcharse de Scunthorpe. «Hubo un momento en que el Crystal Palace y el Walsall estaban interesados en mí. Yo sentía que teníamos nuestra vida montada en Scunthorpe. Teníamos el dinero que necesitábamos. No era como cambiar el Scunthorpe por el Manchester United, ¿verdad? Podría haber sido más dinero y una liga superior, pero, no sé: ¡Londres también habría resultado más caro! Me asenté mucho. Completé un curso de tecnología en la universidad a distancia: ahora tengo una empresa de informática que va bien.»

«Aprendí inglés en el vestuario y recibí clases de un lugareño llamado John Costello. Él me lo enseñó todo sobre la cultura futbolística inglesa, a no tirarse, a ser honesto. Me enseñó la filosofía de la vida inglesa, la mentalidad, la historia británica. Me encantaba escucharle. Me habló de los árbitros. La relación entre jugadores y árbitros es distinta. En España, el colegiado es tu enemigo. No puedes decirle ni media palabra. No puedes cuestionar nada. Durante el primer partido, oía: "¡Que te den, árbitro!", y los colegiados se lo tomaban a risa. Sin embargo, sabían manejar los partidos y a los jugadores. Te deseaban suerte y dialogaban.»

«Yo sabía que era extranjero y debía soportar las burlas por tirarme a la piscina y todo eso. Me llamaban tramposo. Sin embargo, al cabo de unos años, ya era un inglés más. Recuerdo que durante un partido estábamos hablando en el vestuario sobre un francés o un belga del equipo adversario que nos estaba descuartizando. Yo estaba en el rincón y murmuré en broma: "Extranjeros de mierda." Al cabo de tres años, ¡me había vuelto inglés!»

Ya había transcurrido mucho tiempo desde su primer invierno en Scunthorpe cuando unos lugareños deslumbrados le preguntaron si había visto nieve alguna vez en su vida. Cuando anunció su marcha en 2004, le organizaron un partido de homenaje. En él participaron Gaizka Mendieta, Jordi Cruyff, Juninho Paulista del Middlesbrough y Roberto Martínez. Ahora cómodamente instalado en el País Vasco, ha resistido la tentación de seguir en el fútbol profesional; se conforma con entrenar al equipo de su hijo. «En el pueblo vive un chico de Guinea Ecuatorial —dijo en *Scunthorpe hasta la muerte*—. Sus padres murieron en prisión y su tía lo trajo aquí. Le conocí en el gimnasio y jugamos juntos un partido de fútbol-7. Un día estaba sentado en el patio con su tableta, fuera del taller, y un camión le aplastó las piernas. Los médicos tuvieron que amputarle una. Pero pudieron ponerle una prótesis y vino a la oficina contento, mostrando lo bien que funcionaba. Le pregunté si estaría dispuesto a dar una charla a mi equipo de chicos de trece años, antes del partido. Quería hablarles sobre caerse y volver a levantarse. Lo hizo. Yo salí del vestuario. Más tarde, los niños me contaron que al principio estaba nervioso, pero al cabo de un rato dejó sus apuntes y les habló con total libertad. Hubo lágrimas. Los chicos jugaron como nunca y cada goleador se acercó corriendo a Cristian para dedicarle su gol. ¿Cómo se puede comparar eso con ver la final de la Copa del Rey?»

6

Problemas de adaptación

José Antonio Reyes se ríe. Mi pregunta es muy sencilla: «¿Quién fue el defensa más duro al que te enfrentaste durante tu etapa en Inglaterra?». Al principio trata de eludirla. «Bueno, entrenar con Sol Campbell todos los días no estaba mal. Pero quieres un jugador rival, ¿no?». Le sugiero a los hermanos Neville, Gary y Phil, en el Manchester United, y Reyes vuelve a reírse: «¡Ah, sí, los hermanos Neville!».

Inmediatamente viene a la memoria la tarde del 24 de octubre de 2004, cuando el Arsenal viajó a Old Trafford con la intención de prolongar su récord de imbatibilidad a cincuenta partidos. El Manchester United de sir Alex Ferguson se cruzaba en su camino. Es un partido tan famoso que hasta tiene su propia página en la Wikipedia, bajo el nombre de «The Battle of the Buffet»; recuerda las tristemente famosas escenas en el túnel de Old Trafford, donde un misil de mozzarella impactó contra el entrenador del United.

«El Arsenal nos había arrebatado el título en 2003-04 —escribió Gary Neville en su columna del *Mail on Sunday* en 2011—. No podíamos tolerar otra humillación. La idea de que el Arsenal celebrara cincuenta partidos de la Premier League invictos delante de nuestras narices era impensable. Es el único partido en el que se me ha acusado de agredir a un adversario.» En la primera mitad, el United pegó a Reyes en cada oportunidad, cortando su juego y tratando de intimidar a sus rivales. Los hermanos Neville se turnaron para marcar a Reyes y el colegiado Mike Riley fue de lo más indulgente. El extremo español le tiró un caño a Gary Neville y el defensor del United reaccionó derribándolo. Se libró de la tarjeta amarilla. Al segundo intento, Neville le entró con todavía más fuerza. Ahora sí: amarilla. Momentos después, su hermano Phil le tiró al suelo y se ganó también la cartulina. Reyes fue sustituido en el minuto setenta y el United ganó el encuentro por 2-0. Misión cumplida.

«Ese día iban a por mí, sin duda —admite Reyes—. La gente ve el fútbol de formas distintas, hay quien emplea esos métodos e intenta usar la fuerza. Es una de las cosas que tiene el fútbol.»

La sentencia de Neville sobre Reyes era, en el fondo, irrefutable. «Mi misión era anular la amenaza que suponía José Antonio Reyes. Eres como un boxeador que intenta calcular cuándo pegar y retirarse o cuándo acercarse al rival. Y aunque podía tratar de interceptar el balón, utilizando mi experiencia y mi buena posición en el terreno de juego, sabía que por encima de todo tenía que ser duro, emplear la fuerza. Reyes debía perder la confianza. Si había dudas sobre él (justificados por lo que sería una etapa breve en Inglaterra), eran relativos a su temperamento. Mi misión era poner en evidencia ese punto débil. No negaré un factor de intimidación, pero solo porque Reyes no era lo bastante duro para afrontarlo. Cristiano Ronaldo recibía esa clase de trato continuamente, hasta que los defensas comprendían que eso no lo descentraba: solo conseguían motivarlo más. Esa clase de valor forma parte de la condición de un gran jugador. Reyes no podía soportar el juego brusco. Por eso Wenger terminó por mandarlo de vuelta a España. Tenía facultades, pero no llegó a ser una estrella porque era incapaz de aceptar un poco de leña.»

Reyes se defiende: «No me asustaba el contacto físico. Es cierto que los árbitros permitían más contacto, pero ¿crees que en España los defensas no habían probado esas artimañas conmigo? Estaba acostumbrado. Yo era muy veloz. Los defensores no podían seguirme y la velocidad les aterraba. Todo me salía muy fácil en aquella época. Pero, la verdad, no temía recibir patadas». Reyes cuenta con estadísticas para recalcar este punto. En la temporada 2003-04, en el Sevilla, Reyes había provocado veintidós tarjetas amarillas hasta el parón navideño; era el jugador que más faltas recibía de La Liga. Firmó por el Arsenal en enero y anteriormente había declarado: «¿Si duele? Pues claro que duele. Hay patadas muy dolorosas, y yo no soy de goma. Esto es fútbol, y una vez que se acaba el partido todo queda olvidado». Cuenta otra historia, de cuando estaba en el Sevilla con diecisiete años y se había roto un dedo del pie. El entrenador, Joaquín Caparrós, tuvo que prohibirle jugar con el pie escayolado. Así pues, no todo es tan sencillo.

Reyes había llegado al fútbol inglés entre grandes aplausos. Tenía solo veinte años, pero su talento había impresionado lo suficiente para convencer a Arsène Wenger de una operación que podía costar diecisiete millones de libras esterlinas [veinte millones de euros] en el mercado de invierno. Un año antes, Wenger le había echado el ojo a un genio ibérico distinto: Cristiano Ronaldo. Desde entonces, el entrenador del Arsenal ha admitido que su incapacidad para fichar a Ronaldo, que acabaría en las filas del Manchester United, es una de las cosas que le han perseguido como técnico de fútbol. Wenger vio en Reyes la siguiente mejor opción. De hecho, en España, estaba llamado a ser el joven talento más grande del fútbol mundial. Reyes fue la primera joya de la corona española que iba a parar a manos inglesas. *Marca* le definió como «simplemente una superestrella: regate, magia, visión de juego y goles. El espectáculo está asegurado».

Tras irrumpir con dieciséis años en el primer equipo del Sevilla, su incidencia en el fútbol español había sido tremenda. Su anárquico cambio de ritmo humillaba al mejor de los defensas; su serenidad delante de puerta desafiaba su corta edad. Cuando Reyes marcó dos veces en la debacle del Real Madrid por 4-1, Zinedine Zidane se preguntó si «el chico tenía una moto entre las piernas». Iñaki Sáez, el seleccionador español, describió su *dribling* como «un eslalon controlado a una velocidad alucinante». Algunos compañeros de equipo se excedieron algo más. Cuando un *sprint* de casi cuarenta metros de Reyes terminó con el balón en la red, el jugador del Sevilla Francisco Gallardo se arrodilló y dio un breve mordisquito al goleador en el pene. «Noté un pellizquito, pero no me di cuenta de lo que había hecho Gallardo hasta que vi el vídeo —dijo Reyes—. Pero puedo entenderlo. Fue un gol fantástico.» Posteriormente, la Federación Española de Fútbol acusó a Gallardo, a quien se imputó haber infringido «el decoro y la dignidad del deporte».

El Sevilla había descubierto a Reyes después de un doblete con su equipo local, el Utrera, en un partido de menores de nueve años. Reyes se crio en lo más profundo de Andalucía. Sus orígenes no encajaban con el estereotipo de una región caricaturizada como un paraíso de la fiesta y el flamenco. Su familia vivía en Arenal, uno de los barrios más deprimidos de Sevilla. El techo de su modesto hogar solía tener goteras. Su extracción obrera presenta paralelismos con la de Wayne Rooney: uno de los últimos futbolistas de la calle a los que el deporte proporcionó una vía de escape.

Curiosamente, una historia poco conocida es el coqueteo del propio Rooney con España durante ese periodo. El Barcelona vigilaba obsesivamente al delantero y envió al padre de Bojan Krkic, que trabajaba de ojeador en el club, en una misión de prospección cuando la selección juvenil de Inglaterra disputó un torneo en Copenhague. Krkic se encaprichó de Rooney, un muchacho de dieciséis años: percibió su fuerza, dinamismo y potencial explosivo. Hizo todo lo que pudo para seguirle la pista. Intentó encontrarse con él fuera de los estadios, después de los partidos. Trató de verle en el hotel de Inglaterra, pero no consiguió pasar el control de seguridad. Finalmente, averiguó la hora del vuelo de salida de Dinamarca del combinado inglés y se fue a la carrera al aeropuerto de Copenhague. Al franquear las puertas, vio a Rooney entrando en una tienda para comprar un periódico. Ambos hablaron de la posibilidad de un traslado al extranjero. Rooney, tal como recuerda el padre de Krkic, estaba razonablemente abierto a esa posibilidad.

«Me encanta ver a Wayne Rooney —dice Martínez Vilaseca, exdirector de la academia del Barcelona—. También lo seguí para el Barcelona cuando era un chaval fornido que militaba en el Everton. Tenía dieciséis o diecisiete años, y le vi jugar en directo en el St James' Park, contra el Newcastle, el equipo del gran sir Bobby Robson. Considerábamos seriamente su contratación en aquella época.» El Barcelona tiene tendencia a hacer ofertas ambiciosas a jóvenes futbolistas; también intentó fichar al portero David de Gea del Atlético de Madrid cuando solo tenía catorce años, pero no pudieron convencer a la familia de que abandonara Madrid. Tanto el Barcelona como el Real Madrid se propusieron fichar a Reyes, antes de que el Sevilla decidiera traspasarlo al Arsenal.

A medida que crecía en las categorías inferiores, el continente se fijó en él, sobre todo cuando Reyes se erigió en el máximo goleador de la fase europea de la Premier Cup Sub-15 de Nike. Cuando de adolescente llegó al Sevilla, el club se preocupó por su nivel de lectura y escritura; además, le contrató un psicólogo para prepararlo para los encantos de la fama y la riqueza. En Utrera, cuando era un crío, ya llamaba la atención con sus exhibiciones. «Todavía hablan de eso en el pueblo —declaró Reyes al *Daily Mail* en 2004—. Jugaba con mis amigos, a veces con mi tío Juan Antonio. Siempre estábamos probando trucos nuevos.»

Reyes estaba obsesionado con el Sevilla. Se unió a los Biris, el grupo de hinchas ultras del club. De hecho, siguió pagando su cuota de socio cuando llegó a ser jugador del primer equipo. Dormía bajo una funda nórdica del Sevilla. Cuando empezó a ganar dinero, se compró una piscina en una casa familiar nueva y más lujosa. Mandó esmaltar el fondo de la piscina con el escudo del club. Esta decisión le costó un gran disgusto a su padre Francisco, que durante toda su vida había sido seguidor del máximo rival del Sevilla, el Real Betis.

Puede que en Andalucía fuera todo un ídolo, pero al término de su desafortunada etapa en el Arsenal se había convertido en un juguete roto. En realidad, las señales estaban ahí desde el principio. En España había muchas dudas sobre su posible adaptación. Se marchó de su país llorando y suplicó a su madre: «Reza por mí». Lucas Haurie, un periodista local de Sevilla, comentó: «Para Reyes, es como ir a la Luna». El

Guardian publicó que otro periodista español había bromeado diciendo que Reyes terminaría por arrojarse al río Támesis si pasaba demasiado tiempo sin su familia en Londres. El jugador del Sevilla Pablo Alfaro comentó: «José Antonio es muy andaluz; marcharse al Arsenal es un cambio radical».

En España, los andaluces reciben un trato injusto. Suele creerse que son una comunidad estrecha de miras y que rara vez triunfan fuera de su zona de confort. Tal creencia deriva de una cultura agraria y de los prejuicios contra los gitanos y las comunidades itinerantes. Tal prejuicio aumenta tras comprobar cómo fueron las experiencias de futbolistas como Reyes o Jesús Navas, quien sufría ataques de pánico cuando siendo muy joven viajaba con la selección española. Esto duele a la población autóctona. «¿Por qué el andaluz sigue siendo objeto de despiadados insultos desde determinados grupos políticos?», preguntaba el periódico *La Opinión de Málaga*.

En 2008, Ana Mato, del Partido Popular, dijo que «los niños andaluces son prácticamente analfabetos». Joan Puigcercós, quien fuera líder de Esquerra Republicana de Catalunya entre 2008 y 2011, afirmó que los andaluces no pagan sus impuestos. Se cree que esta hostilidad proviene de la herencia gitana de Andalucía. En el año 2010, un cuarenta y cinco por ciento de los gitanos presentes en España residían en Andalucía; se registraron seiscientos sesenta y ocho casos de discriminación en el país hacia este colectivo entre 2005 y 2010. Reyes lo tenía difícil frente a tanto prejuicio. «Es un estereotipo —dice—. Es cierto que menos gente deja el sur de España. De acuerdo, no es fácil salir de Andalucía para irse a Inglaterra, pero hay muchos jugadores de toda España que han tenido problemas en distintos países. No solo es cosa de los andaluces.»

Con todo, es obvio que su estilo de vida cambió traumáticamente. En su primer día en Inglaterra, Londres fue sorprendida por una nevada y Reyes tuvo que soportar un atasco de tres horas entre el aeropuerto y el campo de entrenamiento del Arsenal. En una entrevista con el *Guardian* en 2004, admitió sus dificultades. «Los primeros meses fueron terribles. Quería irme a casa, enfermé por culpa de eso.

Mucha gente no podía entender por qué me había marchado de Sevilla y me decían lo difícil que iba a resultar adaptarme. Al principio, creí que tenían razón, que no podría arreglármelas. Ahora ha cambiado, gracias a Dios. Me siento protegido por el club. Tener a mi familia conmigo me ha ayudado enormemente. Si eres del sur, aun cuando otro club te duplique o cuadruplique el sueldo, piensas en marcharte un millón de veces. Seis o siete jugadores del Arsenal hablan español, cosa que me ha sido muy útil. Pero no puedo evitar echar de menos al resto de mi familia: mi hermano, que acaba de casarse, y sobre todo a mi abuelo. Me encantaría tenerle conmigo, pero padece del corazón y me da miedo que el viaje pueda matarle.»

Su primer partido, una victoria por 2-1 sobre el Manchester City, fue un curso acelerado de fútbol inglés. La crónica del encuentro del *Times* decía: «Un chaparrón, un terreno de juego como una trinchera de la Primera Guerra Mundial, una tangana y noventa minutos caóticos debieron de convencer al español de que los estereotipos acerca de Inglaterra son ciertos». Wenger declaró: «Ha sido una buena introducción, porque hacía frío en el banquillo y ha habido contacto físico en el campo». Por si Reyes tuviera alguna duda, Wenger mandó a su nuevo fichaje calentar durante veinte minutos bajo la lluvia.

La familia de Reyes se trasladó con él. Decoraron su casa en Cockfosters con un estilo exuberantemente andaluz. El delantero tomaba comida española y veía canales de televisión españoles. Su inglés nunca fue gran cosa.

Hubo momentos buenos. Marcó dos veces en su tercer partido para derrotar al Chelsea en la FA Cup, y anotó el gol del triunfo en un derbi del norte de Londres en abril de 2005. En su primera temporada completa, empezó como un tren expreso: marcó en los primeros seis partidos del Arsenal. El sitio web del Arsenal resume su trayectoria en el club como sigue: «Reyes tuvo la posibilidad de ser una estrella en el Arsenal, pero parpadeó brevemente antes de apagarse. La derrota frente al Manchester United que puso fin al récord de imbatibilidad de cuarenta y nueve partidos provocó un bajón de forma en el Arsenal..., y a José Antonio le afectó más que a la mayoría».

Posteriormente, Reyes fue expulsado en la final de la FA Cup de 2005 contra el United, aunque el Arsenal ganó en la tanda de penaltis; luego jugó solo cinco minutos en la derrota del Arsenal en la final de la Champions League por 2-1 ante el Barcelona en el Stade de France en 2006. «Me marché por muchas razones el verano siguiente a la final de la Champions League. El clima y todo eso contribuyeron en menor medida. La clave fue que mi papel en el equipo era muy secundario y podía ver hacia dónde iba. Jugar cedido en el Real Madrid una temporada era una buena opción: podía regresar a España y todos contentos. Vale la pena recordar que fui tan solo el decimotercer español en jugar en el fútbol inglés; si llegara ahora, con tantos jugadores españoles, entrenadores de aquí y la filosofía más abierta en el fútbol británico, habría tenido más éxito. En aquel entonces, era una transición más traumática.»

«Desde luego, hay cosas que haría de forma distinta. Pero no es lo mismo tener treinta y tantos años que tener veinte. Eso podría haber hecho mi estancia allí algo más feliz. Sin embargo, no fui el único que tuvo dificultades. Ahí está el caso de Marcelino, en el Newcastle...»

En la terraza de una cafetería de Palma de Mallorca, Marcelino Elena sonríe mostrando todos los dientes. En el verano de 1999, en un tiempo en el que *Livin' la Vida Loca*, de Ricky Martin, encabezaba la lista de éxitos, el Newcastle United hizo su primera incursión en el mercado español. Ruud Gullit se gastó 5,8 millones de libras esterlinas [6,8 millones de euros] en el defensa del Real Mallorca Marcelino, que había impresionado cuando el cuadro balear apeó al Chelsea en las semifinales de la Recopa, antes de perder por 2-1 contra el Lazio en la final disputada en el Villa Park de Birmingham.

En cuatro años en el club inglés, solo participó en veinte encuentros.

En 2002, en *The Guardian*, Michael Martin, el director de la revista del Newcastle *True Faith*, dijo: «El de Marcelino es el peor fichaje en la historia del Newcastle United, sin excepción. Es el único jugador del Newcastle que ha sido abucheado sobre el terreno de juego. Hay una absoluta falta de respeto hacia él como persona y como futbolista, y no he vivido nunca nada igual en el St James' Park. Es el peor ejemplo de futbolista extranjero que no tiene agallas para afrontar el reto físico de jugar en Inglaterra, ni siente ninguna simpatía por el club o sus aficionados».

El periodista local Alan Oliver fue igual de duro: «La última temporada tuvimos una discusión en el campo de entrenamiento. Me preguntó por qué escribía cosas poco agradables sobre él. Le dije que nunca estaba en condiciones de jugar. Respondió: "Soy un jugador muy bueno". Pero para mí no lo es. Los demás jugadores se reían. Cuando juega en el Newcastle, me recuerda a un conejo asustado por los faros de un coche. El pasado sábado participó en la vuelta de honor en el St James' Park: no sé cómo tuvo el descaro de hacerlo, pues en esta temporada no ha jugado nada».

En 2005, Marcelino fue el quinto en una lista de las peores importaciones del fútbol inglés, por detrás de Massimo Taibi y Marco Boogers, y justo delante de Corrado Grabbi y Sean Dundee. Así pues, la verdad, no abordé la entrevista con la mejor impresión sobre él. Cabe decir que, posteriormente, Marcelino trabajó de ojeador en su país natal para el Everton y que más tarde fue agente: representó a jugadores como el delantero Leonardo Ulloa, ganador de un título de la Premier League con el Leicester. Así pues, ¿hay argumentos para la defensa? Sin duda, Marcelino siente la necesidad de dejar las cosas claras. A lo largo de dos horas bastante entretenidas, deja claro que no tiene pelos en la lengua.

«En España, mis familiares y mis amigos se quedaron estupefactos al enterarse de que me iba al Newcastle. "¿Por qué quieres correr ese riesgo?", me preguntaron. El Deportivo de La Coruña y el Valencia me querían. Algunos clubes italianos me seguían la pista. Yo era internacional por España y estaba bien valorado. Le dije muy claro a mi agente:

"Búscame un club en Inglaterra. Quiero ir a Inglaterra". No era solo que surgiera un traspaso, sino que lo quise y lo busqué activamente. Cuando era pequeño, cada sábado veía fútbol inglés. Me identificaba con el espíritu del juego y se convirtió en un objetivo de vida para mí. Cuando el Newcastle se interesó por mí, me volví loco de contento. También el Leeds mostró interés, en la época de David O'Leary. El equipo contaba con jugadores como Alan Smith o Jonathan Woodgate. Era una plantilla estupenda y joven. El Tottenham también se fijó en mí. Elegí el Newcastle porque quería competir y ganar cosas. El club luchaba por ganar títulos. Llegaron a las finales de la FA Cup y terminaron arriba en la Premier League. Parecían estar en el camino hacia la gloria y los títulos. Habría podido disfrutar de una calidad de vida mucho mayor en La Coruña, Palma de Mallorca, Valencia o en el sur de Italia, pero era un profesional y quería mejorar mi juego.»

Sin embargo, en la primera semana de su llegada a Tyneside, Marcelino supo que habría problemas: «Muchas cosas eran distintas. Las sesiones de entrenamiento me sorprendieron. En España, había un nivel de compromiso distinto; en cambio, en Inglaterra, todo parecía mucho más relajado e improvisado. Era como si los entrenadores no quisieran incomodar demasiado a sus jugadores. Todo el mundo parecía contento si los futbolistas no se quejaban y hacían lo suficiente para salir adelante. En España, estaba acostumbrado a entrenar mañana y tarde. En Inglaterra, el número de sesiones podía ser la mitad en comparación con España. Eso son muchas horas perdidas y no ayudó a mi cuerpo, pues sufrí un montón de lesiones distintas. Había una gran falta de rigor e intensidad».

A las tres semanas del inicio de la temporada, Gullit dimitió tras un mal comienzo. El técnico se había enfrentado con el capitán y símbolo del club Alan Shearer. Llegó un nuevo entrenador, Bobby Robson. Hubo cambios: «Uno de los choques culturales en el fútbol inglés consistía en que un entrenador era despedido y entonces los fichajes del míster anterior se convertían en enemigos del siguiente técnico.

Esto sucede más en Inglaterra que en ningún otro sitio. Surge un grupo de jugadores que expresan cuánto aprecian al nuevo entrenador y quieren esforzarse por él. Siempre hay tres o cuatro que se agrupan para decir: "Este es nuestro hombre". Esto me da risa. Solo buscan asegurarse un puesto. No se lo creen ni ellos».

«Recuerdo cuando firmé y un periodista me preguntó: "¿Qué piensas de Alan Shearer?". Respondí que era un buen jugador. Y, desde luego, era un magnífico delantero. Entonces me preguntaron si era el mejor del mundo. Yo creía que Raúl González era el mejor delantero del mundo en aquel momento. Se montó una buena. No me permitían pensar que Raúl era el mejor. Así que, a partir de entonces, tuve que decir que Alan Shearer era el mejor del mundo y que tenía mucho que aprender de él. No era cierto, claro. Dices eso para ponerte del lado del capitán.»

«Gullit me fichó aquel verano, junto con otros como Duncan Ferguson, Franck Dumas y Didier Domi. Llega Robson y dice: tú, tú y tú, ¡fuera! Y Alan Shearer, Rob Lee, Steve Howey, los ingleses, vuelven a entrar. Compré los periódicos. Rob Lee dice: "Bobby Robson es el mejor entrenador de Inglaterra". Shearer dice: "Rob Lee es mi mejor compañero y Robson es el mejor". Me pareció curioso. En mi contrato, no ponía Ruud Gullit United. Ponía Newcastle United.»

Pinta un cuadro de un vestuario dividido: «A partir de aquello, ya no estuve en un vestuario normal. No había equipo. El principio de un equipo es un grupo de personas con un objetivo común. No era así. Estaba fracturado, primero con Gullit y después con Robson. Sabías que los ingleses no querían pasar mucho tiempo contigo. Se hacía difícil. No era porque fuera extranjero, sino porque me consideraban un aliado de Gullit. Había desconfianza, recelo; me trataban de un modo distinto».

Marcelino no quiere hablar mal de Robson, exseleccionador de Inglaterra y figura legendaria del fútbol inglés por su labor con el Ipswich Town, el Barcelona y el Newcastle. «No es políticamente correcto —afirma—. En consecuencia, incluso antes de empezar, ya pierdo.»

En la autobiografía de Robson, *Farewell but Not Goodbye*, hay alguna mención a Marcelino. La primera tenía que ver con sus propias negociaciones con el club en su contrato como entrenador. «Me ofrecían cuatrocientas mil libras esterlinas al año, en una época en que Alan Shearer, creía, percibía en torno a los tres millones. Más adelante averigüé lo que cobraban los jugadores. Marcelino, que fue fichado por Ruud, pero apenas jugaba, recibía un millón al año. Me ofrecían menos de la mitad de lo que ganaba Marcelino por estar sentado en el banquillo.» Finalmente, Robson se aseguró por lo menos la mitad del salario base de Marcelino, merced a un contrato de medio millón de libras esterlinas al año, además de sustanciales primas según los resultados.

La segunda mención es en relación con un incidente en el campo de entrenamiento y que contribuyó a los problemas de lesiones de larga duración del delantero Carl Cort. «Finalmente lo tuvimos sano. Estaba jugando un partido de entrenamiento cuando Marcelino, tenía que ser él, se le acercó por detrás y le derribó. Carl era un chico de piernas largas, un poco parecido a Bambi, en el choque se lastimó la rodilla. La siniestra ironía de este último contratiempo era que el propio Marcelino estaba teniendo muchos problemas con las lesiones. De modo que un jugador convaleciente lisió a otro.»

Marcelino sigue diciendo: «De todos modos, era más cosa de Mick Wadsworth, su ayudante. Yo había firmado en julio, y en septiembre ya hubo problemas graves. En la primera mitad del primer partido de la temporada contra el Aston Villa, sufrí una lesión en el muslo. Después jugué con dolor en un empate a tres contra el Wimbledon. Me recuperaba de la lesión cuando llegó el nuevo míster. En septiembre de 1999, yo era internacional con España y se acercaban un par de partidos. Había comunicado al seleccionador, José Antonio Camacho, que no podía ir porque estaba lesionado. Wadsworth me llamó al despacho para preguntarme por qué no jugaba con el Newcastle y me insultó. Me llamó ladrón y dijo que no jugaba ni entrenaba. Le respondí que hasta había renunciado a la selección porque estaba lesionado».

«Los médicos no quisieron asumir su parte de responsabilidad. Aceptaban la palabra de un futbolista sobre si podía jugar o no. Así que la responsabilidad era mía, de acuerdo con la cultura británica. Semanas después, dijeron: "¿Quieres jugar este sábado?". Respondí: "Claro que quiero, pero no puedo". Volvieron a decir: "¿Quieres jugar?". Así que contesté: "He estado parado seis semanas. Si queréis que juegue, de acuerdo, pero no podré hacerlo bien. Yo siempre quiero jugar". Fuimos a Leeds, perdimos por 3-2 y el míster compareció en rueda de prensa diciendo que Marcelino había estado espantoso y que dos goles habían llegado por su culpa. Eso fue después de que hubiese arriesgado mi cuerpo por ellos.»

Hubo otro episodio en Italia, cuando Marcelino se lesionó muscularmente en un entrenamiento en vísperas de un partido de la Copa de la UEFA contra la Roma. Era finales de noviembre. Recuperó la forma y la continuidad después del periodo navideño, pero entonces llegó otra lesión. «En enero, en un entrenamiento, choqué contra un compañero de equipo. Recibí un fuerte golpe en el tobillo. Yo no quería tener otro conflicto en el que el cuerpo técnico, que me acusaran de que no quería jugar. El fisio me aconsejó que no lo hiciera. Yo insistí en jugar y entrenar. Entonces me dañé los ligamentos. Fue un desastre y estuve en el dique seco durante el resto de la temporada. Me fui a España y estuve entrenando durante seis o siete horas diarias. Hacía una hora de bici, una hora corriendo, una hora en el gimnasio, en la piscina, todo eso. Me puse en un estado de forma excelente. Llegué temprano para la pretemporada y trabajé en el gimnasio. El equipo viajaría a Estados Unidos para hacer la pretemporada. Cuando hicieron pública la lista, yo no estaba en ella. Tuve que entrenar con los suplentes. El míster dijo que no había suficientes camas en el hotel, que estaba lleno. Después de recuperarme tan bien, fue un golpe duro que no me quisieran. La gente se volvió en mi contra.»

Ahí empieza una diatriba en tercera persona sobre versiones de los hechos distintas y noticias falsas que provocaría una sonrisa en el rostro del presidente americano Donald Trump. «En Inglaterra, los periodistas nunca saben qué pasa.

Solo saben lo que les dicen los clubes. Ni siquiera se presentan todos los días al campo de entrenamiento. Todo lo que se les dice es la "verdad oficial". ¿Cómo pueden saber si Marcelino entrena hoy o si Marcelino está lesionado? No se nos permitía conceder entrevistas sin el beneplácito del club. Nadie me llamaba para averiguar qué ocurría. En la prensa, decían que Marcelino estaba lesionado, que no quiere entrenar, que Marcelino vuelve a estar fuera. Decían que no viajaría a Estados Unidos porque se está recuperando de una lesión. Eran mentiras, mentiras y más mentiras.»

«Concedí algunas entrevistas en España. Entonces tuve problemas con el club y con el presidente. ¿Cómo podía haber dicho esas cosas? Le respondí que era la verdad. No tenía sentido. Si eres el presidente y quieres vender a alguien por cinco millones de libras esterlinas, debes anunciar al mundo que tu chico es estupendo y ha tenido mala suerte con las lesiones. No dices que es poco profesional, que no quiere entrenar y que no puede adaptarse al fútbol inglés. ¡Y entonces pides cinco millones por eso! Es absurdo. Yo estaba allí, viviendo en medio de ese sinsentido todo el tiempo. Había equipos en España y en Inglaterra que me querían, pero el Newcastle no me dejaba marchar. El Deportivo ya me quería antes de irme allí y seguía interesado. El Newcastle pedía a cambio un jugador más tres millones de libras.»

Entonces llegó el momento que definió su trayectoria en el Newcastle. Una vez que el equipo regresó de Estados Unidos, Marcelino fue invitado a entrenar con el primer equipo de nuevo. Tras tantos meses de recuperación, estaba en perfecta forma para iniciar la temporada. «¿Conoces la historia sobre mi dedo?», pregunta. Le digo que solo la versión oficial: el Newcastle creía que Marcelino era quizás algo débil, al no poder jugar con una lesión en el dedo.

Insiste: «Quiero que la gente del Newcastle sepa esto. Y allá va, la historia del dedo de Marcelino, ¡contada en primera persona! Contextualicemos: 20 de agosto de 2000, Old Trafford, Manchester United contra Newcastle United. Marcelino fue titular. Marcelino jugó un buen partido. El entrenador salió a la sala de prensa y lo reconoció. Hubo un saque de esquina y tuve que marcar a Ronny Johnsen. Forcejeamos por la posición, agarrándonos mutuamente. En medio de la refriega se me enganchó el dedo; él saltó y marcó. Sobre el terreno de juego, tenía el dedo torcido. Al descanso, le comenté al fisio que tenía un problema allí. Jugué la segunda mitad y me encontré bien. Seguidamente teníamos un partido contra el Tottenham en el St James' Park.

»El lunes fui a entrenar y el fisio dijo que el tendón se había salido de sitio. Explicó que si lo dejaba tal como estaba, perdería movimiento en el dedo. Entrené. Bobby Robson llegó hecho una furia y me dijo que debía ir al cirujano. Le dije: "Estoy bien, estoy entrenando, ya iré cuando termine". Me gritó: "¿Dónde está tu disciplina? ¡Ve a ver al cirujano!". Repuse: "Míster, iré al cirujano después del entrenamiento". Y él: "¡Vete al cirujano de una puñetera vez!". Así que acudo al cirujano del hospital Nuffield, en Newcastle. El hombre me dice que si no me fijan el tendón, podría perder el dedo. Le respondo que voy a esperar un par de semanas porque he empezado a jugar otra vez y no quiero desaprovechar la ocasión. El cirujano se negó. Explicó que estaría doce semanas de baja y que sería una recuperación muy delicada. Creí que bromeaba. "Ni hablar, no pueden ser doce semanas por un jodido dedo." El cirujano dijo: "Quiero que respetes mi trabajo; es un proceso de recuperación de tres meses". Yo me negué. Pero en el club me dijeron que tenía que operarme.

»El martes por la mañana, me operaron con anestesia. Al día siguiente, la cosa estaba muy fea. No podía mover el dedo. Horroroso. La mañana del miércoles dejé el hospital. El fin de semana siguiente había el partido contra el Tottenham. Fui al estadio y me sonó el teléfono. Era el delegado de la Federación Española. "Hombre, ¿cómo estás?". Creí que me llamaba a propósito de un pago o algo referente a una convocatoria anterior. Le expliqué el problema y me dijeron que el seleccionador había visto el partido contra el Manchester United y que me llamaría para la selección. Yo estaba en tribuna con la mano vendada: no podía ir.

»Al día siguiente salió en los periódicos: "Marcelino no quiere jugar porque le duele un dedo, bla, bla, bla…". Salió en la prensa, en la radio, en todas partes. No me lo podía creer. Es triste, ¿verdad? Esa es la explicación que los aficionados del Newcastle no conocen. Hoy en día, la habría colgado en Twitter o en Facebook. ¡Twitter me habría salvado el pellejo! No habría ocurrido nada parecido. Por entonces, existía la verdad oficial del club. No sé quién la dirigía.

»Fue una montaña rusa de emociones. Todo el mundo creía que yo no quería jugar en el Newcastle. La gente me insultaba por la calle. No podía entender qué decían exactamente, por el acento. Nadie del club me protegió. Nadie dijo la verdad. Cinco semanas después, Robson salió a decir que Marcelino tenía una lesión real. Esa fue la única vez. Yo me escondía en el estadio los días de partido, tenía miedo de aparcar el coche y que me vieran. Los periódicos estaban cada día en el comedor. "Inadaptado al Newcastle", "Fracaso en el Newcastle", todo eso. Cuando el equipo perdía, yo nunca jugaba. El equipo perdía y el titular era: "Marcelino no quiere jugar". Todo era culpa mía. Me llamaban ladrón y holgazán. Sufrí mucho.

»Fue una etapa complicada de mi vida. Durante la mayor parte de los dos últimos años, estuve con los suplentes con un contrato de Champions League. Mi única esperanza era mantenerme en forma con el sueño de que un día pudiera continuar mi carrera. Intentaba encontrar la motivación para entrenar. El segundo año resultó más difícil. Fue entonces cuando creí que mi trayectoria se había echado a perder. Sabía que no podría volver a jugar. Veía jugar al equipo, pero no podía aportar nada. No formaba parte del primer equipo en las comidas ni en las relaciones sociales. Era un jugador suplente. Vivía al lado de la ciudad deportiva. Desde mi ventana, podía ver las sesiones preparatorias del primer equipo: eso se me hacía todavía más duro».

Abandonó el club en el verano de 2003 y se retiró al año siguiente, a los treinta y tres años, después de jugar una temporada entera con el equipo de Segunda División española Poli Ejido. El posterior derroche del Newcastle en talento español no terminó mucho mejor, por cuanto se gastaron 9,5 millones de libras esterlinas [11 millones de euros] en el delantero internacional del Deportivo de La Coruña Albert Luque, quien firmó en 2005. Sin embargo, su momento más memorable en el Newcastle fue una experiencia cercana a la muerte. Luque iba de camino al aeropuerto para desplazarse al partido de la Copa de la UEFA entre el Newcastle y el Eintracht de Fráncfort en noviembre de 2006 cuando su Porsche pinchó una rueda. Cuando se apeó para llamar por teléfono, un camión aplastó el coche. «Me aparté de un salto y caí en una fosa. Supuse que el conductor del camión no había visto mi coche. De no haber saltado, seguramente no estaría aquí ahora. Me siento afortunado de estar vivo. Si no hubiera visto el camión o me hubiera quedado dentro del auto, ahora estaría muerto.»

Marcelino tuerce el gesto: «Es curioso, hablé con Luque cuando firmó: "No hagas esto, haz aquello, etc.". Cuando le empezaron a ocurrir cosas malas, me sentí identificado. Estaba preocupado por él. Pero, en realidad, Albert parecía estar bien y disfrutar de la experiencia. Yo tenía que fichar todos los días antes del mediodía, incluso cuando no había nadie. Así que ya no viajé a ninguna parte. Si el equipo tenía un par de días libres, yo aún tenía que fichar en el complejo de entrenamiento. Era un castigo, supongo. En el caso de Luque, había veces que regresaba a Mallorca a pasar unos días y parecía muy contento. Luque solo jugó algunos partidos más que yo... ¡Eso lo dice todo!».

7

Liberación

A Brian Clough le gustaba venir aquí en la década de los setenta. Fue aquí donde su equipo, el Derby County, comprobó que se habían asegurado el título de la liga inglesa en 1972. Más tarde, en el Nottingham Forest, Clough y su ayudante Peter Taylor tomaron tanto cariño a este lugar que llegaron a llamarlo su «sucursal». «Aquí» es Cala Millor, el complejo mallorquín donde los alicientes empiezan y acaban con sol y playa. En su autobiografía, Clough decía con entusiasmo: «Nadie quería perderse nunca un viaje allí, ya fuese en verano o a media temporada, cuando nos apetecía romper con la rutina de siempre. En Cala Millor hemos disfrutado de algunos de los mejores momentos de nuestras vidas. De hecho, aún conservo la costumbre de dejar algunos billetes de pesetas en el cajón de mi mesita de noche. Les echo una mirada de tarde en tarde para recordarme que no pasará mucho tiempo hasta que vuelva allí».

En parte, Clough atribuía su mayor éxito, la victoria del Nottingham Forest por 1-0 sobre el Hamburgo en 1980, al escondrijo mallorquín. El triunfo del Forest en el estadio Santiago Bernabéu aseguró un segundo trofeo consecutivo en la Copa de Europa. El cuadro de Clough sigue siendo el último equipo inglés en lograr tal proeza. Al término de una temporada de sesenta partidos, se imponía un poco de relajación.

Pep Guardiola se estremecería ante cómo ve Clough la preparación. «Estábamos en un presidio genial —dijo

Clough—. Pasamos la semana antes de la final en Cala Millor, sin hacer absolutamente nada. Anuncié a los jugadores que no habría entrenamientos ni formalidades. Se trataba de ponerse pantalón corto y unas chancletas y bajar a la playa. Y, por la noche, tomaos alguna copa, pero si a la mañana siguiente tenéis jaqueca no vengáis a quejaros. Tampoco nos preocupamos por los plazos señalados o como se llamen. Los jugadores iban y venían cuando querían. Y si no llegaban hasta las dos de la madrugada, dormían hasta las once. La última cosa que necesitaban era una paliza física o aburrirse como ostras ensayando faltas. Ni siquiera necesitaban ver un balón de fútbol. Pero yo sabía que la siguiente ocasión en que posaran los ojos en uno, sobre el césped del estadio Santiago Bernabéu, lo recibirían como si fuese un viejo amigo al que habían perdido de vista.»

Casi cuarenta años después, constato que Cala Millor ya no es tan estimulante. Faltan tres días para Navidad: fuera de temporada, el lugar presenta todos los signos de una ciudad fantasma. Una melancolía desoladora atenaza las desiertas extensiones de una playa arenosa azotada por el viento. Muchos de los restaurantes locales tienen las persianas bajadas. Hay una tienda abierta a la vuelta de la esquina del hotel: con sumo optimismo, exhibe colchonetas de playa. Los visitantes son jubilados: una pareja alemana por aquí, un septuagenario ruso por allá, algunas viudas británicas que juegan al *bridge* en el salón del hotel por la noche.

En el bar junto a la piscina, un futbolista echa una ojeada a su alrededor. No es un jugador reconocible a simple vista. Solo los más locos de este deporte lo conocerán por el nombre. Muchos de los futbolistas y entrenadores entrevistados en este libro confesaron que no lo recordaban en absoluto. Pero Lionel Messi sí sabría su nombre. Hace algún tiempo, fue su capitán. Ahora tiene treinta y dos años, está retirado y es recepcionista de hotel. Es Arnau Riera.

La suya es una triste historia. No es una biografía desdichada ni el relato de un genio perdido, sino la narración de un potencial explotado, de la incertidumbre del deporte, y un ejemplo admonitorio para aquellos españoles que dan el salto a Inglaterra. Riera se crio en las Baleares, donde jugó en el equipo juvenil del Real Mallorca antes de ser descubierto por el Barcelona. No fue uno de los jóvenes valores, como Andrés Iniesta, detectados a una edad temprana y formados en la Masia. Fichó en el año 2000, cuando ya tenía diecinueve años.

Riera explica: «Mi contrato con el Mallorca expiró. Entonces me llegó la oportunidad de realizar unas pruebas en la Masia. Tenía un agente catalán y sabíamos que el Barcelona me había estado siguiendo durante los años de juvenil. Le marqué dos goles al Barcelona en juveniles. Encajaba con su perfil. Era buen pasador, pensaba rápido y siempre trataba de romper líneas. Supongo que era un pivote al estilo Guardiola o Busquets. Fui a hacer las pruebas. Estuve allí una semana y firmé un contrato. Setecientos euros al mes. Vivía en uno de los dormitorios que daban al estadio. Empecé con el Barcelona C. Muy pronto, el entrenador Quique Costas me quiso en el Barcelona B. Estaban Iniesta, Thiago Motta, Víctor Valdés, Oleguer Presas, Fernando Navarro: un equipo cojonudo. Jugué todos los partidos y fuimos campeones».

Riera se convirtió en el capitán del equipo B. En una encuesta realizada en el *Mundo Deportivo* en 2004, se le señaló como el siguiente jugador que llegaría al primer equipo. Entonces irrumpió un pequeño argentino. «En el Barcelona, uno está acostumbrado a que lleguen chicos con mucho talento. Habíamos oído rumores, pero Messi solo tenía dieciséis años. Recuerdo un jugador muy rápido y ágil, pero también muy introvertido. Sin embargo, cuando cogía el balón, nos dejaba boquiabiertos. Normalmente, cuando un chico sube desde la categoría inferior, no se atreve a asumir más responsabilidad. En su caso, era algo natural. Como si fuese inmune a la presión. Jugaba para divertirse, como un niño pequeño haciendo un rompecabezas, totalmente concentrado. Yo siempre estaba más inquieto. Mi mayor desventaja era que pensaba demasiado. Daba demasiadas vueltas a lo que podía salir bien y a lo que podía salir mal. Teníamos psicólogos del deporte para mejorar el rendimiento, tanto individual como colectivo. Yo dependía de ellos. Messi también trabajaba con ellos.»

Riera firmó una ampliación de contrato y pasó a ganar

dos mil trescientos euros semanales. Vio desaparecer a sus compañeros, uno tras otro, detrás del horizonte: rumbo al primer equipo. Entonces llegó la oportunidad de Riera cuando el entrenador del Barcelona, Frank Rijkaard, le invitó a incorporarse a la pretemporada del equipo en el verano de 2004. «Estábamos en las montañas. Recuerdo que había ido allí sin sentirme del todo listo. El Barça B tenía un nivel alto, pero el primer equipo estaba en la estratosfera. Estaban Ludovic Giuly, Samuel Eto'o y Ronaldinho. Aquel verano ficharon a Deco del Oporto. Estamos hablando de superestrellas. Yo me esforzaba mucho por seguir aquel ritmo. La velocidad de pensamiento y de movimientos era distinta…, un tiempo de reacción diferente, todo. También el ambiente era difícil. Debía ganarme su respeto, y eso costaba trabajo. Es todo ese rollo de la masculinidad. En el vestuario prima la testosterona y tienes que responder. Si no lo haces, es muy complicado.»

Se detiene a tomar un sorbo de su café. «Para ser sincero, me sentía aislado. Yo… los veía como grandes jugadores y quería que ellos pensaran lo mismo de mí. Pero sabía que no lo hacían. Era una sensación fría. Quería adaptarme, pero no encajaba. Quería demostrar mis capacidades, pero no podía. Intercambiaba cuatro cumplidos con ellos, pero no establecía relaciones.»

Planteo si se habría podido hacer algo más para favorecer la integración, si es un entorno saludable para los jóvenes. «En general, existe individualismo. Es curioso. Si me preguntas qué es lo que más echo de menos del fútbol, te diré que es estar dentro de un vestuario. Pero era también la parte más difícil del fútbol. En total estuve cinco años en el Barça. Me eligieron varias veces para jugar con el primer equipo. En realidad, nunca llegué a creerme que lo conseguiría. Me daba cuenta de lo alto que era el nivel. No sé, quizá me faltó algo de ambición. Yo venía de un pueblo pequeño y tenía expectativas más limitadas. Llegué a un club con unas dimensiones sociales extraordinarias. Era como si sintiera vértigo, mareado por las alturas que debía escalar. Llegabas al equipo, entrabas en el estadio: era algo abrumador.»

«Lo increíble de los chicos que lo consiguen es su regularidad, en el entrenamiento y en los partidos. Eso es lo que distingue a los mejores del resto. No aceptan dos o tres pequeños errores. Son castigados. Supongo que el fútbol te pone en situaciones que tienes que superar. Durante el tiempo que pasé en el Barcelona, había centrocampistas como Xavi, Phillip Cocu, Luis Enrique, Andrés Iniesta, Thiago Motta: todos estaban ahí.»

Para decirlo con la jerga de sir Alex Ferguson, Riera no se «centró» en convertirse en jugador del primer equipo del Barcelona, pero eso no es algo de lo que avergonzarse. La historia reciente del fútbol inglés está llena de ejemplos de jugadores que tuvieron que dejar atrás su educación en el Barça y embarcarse en una aventura en la Premier League. Mikel Arteta es uno de esos futbolistas.

Arteta se crio en San Sebastián, la pintoresca ciudad vasca nombrada Capital Europea de la Cultura en 2016. Sus paseos están flanqueados de bares de pinchos. «Es un lugar único. —Arteta sonríe—. Hay algo particular en los vascos. Tenemos nuestra lengua, contamos con una historia nacional que se transmite de una generación a otra, y eso siempre deja una sensación muy profunda dentro de uno. En la escuela, te impregnas de todo eso. Es una ideología; nuestros abuelos solo hablan en vasco entre sí. Tenemos un carácter fuerte y algo introvertido. Creo que es leal y franco a la vez.» Las recomendaciones para los bares de pinchos incluyen el *txakoli* (el vino blanco seco de la región), las guindillas y el bacalao.

Me encuentro con Arteta en una salita en las instalaciones de entrenamiento del Manchester City. Ahora es miembro del cuerpo técnico de Pep Guardiola. A los catorce años, tomó la decisión de dejar su patria chica para irse al Barça. «Veinte años atrás esto no era normal, pero mis padres sabían que mi sueño era fichar por el Barcelona. Recuerdo la pasión que sentía al verlos cuando era niño. No sé cómo explicarlo, pero me emocionaba, me hacía sonreír, me hacía querer ser como ellos. Era el equipo de Michael Laudrup, Pep Guardiola, Romario, Ronald Koeman, Hristo Stoichkov y más adelante el brasileño Ronaldo... La lista es enorme.»

«Yo quería formar parte de aquel tapiz increíble. Veía el Barcelona como la expresión más hermosa del fútbol. Siempre he creído que tienes que ser feliz haciendo lo que haces, y el estilo que juega el Barcelona es el más capaz de ponerte una sonrisa en la cara. Mis padres sabían que no tendrían voz en aquello. ¿No me dirían "espera a ver." o "quizá deberías quedarte"? No, no, no. Había estado entrenando un poco con el Athletic de Bilbao y mis padres trataron de persuadirme, pero a mis catorce años lo tenía muy claro.»

«Dejar mi familia fue muy difícil. Sin embargo, llegué a un equipo fuerte. Establecimos una relación muy estrecha. Pepe Reina ocupaba la misma litera, él arriba y yo abajo. Había momentos en que todos nos necesitábamos emocionalmente. Uno echa de menos a sus padres, a su familia.»

Reina recuerda una inquietud similar al incorporarse a la Masia. «Me acuerdo de la fecha: 28 de agosto de 1995. Tenía doce años; me faltaban diez días para cumplir los 13. Me acuerdo de que estaba nervioso, casi temblaba. Me marchaba de casa. Mi padre insistió en que se trataba de algo más que de hacerse futbolista. No dejaba de decir que se trataba de convertirse en una buena persona, estudiar mucho, todo ese rollo. Llegué allí solo y sentí miedo. Uno piensa: "¿Soy lo bastante bueno?". "¿Les caeré bien?" Empecé a recibir largas cartas de mis padres; me afectaban, porque añoraba mi casa. Finalmente, tuve que rogarles que dejaran de mandarlas porque no me sacaba de encima esa morriña. Les dije a mis padres: "Podemos hablar por teléfono, pero nada más".»

Arteta sigue diciendo: «En nuestros dormitorios estaban Reina, Valdés, Iniesta y Carles Puyol. Recuerdo que había un tipo llamado Haruna Babangida. Vaya, a sus quince años era el mejor jugador del mundo. No sé expresar con palabras el talento que tenía. Terminó en Grecia, Chipre y Rusia. Habría tenido que ser una estrella. Estaba Nano, un extremo que llegaría a jugar en el Barcelona y en el Atlético de Madrid. Jofre, un centrocampista que ha tenido una buena trayectoria en España, y también Mario Rosas, que era muy amigo de Xavi». Arteta sacude la cabeza al recordar el potencial sin explotar de Babangida.

Debe de ser una adolescencia extraña la que se vive en la Masia, donde cada amigo es un rival, donde el impulso juvenil se inhibe. «Teníamos normas muy estrictas —dice Arteta—. Pero cuando podíamos, hacíamos ciertas cosas. Cuando uno tiene quince años, ¡tiene ciertas necesidades! Se descubre a sí mismo, las hormonas se vuelven locas... Es un proceso. Es también una prueba académica, porque nuestras jornadas se dividían entre las clases y los entrenamientos. Es penoso cuando está muy claro que un chico no será bueno por motivos ajenos a su talento. Lo único que puedes hacer es orientar, advertir y aconsejar, pero si no quieren escuchar y no pueden cambiar..., entonces es su problema. Si estás en un entorno y tienes todo lo que necesitas, todas las herramientas para triunfar, y es tu sueño y lo desperdicias, entonces queda claro que no quieres hacer sacrificios.»

En la Masia, los técnicos andan buscando los intangibles que escapan al talento puro. Martínez Vilaseca era el director de la escuela en una época en la que una generación gloriosa accedió a la adolescencia. Es el responsable de descubrir a Carles Puyol, Cesc Fàbregas y Bojan Krkic, y guio a esos jugadores a través de las categorías inferiores.

Dice: «Se trata de la persona, su actitud, cómo entrena, la inteligencia en el juego. Cesc era un centrocampista con precisión en el pase, que sabía luchar y que marcaba goles desde el medio campo. A sus diez u once años, se le veían las mismas cualidades que vemos hoy, esa inteligencia posicional, esa visión de pase. Xavi era igual. Pero existe algo más que la calidad. Se trata de su personalidad, su determinación, su deseo de triunfar. Hace poco vi a Mario Balotelli jugando en el Liverpool contra el Manchester United; trataba de cambiar el juego. Hizo dos o tres cosas muy buenas, pero también cometió estupideces, cosas irresponsables. A lo largo de una carrera, la calma y la conducta es importante. En mi opinión, lo más importante. Tienes que formar seres humanos y prepararlos no solo para que sean futbolistas, sino también para que triunfen en la vida real. No todo el mundo lo logrará en el Barcelona: debemos enseñarles la mejor forma de actuar».

Arteta fue uno de los que no lo lograron en el Barcelona.

Se incorporó al Paris Saint-Germain con diecinueve años. Había pasado algún tiempo con el primer equipo a las órdenes de Louis van Gaal, compartiendo las mismas inseguridades que Riera al entrar, esta vez en un vestuario con Luis Figo y Rivaldo. «Siempre me ha quedado dentro esa duda persistente de qué hubiera ocurrido si no hubiese decidido dejar el Barcelona. Thiago Motta, por ejemplo, se quedó algún tiempo, pero hubo épocas en que no jugó nada y no llegó a primer plato. Yo tuve la oportunidad de jugar con frecuencia en el PSG. Era muy autocrítico y quizá también me faltaba confianza en mí mismo. Pep todavía estaba allí, rindiendo a su más alto nivel. Xavi era Xavi, y ni siquiera a él le daban un partido en aquella época. Así que pensé que me llevaría unos tres años abrirme camino. No podía permitirme parar durante dos años y frenar mi evolución. Luis Fernández, el entrenador del PSG, me dijo que me haría jugar. Mi sueño era jugar en el Barcelona, pero por encima de todo era ser futbolista profesional.»

En los últimos años, hemos visto correr una suerte similar a algunos graduados de la Masia: Pepe Reina en el Liverpool, Oriol Romeu en el Chelsea y el Southampton, Bojan Krkic y Marc Muniesa en el Stoke City, o Gerard Deulofeu en el Everton. Hasta Fàbregas, aquel talentoso centrocampista, tuvo que regresar a Inglaterra con el Chelsea, tras ser incapaz de hacerse un hueco en el primer equipo del Barcelona. Sin embargo, la experiencia de Riera fue bastante más discordante. En el verano de 2006, le llegó el momento de dejar Barcelona. Para entonces tenía veinticinco años. Inglaterra atraía. Rafa Benítez había llegado al Liverpool y ganó la Champions League. Los jugadores españoles viajaban con mayor libertad.

Reanuda el relato: «Una agencia británica llamada SEM se implicó; un agente, Craig Honeyman, llevó mi caso. Sugirieron un traslado a Inglaterra; me interesaba mucho. Quería cambiar de cultura. Quería aprender un idioma. Estaba estancado en el Barça. Anteriormente habían llegado ofertas y las había rechazado para seguir con Quique Costas. Craig me llamó y me dijo que el Hearts estaba interesado en hacerme una prueba. Tomé un avión hacia Londres. Entonces, de repente, apareció el Sunderland. Dije que no sabía gran cosa de ellos, pero adelante. Fui a la Academy of Light, pasé allí tres o cuatro días entrenando, y me alojé en el Marriott Hotel, junto al mar».

«Disputamos un partido contra un equipo sub-21. Craig negoció un contrato de tres años. Yo estaba muy contento. Jugamos los primeros partidos de pretemporada. Recuerdo que, después de uno de ellos, mi amigo Andy Mitten [un periodista inglés] me acompañaba desde el estadio al hotel. Nos paramos a beber en un pub y estuvimos charlando con aficionados del Sunderland. Él me presentó a esos hinchas y resultó que un tipo sentado a la mesa alquilaba un piso. Era un bonito apartamento junto al mar, en Sunderland. Muchos vivían en Durham, pero yo quería estar cerca de la afición, palpar el club.»

«El Sunderland estaba en la segunda división y sumido en el caos. La situación era de locos. Niall Quinn se había convertido en el presidente, pero también era el entrenador. Aquello no duró mucho tiempo. Yo no había visto nunca nada igual... ¡Imagínate a José Mourinho como presidente y entrenador! Los resultados eran malos. Las sesiones de entrenamiento eran deficientes. Recuerdo decirle a mi padre que perdíamos porque entrenábamos como un equipo *amateur*. No era lo bastante bueno. La metodología era mala, estaba mal organizada y entrenábamos sin la preparación táctica y física adecuadas. No había nadie que nos preparara físicamente. En los entrenamientos jugábamos partidillos sin objetivos. No quiero parecer arrogante, pero imagínate eso comparado con el Barcelona. Debíamos preparar la organización defensiva y trabajar en la transición. Teniendo en cuenta el tamaño del club y la ambición y la capacidad del estadio, daba pena verlo. El Sunderland tiene un estadio más grande que el Valencia, probablemente el quinto equipo de España. Pero el Sunderland siempre está en la lucha por evitar el descenso o en segunda división. La región se merece algo mejor.»

Cuando se llevaban disputadas cuatro jornadas, Roy Keane fichó como nuevo entrenador. Era el primer puesto como técnico del excentrocampista del Manchester United. «Roy tenía ideas claras. Hubo seis fichajes inmediatos y casi otras tantas bajas. Me mandaron cedido al Southend por un mes. Keane no me quería: fue sincero, directo. Me llamó a su despacho. Me habían expulsado en un partido de Copa, en mi segundo encuentro. Fue una acción estúpida. Estaba demasiado desesperado por causar buena impresión y me excedí. Roja directa. Me suspendieron durante cuatro partidos, que coincidieron con la llegada de Keane. Supongo que nunca había oído hablar de mí. Me había fichado el presidente. Keane no dio ninguna explicación. Tan solo me dijo que yo no entraba en sus planes.»

En el deporte profesional, los cambios pueden ser inhumanos, tal como comprobó Riera. «Supuso una gran conmoción. Había firmado un contrato por tres años y había cambiado de país. Había crecido viendo a Roy Keane y me hacía mucha ilusión aprender de él. Me entrenaba, siempre en solitario. La única vez que Keane me habló fue cuando necesitó un par de jugadores de relleno para una sesión de entrenamiento.»

La cesión por un mes al Southend fue un fracaso. Riera entonces cruzó la frontera hacia el norte, hasta Falkirk. «Al final de aquella temporada, Dwight Yorke vino a verme. Había quedado impresionado al verme entrenar. Me dijo: "Tengo un amigo en Falkirk, plantéate ir allí". Así que fui y pasé dos años estupendos. Marqué un golazo contra el Rangers, en Ibrox. Había una divertida tradición en la que nos retábamos a chutar al larguero; luego te tirabas al barro en la época más húmeda del año. Empecé a trabajar en la Carrongrange School de Falkirk. Era una escuela para niños necesitados, a la que acudía como voluntario un día a la semana. Estudié para obtener el título de educación social. Me gustaba ayudar.»

Después de Falkirk, se incorporó al Atlético Baleares de Mallorca. Ese mismo verano, en 2009, sus antiguos compañeros de equipo Valdés, Iniesta y Messi habían levantado el trofeo de la Champions League tras derrotar al Manchester United en la final de Roma. «Yo quería regresar a España, pero volví y sufrí una terrible lesión, de ligamentos cruzados. Todo se hizo más difícil. Supe que era mi final al máximo nivel. Me operaron. Durante el periodo de recuperación fui a Sunderland, donde utilicé las instalaciones del club. Niall Quinn me dejó usarlas gratis y me quedé con Julio Arca.»

«Cuando me recuperé, entonces me dañé la otra rodilla, porque compensé en exceso. Las lesiones de ligamentos de la rodilla son muy jodidas. Seis meses, como mínimo: los músculos necesitan fortalecerse. Eso mengua tu confianza. Cosas que antes dabas por sentadas, las piensas dos veces. ¿Puedes lanzar un disparo desde veinticinco metros? ¿Puedes arriesgarte a hacer una entrada en *tackle*? En Inglaterra, no puedes estar pensando en estas cosas. Tienes que ir a por todas, al cien por cien para triunfar.»

«Me retiré a los treinta y un años. Durante algún tiempo, sentí ese vacío tan deprimente. Poco a poco, tuve otros problemas musculares. Parar fue una decisión natural. Me mataba, pero sabía que no tenía más remedio. Fue muy duro. Me gustaba el fútbol desde pequeño. Es mi vida y me definirá siempre. De crío, leía revistas y coleccionaba cromos, hablaba de tácticas con los amigos de la escuela, crecí venerando a mis ídolos. Mi frustración es que no llegué al nivel que habría podido alcanzar. En realidad, ni siquiera me acerqué. Ahora estoy terminando mis estudios de educación social. Es fascinante. Puedo trabajar en la recepción de este hotel, gracias a mi inglés. Necesito trabajar.»

Arteta hincha las mejillas cuando se le recuerda la trayectoria de Riera. También él llegó al norte de las islas británicas cuando lo traspasaron al Glasgow Rangers en el verano de 2002. Quince años después, sigue trabajando en el Reino Unido. Solo regresó un año a España, para jugar en la Real Sociedad durante la temporada 2004-05. Posteriormente, estuvo seis años en el Everton a las órdenes de David Moyes. Más tarde, cinco temporadas en el Arsenal bajo la dirección de Arsène Wenger, donde llegó a ser el capitán del equipo y levantó la FA Cup en dos ocasiones.

En Merseyside, vivía casi al lado de su amigo íntimo y rival de club, el portero del Liverpool Pepe Reina. «La verdad es que quería quedarme en París, era muy feliz allí y teníamos un equipo con mucho talento. Era un vestuario increíble: Ronaldinho, Mauricio Pochettino, Nicolas Anelka, Jay-Jay Okocha, Gabriel Heinze. Había mucha libertad y confianza. Si querías salir de noche, salías. Si querías ir a beber, bebías. Había poco rigor, escaso control. El problema fue que el Barça había hecho algunos fichajes malos; necesitaban dinero y pedían al PSG una fuerte suma para contratarme. El Rangers llegó con el dinero y el Barcelona decidió que tenía que ir allí.»

«El Rangers era un gran club que estaba en la Champions League. Ronald de Boer, Claudio Caniggia, Fernando Ricksen... Teníamos un equipo formidable. Ofrecían dinero para asegurarme el porvenir y tomé esa decisión. Era un buen puente para llegar a la Premier League. Mis padres y mi hermana se vinieron a vivir conmigo: fue una experiencia bonita y surrealista. Ninguno sabía ni media palabra en inglés. ¡Ahora todos lo hablamos con acento de Glasgow! El mío está mezclado con el de Liverpool. Ganamos el triplete con el Rangers por primera vez en no sé cuántos años. Acudimos a una escuela de idiomas. Mi hermana entró a trabajar en la BBC y se quedó allí varios años. Íbamos en familia a ese centro de idiomas e hicimos amigos de todo el mundo. En casa recibíamos a marroquíes, libaneses, griegos...: un perfecto batiburrillo. Nos entregamos por completo.»

«Resulta evidente que el fútbol te exige pensar distinto. Si vas a alguna parte, tienes que ser realista y saber que no puedes exigir que todo el mundo se amolde a ti. Debes adaptarte, cambiar, convencerte de la nueva forma de vida. Yo habría podido ser negativo. El tiempo es malísimo, hace viento, hace frío, llueve; caen balones largos en estadios pequeños. Pero me lo tomé como un aprendizaje. Lo primero, siempre, es entender lo que el míster quiere de ti; luego se trataba de llegar a conocer lo mejor posible a los jugadores que te rodeaban. Si haces estas dos cosas, no puedes equivocarte mucho como futbolista.»

Como jugador, Arteta ha competido en los derbis más feroces, como miembro del Rangers contra el Celtic, como integrante de la Real Sociedad contra el Athletic de Bilbao, como jugador del Everton contra el Liverpool, y como futbolista del Arsenal contra el Tottenham. ¿Cuál era el más febril? «¡El de Glasgow! —Sonríe sin dudarlo un segundo—. Si hablamos de ambiente, un Rangers-Celtic lo supera todo. Joder, no he visto nada igual. Es agresivo, apasionado e histórico. En el vestuario se respira tensión. Hay muchos gritos y una gran motivación. Es eléctrico. Recuerdo la primera vez que jugué uno de esos partidos...»

Frunce los labios para imitar el sonido de un zumbido y hace girar el índice a toda velocidad. «Es como si estuvieras dentro de una lavadora a mil kilómetros por hora. Soy un jugador que intenta imponer el juego, pero en ese partido no puedes. Ni siquiera lo intentas. Aquello no para. Un toque, ¡bam! Al siguiente toque, ¡buf! Entrada, disparo, córner, ¡ya estamos otra vez! Es de locos.»

En el Arsenal, Arteta regresó a la élite y jugó a las órdenes de un técnico que parecía compartir su idea de juego. Un periodista escribió en *The Times* que Arteta «apenas podría ser una manifestación más próxima de los ideales de Arsène Wenger si empezara a llevar una de las holgadas chaquetas de su entrenador». Ahora que las facultades de Wenger menguan y los hinchas ponen el grito en el cielo contra el técnico francés, se le acusa de haber quedado desfasado. Conviene recordar que él trajo esa querencia por el juego artístico mucho antes de que Guardiola desembarcara en las costas británicas.

La nueva función de Arteta como entrenador ha propiciado una reflexión más profunda sobre la aportación y la longevidad de Wenger. «Tal como van las cosas, nadie repetirá lo que él ha conseguido en el Arsenal. No veo a nadie de ese nivel capaz de aguantar veinte o más años. Nadie lo logrará. Es imposible. Arsène tiene una idea clara de lo que quiere. Conoce el perfil de jugador que necesita y sabe qué quiere que haga. Da a los jugadores permiso y libertad para tomar sus propias decisiones sobre el terreno. Deposita mucha confianza en los futbolistas porque quiere que el jugador se exprese y tome decisiones por sí mismo.»

«Es increíblemente leal: leal a sus jugadores y leal a su estilo de juego y su cuerpo técnico. Es raro dar con eso en el fútbol. Sé que le han criticado por ser demasiado leal a determinados jugadores en estos últimos años, pero yo prefiero que alguien sea demasiado leal que nada leal. Serlo en exceso no es nada malo. Desde luego, nadie está libre de tomar grandes decisiones, pero es que él ha tomado muchas a lo largo de su carrera.»

Se remueve en su asiento, se frota las manos nerviosamente y luego se pasa una mano por la barba incipiente de un modo espeluznantemente parecido a como lo hace su mentor, Guardiola. «Ahora todo el mundo tiene una opinión. Hay demasiado análisis. Ahora tenemos millones de entrenadores de fútbol. Todo el mundo se considera un entendido. La gente habla de política, y se creen capaces de llegar a primer ministro. También tienen las soluciones para la economía. Pero, por muchos que sean los que crean saber de política o economía, no son nada en comparación con los "expertos" en fútbol. ¡En el estadio hay setenta mil entrenadores!»

Arteta defiende a Wenger, pero está claro que su mayor influencia sigue siendo el Barça, su primer y único amor verdadero en el fútbol. Por eso siguió a Guardiola al City. En su opinión, el fútbol debería ser como lo ve Pep: rapidez, habilidad, fluidez y aventura. Él, como Guardiola, se sentía cómodo jugando en el centro del campo. Muchos creen que es una ventaja para ser luego entrenador. No hay que mirar muy lejos: Antonio Conte, Luis Enrique y Pep Guardiola eran centrocampistas, igual que técnicos prometedores como Roberto Martínez, Slavisa Jokanovic y Òscar García.

Sin duda, esa es la visión de Jordi Cruyff, que ha trabajado como director deportivo en el club israelí Maccabi Tel Aviv en estos últimos años. «Jugué con Pep en el Barcelona y me di cuenta de que poseía la inteligencia necesaria para ser un gran entrenador. No era un jugador rápido ni fuerte. Eso implicaba que tenía una técnica excelente con el balón. No me refiero a hacer malabarismos y trucos con la pelota. Habló de técnica en la toma de decisiones y de su primer toque; también con su fútbol a dos toques. Eso le confirió un sexto sentido: no tenía la rapidez, explosividad o resistencia, no sabía saltar. Todo se basaba en inteligencia, movimiento y anticipación. Todo era meditado y bien pensado.»

Arteta sigue esta línea: «Es mucho más sencillo para un jugador si es capaz de procesar la imagen de dónde estará su compañero de equipo antes de recibir el balón. Si estoy en la cocina y sé que los vasos siempre están dentro de ese armario, consigo un vaso de agua con mayor rapidez. Si, todos los días, mi esposa empieza a cambiar los vasos de un armario a otro, me volveré loco y tardaré más tiempo en conseguir mi vaso de agua. Lo mismo ocurre con el fútbol. Si tienes una metodología clara y miras siempre a tu alrededor, tu rendimiento mejora. Si sabemos que nuestro extremo estará pegado a la línea de cal, primer toque y, ¡zas!, ya tiene el balón. En eso, Paul Scholes era excelente».

La incursión de Arteta en el fútbol inglés salió tan bien que estuvo a punto de jugar con Inglaterra. En 2010, había perdido la esperanza de entrar en el equipo nacional español y el seleccionador de Inglaterra, Fabio Capello, se puso en contacto con él. Bajo la legislación europea, podía obtener la ciudadanía británica tras cinco años de residir en el país. El capitán de Inglaterra, Steven Gerrard, estuvo de acuerdo: «Nada me gustaría más que ver a Mikel Arteta disponible para la selección. Uno quiere jugar con los mejores. Si eso mejora el equipo de Inglaterra, por supuesto que me gustaría verlo».

Algunos no se tomaron la noticia demasiado bien: jugar con Inglaterra debería reservarse a los nacidos y educados en el país. Entre bastidores, los dirigentes de la FA se sentían incómodos con la idea, que no dejaba de ser interesante teniendo en cuenta que habían contratado a un hombre, Capello, que apenas era capaz de conversar en inglés. Ya hace tiempo que Alemania, Portugal y España cuentan en sus filas con jugadores nacionalizados.

Había precedentes. Alfredo Di Stéfano, el legendario delantero del Real Madrid, jugó para tres países. Después de hacerlo con su país natal, Argentina, representó a Colombia tras fichar por Millonarios y más tarde jugó con España, cuando se incorporó al Real Madrid. Ferenc Puskás y Laszlo

Kubala jugaron en la selección española tras desertar de su país de origen, Hungría. Más recientemente, Winston Reid, el defensa del West Ham United, representó a Dinamarca en la selección sub-21 antes de convertirse en jugador sénior de Nueva Zelanda. La familia de Reid abandonó la nación de los kiwis rumbo a Escandinavia cuando él tenía diez años.

Arteta es un hombre sofisticado, de ojos pequeños y oscuros, inteligente. Habla siete idiomas. Creció hablando español, vasco y catalán, adoptó el francés en el PSG, luego el inglés en el Rangers, antes de aprender portugués cuando se hizo amigo de Nuno Valente en el Everton. También chapurrea el italiano. «Ciertamente, ahora me siento inglés, en parte. También me sentiré siempre vasco, pero estoy muy agradecido. Estaba abierto a ello cuando Capello me lo propuso. Burocráticamente, era complicado y resultaba difícil. Había que pensarlo. Me sentía inglés y estaba dispuesto, pero finalmente las reglas de la FIFA lo impidieron. Sin embargo, estoy muy orgulloso del fútbol inglés. El juego ha evolucionado muchísimo. Cuando llegué, no era lo que podía esperar un deportista de alto nivel en España. Entonces se jugaba un fútbol de sentido único: balones largos y grandes retos.»

Al final del milenio, así se percibía el fútbol británico: torpe y autoritario, arrogante e insular, a nuestro modo o a la calle. Si los ibéricos se consideraban puristas, los ingleses retrógrados eran apóstatas. Sin embargo, poco a poco la Premier League fue una zona de amable pastoreo para nombres ilustres del fútbol español. Jugadores como Fernando Hierro, Michel Salgado, Gaizka Mendieta e Iván Campo protagonizaron traspasos lucrativos en fases más o menos avanzadas de sus carreras. Algunas célebres importaciones de la Liga, como Noureddine Naybet y Patrick Kluivert, encontraron también existencias cómodas y bien remuneradas en Inglaterra.

Tras pasar catorce años en el Real Madrid, en los que ganó la Copa de Europa en tres ocasiones, Fernando Hierro dijo que fichar por el Bolton Wanderers de Sam Allardyce en

2004 era un «cuento de hadas». Costaba creerlo. No obstante, cuando lo entrevisté en el despacho en la ciudad deportiva del Real Oviedo, cuando era su primer entrenador, parece sincero. Hierro fue una figura majestuosa en el fútbol español, un central goleador (veintinueve tantos en ochenta y nueve partidos con la selección). Sonríe al recordar sus tiempos como el jefe del vestuario del Real Madrid. Steve McManaman admitió en cierta ocasión que «no ocurría absolutamente nada sin autorización de Hierro».

Sin embargo, cuando llegó al noroeste de Inglaterra a sus treinta y tantos años, le pudo la ansiedad. «Siempre me pregunté cómo sería, siendo un icono del fútbol español, probar suerte en Inglaterra. Era una decisión difícil. Siempre tuvimos ese concepto de un juego muy directo, quizás incluso poco sofisticado. Cuando vi que algunos españoles empezaban a ir allí, recuerdo que les dije a mis compañeros del Real Madrid: "¿Qué diablos están haciendo?". Aquellos chicos no eran físicamente demasiado fuertes y temí que corrieran un riesgo innecesario.»

«A decir verdad, cuando fui allí con treinta y seis años, estaba aterrorizado. Temía cómo sería la adaptación. Tenía una reputación fantástica, pero la reputación es algo frágil. Lleva mucho tiempo forjarla y muy poco desmontarla. Me encantaba ver fútbol inglés por televisión; había ido al estadio y había disfrutado del ambiente. Después de catorce temporadas en el Real Madrid, pasé un año en Catar y pensé en retirarme. Entonces, de improviso, me llegó esa oferta del Bolton y de Sam Allardyce. Fue una especie de instinto. No me lo pensé dos veces.»

Tenía un mal recuerdo de Inglaterra, de cuando erró un lanzamiento crucial en la tanda de penaltis contra la selección inglesa en Wembley, durante la Eurocopa de 1996. «Estaba ilusionado, pero nervioso. ¿Me haría quedar como un tonto? ¿Estaría preparado físicamente? Muchos jugadores habían llegado a Inglaterra y habían fracasado. El problema del fútbol inglés es que tú puedes ser un central fuerte, pero puede haber un delantero centro todavía más fuerte. Recuerdo que durante la primera mitad de mi primer partido me paré a pensar: "Joder, qué rápido". Cada disputa por el balón dolía. Se jugaba con una fuerza física bestial. En cada choque, cada jugador parecía dejarse el último aliento de fuerza.»

«En España, si se lanza un balón largo, o lo gana tu equipo, o lo pierde el rival. El Bolton estaba obsesionado con la segunda jugada y con mantener la presión. Me fijé en que los aficionados aplaudían cuando ganabas ese segundo balón. Estaba acostumbrado a la admiración del público, pero habitualmente se debía a un regate o a un buen pase. En Inglaterra, los hinchas se entusiasmaban con un forcejeo, una pelea, una entrada fuerte. Enseguida me di cuenta de que tenías que ganarte el derecho a jugar en la Premier League. El futbolista lo lleva en su carácter. Desde niños, saben que han de ganar esos segundos balones. Para españoles, franceses, alemanes, africanos y sudamericanos es algo distinto. El ambiente te lleva a eso; es como una ola gigantesca.»

«Tuve oportunidades de ir a Inglaterra antes del Bolton, cuando estaba en la cima. No citaré nombres porque no quiero quedar como un arrogante que rechazó un gran club. Tuve una trayectoria asombrosa con el Real Madrid y con España, pero de haber tenido una segunda carrera, la habría pasado en Inglaterra. De allí, me gustaba todo.»

«En el Bolton, competimos con los peces gordos; superamos con creces las aspiraciones de la afición y nos clasificamos para jugar la Copa de la UEFA. Era un club pequeño y familiar. Conocías a todo el mundo, desde la señora que servía el té hasta los auxiliares. Había visto los demás fichajes que había hecho Sam: Jay-Jay Okocha y Youri Djorkaeff. Contrataba nombres ilustres y aumentaba su reputación. Sacaba nuevas capacidades de los jugadores. Llegué cuando ya llevaban dos semanas de la pretemporada y me preocupaba sufrir físicamente. Había mucho más trabajo en el gimnasio, se corría mucho más. Era extraño ir al gimnasio la víspera de un partido.»

«Teníamos un vestuario estupendo. Yo venía de jugar con Zinedine Zidane y Luis Figo, pero no me costó adaptarme. Tu cometido como jugador es seguir exactamente las instrucciones de tu entrenador. Te pagan por eso. No puedes llegar a la

Premier League esperando que todo el mundo cambie para adaptarse a ti. ¿Quién crees que eres si haces eso? En el Bolton, sentíamos que podíamos poner en apuros a cualquiera. Podía percibir en el túnel de vestuarios que los demás equipos detestaban la idea de enfrentarse a nosotros, sobre todo en el Reebok Stadium. Teníamos a Bruno N'Gotty y a Iván Campo. Okocha nos proporcionaba excelentes jugadas a balón parado. Cada jugada a balón parado, como una ocasión de gol. No se trata solo de tener gente alta. Es adónde corres o a quién bloqueas. Para eso no había que saber latín. Sam colocaba uno o dos jugadores sobre el portero. Radhi Jaidi, Kevin Davies, Nolan, yo, ¡muchos jugadores! Luego estaba Gary Speed, que iba muy bien de cabeza. Nunca he conocido a nadie capaz de golpear el balón con la cabeza como Gary; cuando me enteré de su muerte, me quedé desolado. Teníamos un gran potencial.»

Hierro había hablado con McManaman y con Iván Campo antes de firmar su contrato. Campo, un jugador de pelo encrespado y algo mofletudo, se había incorporado al Bolton en el verano de 2002. Llegó con una buena reputación, tras haber formado parte del equipo del Real Mallorca que alcanzó la final de la Recopa en 1999 y ganar dos Champions League con el Real Madrid. Jugó los noventa minutos contra el Valencia en la final de la Champions de 2000, así como tres partidos en la Copa del Mundo de Francia 98. Salió entre Hierro y Zidane en la foto oficial del equipo del Real Madrid en la temporada 2001-02.

No obstante, tal como insinúa Hierro, las reputaciones son quebradizas y pueden desarmarse con suma facilidad. Campo tuvo la desgracia de tropezar con un Wayne Rooney adolescente, que había irrumpido en escena en el Everton. Un Rooney enloquecido echó por tierra el prestigio de Campo en noventa minutos, en Goodison Park. En los estudios de Sky Sports, Rodney March, exdelantero del Manchester City, sacó una conclusión brutal: «Ese tío es un payaso». Un periódico inglés dijo que su «mata de pelo rebelde y su gusto por el *hippy chic* le conferían el aspecto de alguien recién llegado tras un viaje iniciático por los Andes».

Algún tiempo después, en el *Guardian*, Simon Hattensto-
ne resumió el estereotipo que rodeaba a Campo: «Ese español
no solo parece un futbolista de pub, sino que parece un futbolista de pub que se ha tomado catorce pintas con William
Hague un viernes por la noche, que se ha pasado por la casa
de curry más humilde a comer vindaloo de pollo con patatas
fritas, que ha perdido el último autobús a casa, que ha dormi-
do en un banco del parque, que no se ha lavado y que se ha
presentado en el Rebook a las 14.55 del sábado para jugar con
el Bolton Wanderers».

Campo llegó al Bolton en un mal momento de su vida,
con la mente atenazada por la desconfianza en sí mismo. Su
estado de forma en el Real Madrid llegó a ser tan bajo que
le recibían con pañoladas y burlas implacables. Al tiempo, la
prensa madrileña era durísima. En 2001 había padecido un
ataque de ansiedad paralizante. Desapareció del mapa varios
meses. El encargado de su rehabilitación, Juan Carlos Hernández, admitió que el jugador afrontaba una lucha por
«volver a la normalidad». Campo tenía el patrón del sueño
alterado; sufría ataques de pánico y constantes jaquecas.
Habló claro, abiertamente y con valentía, mucho antes de
que un joven pudiera hablar en público de sus problemas
de salud mental.

Iván Campo declaró a *El Mundo*: «Estaba disgustado
porque era la oveja negra del Madrid. Todo lo que yo hacía
estaba mal, todo lo que probaba salía mal. Eran críticas personales y profesionales. Me sentía atenazado y tenía miedo.
No sé por qué. Creo que siempre nos guardamos dentro ciertas cosas. La ansiedad se produce cuando esas cosas siguen
reproduciéndose y llega un momento en que ya no puedes
convivir con eso, todo se acumula y estalla. Era el temor de
que algo terrible iba a sucederme. Creí que iba a morir».

Campo notó una «campaña» contra él en los medios de
comunicación españoles. Recordó una noche de la primavera
de 2000, cuando jugaba en Old Trafford un partido en el que
el Real Madrid dominaba al Manchester United por 0-3 al
cabo de una hora de los cuartos de final de la Champions
League: «Un detalle que nos sorprendió aquella noche y del

que hablamos durante mucho tiempo después en el vestuario es que, aunque ganábamos por 0-3, hubo un momento en que el United se hizo con el balón y todo el público se levantó para animarlos. En España, jamás hubiera ocurrido algo así. Si tu equipo perdiera por 0-3, lo más probable es que la gente te abucheara. Fue algo extraordinario».

Campo necesitaba sentirse querido. Y el afecto que necesitaba lo encontró en Sam Allardyce. En su autobiografía, Allardyce dijo: «Me advirtieron de que Campo era un muchacho difícil y que tomaba pastillas para tranquilizarse, pero yo confiaba en que podría ayudarle. Si pudiera compararle con alguien de hoy en día, sería David Luiz. Se le parecía y jugaba como él, no siempre seguro como central, pero cumplidor con el balón en el medio campo. Había que aceptar que cometiera algún que otro error a cambio de las ventajas que te daba lanzando ataques. Las pelucas que imitaban la melena de Iván Campo volaron de las estanterías de la tienda del club».

No es que Allardyce ahorrara a Campo sus célebres reproches. En mayo de 2003, el club afrontaba un partido crucial contra el Southampton en el que se jugaba la permanencia. Viendo el bajo rendimiento del equipo, en el descanso el técnico la tomó con Djorkaeff, Okocha y Campo. Soltó: «¿Tú has ganado el Mundial [Djorkaeff], tú has jugado dos Mundiales [Okocha] y tú has participado en un Mundial y has ganado la Champions League [Campo]? ¿Qué coño pasa con vosotros?».

A Iván le gustaba vivir en el noroeste de Inglaterra. Solía pasarse por el restaurante Harper's, en el centro de Mánchester: un lugar de encuentro de futbolistas. En las paredes del establecimiento había fotos firmadas de Diego Armando Maradona, Luis Figo y Ferenc Puskás. También Iván Campo tiene reservado un trozo de pared. Permaneció en el Bolton seis años, pero se mostró cauteloso con la llegada de Hierro. Allardyce recuerda: «Fue en plan: "Oh, mierda, ya estamos, entra él y salgo yo". No le dio precisamente la bienvenida. Fernando era increíble. No ha habido nunca un mejor pasador en la Premier League, e incluyo a Paul Scholes, que era el maestro. Tenía la precisión de un rayo láser: los demás solo debían correr, Fernando sabría encontrarlos. Robaba quince balones por partido. Nadie del campeonato hacía eso. Ganaba veinte balones de cabeza por encuentro; eso tampoco lo hacía centrocampista alguno».

Allardyce admiraba la calidad y el compromiso de Hierro, y valoraba su serenidad cuando actuaba de escudo delante de los cuatro defensas. Desde entonces, en cada uno de sus equipos ha tratado siempre de encontrar un jugador parecido. Steven N'Zonzi cumplió esa función en el Blackburn; Jan Kirchhoff hizo lo propio en el Sunderland. Cuando le nombraron seleccionador de Inglaterra, Allardyce estableció comparaciones entre Eric Dier y sus antiguos pupilos en el Bolton Iván Campo y Fernando Hierro. «Menudo jugador, ¿eh? —dijo Allardyce—. Como un Campo o un Hierro. Tiene esa vibración. Esa posición es muy importante. Cuando no se tiene la posesión, quita presión a los cuatro de atrás con sus robos y lee muy bien el juego.»

La semana que me entrevisté con Hierro coincide con el nombramiento de Allardyce como seleccionador de Inglaterra, un reinado que iba a resultar efímero, por cuanto fue víctima de una pulla periodística en el *Daily Telegraph* y perdió su empleo soñado. Anteriormente, Hierro había sido ayudante de Carlo Ancelotti en el Real Madrid y, antes de eso, el director técnico de la Real Federación Española de Fútbol, donde designó a su exentrenador en el Madrid, Vicente del Bosque, como máximo responsable de la selección y esbozó un modelo nacional para equipos base. Fue entonces cuando España se transformó de aspirante en competidora, y, con el tiempo, en un equipo ganador. Así pues, no conviene tomarse a la ligera cuando dice que el nombramiento de Allardyce era una buena idea.

«Sabe qué se requiere para triunfar en los clubes ingleses. Lo ha hecho bien en todas partes. Tiene mucha experiencia. Conoce a los jugadores y lo que necesitan. Siempre me he preguntado cómo le hubiera ido en una liga distinta. ¿Funcionarían sus métodos? Es un maestro de la Premier League. Hizo un trabajo extraordinario conmigo. Era muy adelantado, estaba a años luz de su equipo, y no olvides que yo acababa de llegar del Real Madrid. Tenía estadísticas y datos menos de una hora después del partido y los transmitía. Ya entonces contaba con un psicólogo deportivo, que me ayudó muchísimo. Quizá lo único que le costaba era la organización y las jugadas a balón parado. Lo hicimos todos los días durante muchos meses. Con Inglaterra, solo disponía de unos días cada dos o tres meses. Eso no es fácil.»

En una columna publicada en *The Times* en 2016, Kevin Davies, el poderoso delantero del Bolton, explicaba por qué los nombres ilustres disfrutaban trabajando con Allardyce: «Teníamos una sala amplia donde utilizaba una pantalla táctil, toda clase de tecnología, para analizar partidos. Nos entregaban CD con clips de jugadores a los que nos enfrentaríamos [ahora todo eso se hace con móviles e iPads]. La última temporada se anunció el uso de la crioterapia por parte del Leicester City; nosotros ya lo hacíamos doce o trece años atrás. Aceites de pescado, zumo de remolacha. Cada dos o tres meses, íbamos a verle para someternos a una evaluación; mirar vídeos, sacar información de nuestras actuaciones, recibir objetivos. Al principio era desalentador, pero yo salía de allí sintiéndome como si midiera tres metros. Nos daban la "Biblia del Bolton", un librito que recogía todas las normas y reglamentos, las condiciones exigidas. Se cercioraba de que los jugadores aparecieran en público para participar en eventos sociales…, y la tomaba con cualquiera que se ausentara».

A medida que Iván Campo y Fernando Hierro prosperaban en el Bolton, los casos de éxito españoles iban haciéndose más comunes. En el nordeste de Inglaterra, un talento vasco llegó al Riverside en el verano de 2003. Solo dos años antes, Gaizka Mendieta había jugado una segunda final consecutiva de la Champions League con el Valencia. Era un jugador fantástico. El presidente del Valencia, Pedro Cortés, manifestó que «prefiero pasar hambre a vender a Mendieta». La UEFA le nombró centrocampista del año en el continente. Había marcado cuarenta y ocho goles en La Liga y la Champions League en cuatro temporadas, incluida una memorable volea tras sombrero en la final de la Copa del Rey de 1999.

El Real Madrid lo pretendía. Sin embargo, cuando Zinedine Zidane quedó libre de la Juventus, el interés del Madrid remitió. Tras la marcha de Juan Sebastián Verón del Lazio al Manchester United, el club italiano pagó por Mendieta treinta y cuatro millones de euros. Fue un fracaso estrepitoso. La *Gazzetta dello Sport* tachó a Mendieta de «paciente terminal». Otro periódico italiano insinuó que era un caradura. Gaizka regresó a España al cabo de menos de un año, cedido al Barcelona, pero fue incapaz de recuperar su mejor nivel.

El Middlesbrough, que tenía experiencia en atraer a los nombres ilustres del continente, decidió ser osado. En los noventa había reclutado un elenco estelar de nombres llamativos como el brasileño Juninho, el croata Alen Biksic y el delantero italiano Fabrizio Ravanelli. El entrenador Steve McClaren tomó un avión con el director Keith Lamb. McClaren definió la que siguió como «la media hora más importante de mi carrera de entrenador». Eso fue, por supuesto, antes de quedarse en la banda de un estadio de Wembley empapado por la lluvia, con un paraguas como única protección, mientras su mundo se venía abajo como seleccionador de Inglaterra.

Mendieta (cuyo nombre de pila, Gaizka, es un vocablo vasco que equivale a «salvador») se dejó convencer pronto y deparó algunas actuaciones memorables con los colores del Boro. Había seguido el consejo de su compañero en la Lazio Jaap Stam, quien había entrenado a las órdenes de McClaren en el Manchester United cuando este era ayudante de Alex Ferguson.

Pasado el tiempo, ya entrado en la cuarentena, una nueva afición ocupa el tiempo de Mendieta, a quien resulta más fácil encontrar en el Cavern Club de Liverpool, antiguo local predilecto de los Beatles, que en los dos estadios de fútbol de Merseyside: «Hacer de DJ siempre ha sido mi pasión —declaró al *Daily Mail*—. Un amigo mío de Valencia, que tenía una tienda de discos, trabajaba de DJ. Si jugaba un sábado, después del partido me colaba en el club, pero siempre a escondidas, me ponía un gorro y entraba disfrazado. Entonces pinchaba discos y nadie me reconocía. Me encantaba. Era una evasión. Es la posibilidad de hacer feliz a la gente, ver que se divierten y se vuelven locos con los temas que eliges. No tengo una lista fija de lo que voy a pinchar. Cogemos una caja de vinilos, ordenamos solo las primeras canciones y luego vemos cómo está el ambiente y qué es lo que quiere el personal. Cuando estás en el terreno de juego, tienes una fracción de segundo para decidir un pase; lo mismo le ocurre a un DJ cuando debe elegir el siguiente tema. Es la misma sensación de tensión que jugando al fútbol. Me pongo nervioso antes de hacer de DJ. Pincho de todo, desde Aretha Franklin, a Kings of Leon o Lou Reed. Dondequiera que esté en el mundo, siempre localizo las tiendas de discos».

A pesar de todos los progresos, en 2005 aún persistían dudas en torno a los jugadores españoles. En *The Times*, Bill Edgar escribió: «Los futbolistas españoles, como sus homólogos ingleses e italianos, se inclinan menos por desplazarse al extranjero que los de otros países, en parte porque sus ligas son lo bastante ricas para evitar grandes migraciones económicas. Además, puede que los hispanos se resistan a venir aquí por culpa del deprimente historial de los jugadores que antes les han precedido en esta aventura».

Desmontar estereotipos lleva tiempo. Son demasiados los que han fracasado. Albert Ferrer e Iván Campo fueron más formales y encantadores que espectaculares. Las apuestas del Bolton por Javi Moreno y Salva Ballesta duraron menos de seis meses cada una. Enrique de Lucas llegó al Chelsea como centrocampista ofensivo y no consiguió anotar ni un gol en veinticinco partidos. El Manchester United contrató al portero español Ricardo, con esa aptitud tan suya para salir corriendo del arco y cometer penaltis. Lo de Raúl Bravo en un Leeds United que iba camino de despedirse de la Premier League fue un desastre. Javier de Pedro había sido parte integrante de una Real Sociedad que estuvo a punto de ganar el título de Liga (terminaron a solo dos puntos del Real Madrid): llegó al Blackburn en el verano de 2004, pero solo jugó un par de partidos.

Aun así, los tiempos estaban cambiando. A medida que la primera década del nuevo milenio avanzaba, los técnicos de la Premier League comenzaron a explorar España con más atención. El Arsenal tenía empleados a tiempo completo que seguían a los talentos de la Liga. Wenger había fichado al excelente defensa Lauren, del Mallorca, en el año 2000 (aún sigue considerándolo como una de sus mayores gangas). Desde hogares del jubilado hasta guarderías, los clubes ingleses identificaban nichos de mercado, birlaban adolescentes españoles como Cesc Fàbregas (para el Arsenal) y Gerard Piqué (para el Manchester United). También el Arsenal hizo una oferta por Piqué.

En las salas de reuniones, también los directivos tomaban nota. En la temporada 2003-04, solo había tres entrenadores extranjeros en la Premier League: Wenger en el Arsenal, Claudio Ranieri en el Chelsea y Gerard Houllier en el Liverpool. Pero el fútbol inglés se estaba abriendo. Sven-Goran Eriksson se convirtió en el primer seleccionador extranjero del equipo nacional, y los clubes con los presupuestos más elevados empezaban a poner los ojos en otros países. La llegada de un entrenador español era solo cuestión de tiempo.

8

Incomprendido

*E*l triunfo del Liverpool en la Champions League de 2005 continúa siendo el más inexplicable y extraordinario de la historia del fútbol. Cuando los *reds* perdían contra el AC Milan en el descanso, los corredores de apuestas ofrecían cuotas de 360/1 por una victoria del equipo de Benítez. En *The Times*, Simon Barnes escribió: «Una persona que hiciera semejante apuesta tendría un serio interés en los círculos de las cosechas, el segundo advenimiento de Elvis, los cerdos voladores, una Tierra plana, los aterrizajes extraterrestres y la bondad innata del ser humano». Barnes la llamó una «noche de perfecta locura». Para Benítez, es la noche que quedará para siempre. El periódico francés *L'Équipe* proclamó: «Liverpool Eternal». En las páginas deportivas españolas, el exentrenador del Real Madrid Jorge Valdano dijo que «suspiraba por un sismógrafo que pudiera medir la pasión humana. En los seis minutos en los que el Liverpool marcó tres goles para empatar, ese sismógrafo habría alcanzado su límite máximo».

Sin embargo, los partidos en los que participa Benítez rara vez resultan tan atractivos. En su niñez, Benítez creció jugando al baloncesto y al balonmano; además, recibía clases de judo. Finalmente optó por dedicarse al fútbol. Como jugador joven, Benítez entró en la escuela del Real Madrid y representó a su equipo C en la Tercera División española. Jugaba como centrocampista de contención. Franz Beckenbauer era su ídolo, pero su carrera como jugador se interrumpió después de que Benítez se esforzara por recuperarse de una lesión de rodilla sufrida en los Juegos Mundiales de Estudiantes de México. Fue subiendo por los escalafones del fútbol base del Real Madrid hasta que lo ascendieron a entrenador del filial y después a ayudante de Vicente del Bosque en el primer equipo.

Benítez tenía un segundo amor: el ajedrez. Era su verdadera pasión. Durante el tiempo que pasó en el servicio militar en Madrid, derrotó a todos los que se atrevieron a desafiarle sobre el tablero. En el periodo que trabajó en la escuela del Madrid, a menudo jugaba al ajedrez con el responsable del primer equipo, Radomir Antic. Xavi Valero, quien fuera su preparador de porteros en el Liverpool, me cuenta que para Benítez entrenar tiene algo de ser un general del ejército. Básicamente, Benítez considera a sus jugadores como sus peones. Su misión consiste en montar estrategias y superar a sus rivales.

Benítez dijo en 2012: «No cabe duda de que el ajedrez ha desarrollado mi cerebro futbolístico. En el fútbol, hay que pensar por adelantado y analizar lo que vendrá. Necesitamos un plan A, un plan B e incluso un plan C. Tenemos que plantearnos qué hacer y después poner en práctica el plan».

Así pues, Benítez dista mucho del estilo típico español de los últimos tiempos. En una columna en *The Independent* que apareció cuando estaba al frente del Nápoles, Benítez dijo: «Parece que todo el mundo habla sobre estadísticas en el fútbol y de filosofías de los entrenadores sobre fútbol ofensivo. Pues lo siento, pero los filósofos fueron Platón y Sócrates. Lo esencial de ganar partidos para un entrenador es el trabajo que se hace en el campo, ayudando a los jugadores a manejar los sistemas que se les inculcan». Puede que ambos se nieguen a admitirlo, pero Benítez ve el juego de un modo parecido a como lo hace José Mourinho. Después de que el Manchester United ganara la final de la Europa League contra el Ajax en 2017 con solo un treinta y un por ciento de la posesión, Mourinho dijo: «Hay muchos poetas en el fútbol, pero los poetas no ganan muchos títulos».

Benítez encuentra su estímulo en el control, no en la

expresión. Su mayor influencia fue Arrigo Sacchi, pero la mente analítica de Felipe Gayoso, un técnico menos conocido, de la escuela del Real Madrid, moldeó también su pensamiento. Fernando Torres, a quien que fichó para el Liverpool y que posteriormente dirigió en el Chelsea, explicó el enfoque científico de un hombre que ha estudiado Medicina e INEF: «Rafa lo calcula todo, las distancias, los pases largos, todo se introduce en su ordenador. Si él te dice que debes quedarte a cierto número de metros del punto de penalti, tienes que obedecer y seguir las instrucciones. Él te muestra cómo encontrar el espacio adicional que marca la diferencia entre un gol y una ocasión perdida».

En una columna en el periódico, Jamie Carragher dijo que Benítez convertía a sus jugadores en casi «robots» en las sesiones de entrenamiento. «Si me pidieran que mencionara la palabra que más oí durante los entrenos y los partidos —declaró Carragher—, sería "compactos". Sabíamos exactamente lo que quería que hiciéramos y cuándo hacerlo. Esto se conseguía repitiéndolo en el campo de entrenamiento, repetíamos los ejercicios una y otra vez hasta que quedaba satisfecho. Exigía un alto nivel de concentración y no había lugar a risas ni bromas.»

El fútbol rígido y pragmático sobre el terreno de juego rara vez ha seducido al público británico. Como personaje, Benítez parece un cúmulo de contradicciones. Da una sensación de desapego robótico en muchas de sus relaciones. Steve Gerrard escribió en su autobiografía que Benítez es el único de sus entrenadores con el que no se siente a gusto hablando por teléfono. Sirva como ejemplo el mensaje de texto que Benítez envió a su portero en el Liverpool, Pepe Reina, uno de sus jugadores más destacados, después de que España ganara la Eurocopa de 2008. Se limitaba a decir: «Felicidades, R. B.». O recuérdese su primera reunión con Craig Bellamy antes de firmar por el club, en la que le pidió al temperamental galés que se sentara y le expusiera los pros y contras del esquema 4-2-3-1.

Benítez se fijaba más en los detalles que en la emoción. El delantero Luis García admitió en una entrevista que nunca había oído gritar a Benítez. Es uno de esos entrenadores que suelen reaccionar a un gol tomando nota en su libreta, en vez de abrazar a la persona que tenga más cerca. La caricatura de Benítez surge fácil: un hombre desapasionado y frío. Pero encierra una paradoja dentro de él, porque también es un sentimental. Cuando le presentaron como entrenador del Real Madrid, apenas pudo contener las lágrimas. Asimismo, decidió quedarse en el Newcastle United tras haber descendido porque los aficionados le pidieron durante el último partido de la temporada, una victoria sobre el Tottenham por 5-1, que así lo hiciera. «Rafa, no te vayas», rezaba la pancarta desplegada en el extremo del St James' Park que da a Gallowgate.

Benítez es respetado en todo el mundo, quizá más en otras partes que en Gran Bretaña. Cuando la revista de deportes argentina *El Gráfico* celebró su noventa aniversario, él fue uno de los cinco únicos entrenadores que figuraban en la lista de noventa hombres que habían dado forma al juego. Como observador neutral, a menudo he considerado la actitud de Benítez como huraña (en realidad, nunca he llegado a hablar con él). Pero quise calibrar qué pensaban aquellos que trabajaron a su lado y de los que jugaron a sus órdenes. Quería que me ayudaran a entender a un hombre cuyos defensores ven como un incomprendido.

Desde luego, pocos entrenadores comparten su adicción a este deporte. En 2015, su esposa, Montse, concedió una entrevista a *La Región*. «En nuestra primera cita —comenzó diciendo— fuimos a una pizzería de Madrid. Yo no tenía ni idea de fútbol. Así que él cogió un bolígrafo y empezó a dibujar diagramas para enseñarme la formación 4-4-2. Le encanta el cine, pero quítale el fútbol y... —La pausa resumía elocuentemente su devoción. Montse agregó—: Rafa estuvo un año sin trabajo y se puso a ayudar a un equipo escolar de la península de Wirral. Fue muy divertido. Estaba de pie en la banda, gesticulando frenéticamente y moviendo los brazos como si aquello fuera la Premier League.»

Durante su etapa en Inglaterra, Benítez ha ganado también una FA Cup y una Europa League con el Liverpool, así como un título de la segunda división con el Newcastle. Sin embargo, esa noche en Estambul sigue siendo su aportación más importante al fútbol inglés; la noche que no le arrebatarán jamás. El impacto real de Benítez puede verse en su resistencia y longevidad, en cómo vuelve a por más, primero en el Chelsea y después en el Newcastle United. La relación de Benítez con el fútbol inglés es tan profunda que soportó el dolor y el placer de la segunda división, menos de doce meses después de haber sido el entrenador de su querido Real Madrid.

La mayor parte de la afición del Liverpool y del Newcastle lo admira y lo aprecia, aunque hay una legión de aficionados por todo el país al que les es indiferente. «Si quieres hacerte una idea de lo que sienten por él los aficionados —dice el preparador de porteros Valero—, no hay más que fijarse en nuestro último partido con el Real Madrid: fue en Valencia y perdimos por 3-2. Por malo que resultara para el Madrid, Rafa quedó sorprendido por el apoyo y la acogida que recibió de la hinchada valencianista esa noche. Respetaban su trabajo y lo que hizo por el Valencia. Hay afecto hacia Rafa dondequiera que vaya. Se le quiere. Yo diría que Valencia y Liverpool son los principales lazos, pero incluso en los dos años que pasó en Nápoles aprendió a querer a esa ciudad tan apasionada.»

La impronta de Benítez en el fútbol inglés puede descubrirse en muchos sitios, pero una enemistad con sir Alex Ferguson es siempre un buen signo de que se ha dejado una huella en el juego nacional. Mojando la pluma en su tintero lleno de veneno, Ferguson reservó una de sus pullas literarias más brutales para Benítez en la autobiografía que siguió a su retirada. Ferguson dijo que el exentrenador del Liverpool había quedado como un «tonto» después de un episodio de guerra psicológica con el técnico del Manchester United. Ferguson concluía: «El folleto publicitario decía que Benítez era un controlador compulsivo, lo que resultó ser correcto [...] José Mourinho era mucho más astuto en la gestión de sus jugadores. Y tiene personalidad. Si observabas a los dos juntos en la banda, sabías quién era el ganador».

Tras estas palabras, es curioso recordar que uno de los primeros contactos de Benítez con el fútbol inglés vino de la mano de Ferguson. Pako Ayestarán, que trabajó como ayudante de Benítez en el Liverpool, me dice: «Es curioso, pero una de nuestras primeras impresiones de la Premier League la tuvimos con sir Alex Ferguson. Estábamos entre dos empleos, así que fuimos a visitar al Manchester United. Ferguson nos dejó a Rafa y a mí presenciar las sesiones de entrenamiento de su primer equipo, con Roy Keane, Ryan Giggs, todos los de aquel formidable grupo del triplete. En aquella época no era muy normal permitir a los entrenadores extranjeros acercarse a observar. Fue un gesto muy amable».

Ayestarán se refiere al periodo que siguió a la marcha de Benítez del Extremadura, cuando la pareja emprendió una gira por Europa en la que también observaron el trabajo de Fabio Capello, Marcello Lippi y Claudio Ranieri. En la vieja ciudad deportiva del Manchester United, The Cliff, Benítez tuvo acceso privilegiado a los métodos de Ferguson y también a los de Steve McClaren, ayudante del técnico escocés.

Incluso una vez que se hizo cargo del Liverpool, Benítez siguió contando con el respeto de Ferguson. En el otoño de 2004, por ejemplo, poco después de que Benítez se convirtiera en entrenador del Liverpool, ambos se sentaron juntos en un avión que los llevó a una reunión de la UEFA en Suiza. En aquel tiempo, un fotógrafo que viajara a bordo de aquel vuelo lo habría filtrado a las redes sociales y habríamos podido estar hablando de algo parecido a un «romance» entre los entrenadores del Manchester United y el Liverpool. Cuando Benítez ganó la Champions League en las circunstancias más extraordinarias, a su regreso a la ciudad deportiva del Liverpool se encontró con una carta de felicitación firmada por Ferguson.

Durante algún tiempo, la relación entre ellos fue muy buena. En mayo de 2006, la UEFA invitó a Ferguson y Benítez, junto con sus respectivas esposas, a la final de la Champions League en París entre el Barcelona y el Arsenal. Una vez terminado el partido, Ferguson y su esposa Cathy caminaban por las calles parisinas cuando se toparon con un grupo de los hinchas más ruidosos del Arsenal. Benítez intervino, tranquilizó a los aficionados del Arsenal y sacó a los Ferguson de aquella situación.

El recuerdo de aquel momento hace que nos planteemos cómo quedó en nada esa amistad surgida del respeto mutuo. Mencionar a Benítez en presencia de Ferguson, particularmente durante la etapa del técnico español en el Chelsea, era como echar gasolina en un motor diésel. Por su parte, hacia el final de la carrera de Ferguson como entrenador, parecía que si Benítez hubiera visto a Ferguson ahogándose, no habría dudado en apretar los dos lados de la cuerda. En general, las altas esferas del fútbol inglés se pusieron de parte de Ferguson. Puede que eso no ayudara a la imagen pública de Benítez.

Le mecha se prendió durante la temporada 2008-09, cuando el Liverpool de Benítez amenazó al United de Ferguson en la carrera por el título. Al mismo tiempo que aumentaban las tensiones en el mes de enero, Benítez ofreció una rueda de prensa en la que sacó una hoja y empezó a enumerar «hechos», arremetiendo contra el trato que Ferguson daba a los árbitros, las quejas del escocés acerca del calendario y el generoso trato que su colega recibía por parte de la federación. Su relación nunca volvió a ser la misma. Hay quien dice que Benítez quedó herido de muerte. El United conquistó el título. Quince meses después, el español abandonó Anfield.

El vestuario del Liverpool no agradeció la intervención de su entrenador. En su autobiografía, el excapitán del Liverpool Steven Gerrard dijo: «Rafa soltó un discurso acerca de cómo el Manchester United y "Mr. Ferguson" no habían sido justamente sancionados por varias faltas. Rafa se mostraba confuso, amargado y paranoico. Se humillaba a sí mismo. Fue un desastre. Yo no podía entender su intención al tomarla con Ferguson, un maestro del juego psicológico, cuando iniciábamos un nuevo año tranquilamente instalados en lo alto de la clasificación. Cuando me concentré con Inglaterra, todos los jugadores del Manchester United me contaron que Fergie se estaba riendo de Rafa, diciendo: "Le tengo. Le tengo"».

En marzo de 2013, la última temporada de Ferguson en los banquillos, la pareja ni siquiera se dio la mano. Benítez también se había puesto a malas con la cohorte de colegas favorables a Ferguson, entre ellos Sam Allardyce. Benítez y Allardyce mantuvieron una relación incómoda desde su primer duelo en agosto de 2004, cuando el Bolton derrotó al Liverpool por 1-0 y el español se negó a dar la mano a su rival después de que Sami Hyypia se hubiese roto la nariz en la disputa de un balón por alto con Kevin Davies.

Benítez se enfadó cuando Ferguson decidió no ir a su encuentro para darle la mano en un gesto de bienvenida antes del partido de cuartos de final de la FA Cup entre el Manchester United y el Chelsea en Old Trafford, en marzo de 2013. Ferguson fue todavía más lejos, negándose a mencionar a Benítez en su programa para el partido, cosa que tenía costumbre de hacer con cualquier entrenador rival. En lugar de eso, sir Alex hablaba de la «rigurosa» destitución del anterior técnico del Chelsea, Roberto Di Matteo.

Cuando Benítez se quejó del desaire de Ferguson, este se defendió: «Ni siquiera le vi en Old Trafford, así que no sé por qué montó un escándalo por eso [el apretón de manos]. Al final del partido, ambos cuerpos técnicos siempre nos damos la mano y mantenemos un encuentro en mi despacho. Es algo fantástico. Eso no se hace en el extranjero, pero debería hacerse. Él entró una vez cuando estaba en el Liverpool, pero no creo que vuelva a entrar. No lo hizo nunca cuando nosotros fuimos a Anfield».

Fue todo ridículo y mezquino, pero muy pocos entrenadores irritaron a Ferguson hasta ese punto. Acaso Kevin Keegan, cuando estuvo en el Newcastle United. O Arsène Wenger, durante algún tiempo, en el Arsenal. En muchos sentidos, es un cumplido para Benítez, un técnico que ha ofrecido tanto al fútbol inglés y que se hizo popularísimo en Merseyside (y, más recientemente, en Tyneside). Como el propio Rafa declaró al *Sunday Times*, «es justo lo que un día decía Arsène Wenger [sobre Ferguson]. Cuando fuimos rivales, dejamos de ser amigos. Cuando estábamos veinte puntos por detrás del Manchester United, yo le caía bien».

Y

Benítez y su esposa, Montse, han hecho de la península de Wirral su hogar. Se ha visto a Rafa al volante de un Mini descapotable con la bandera del Reino Unido. La pareja disfruta de las vistas panorámicas desde su casa, que asoma al río Dee. Es todo muy distinto de la Madrid urbana, donde Benítez pasó sus años formativos. Al crecer en la capital de España, Benítez se convirtió en seguidor del Real Madrid, como su padre (aunque su madre era una entusiasta aficionada del Atlético de Madrid).

Es curioso, pero Benítez no fue una elección directa para el Liverpool en 2004. Había ganado dos títulos de Liga y una Copa de la UEFA con el Valencia, pero, en Inglaterra, sonaba con fuerza el nombre del irlandés Martin O'Neill, tras sus éxitos con el Leicester y el Celtic. La junta directiva del Liverpool también pensaba en Steve McClaren, Alan Curbishley y Gordon Strachan como sustitutos de Gerard Houllier. Tras acabar de conquistar la Champions League con el Oporto, Mourinho era el objeto de deseo para la mayoría de los clubes europeos. *The Times* sugirió que Mourinho había indicado que prefería trabajar en el Liverpool que en el Chelsea, pero mientras que el club de Merseyside ofrecía un sueldo semanal de treinta mil libras esterlinas [35.000 euros], Roman Abramóvich se quitaba de encima a sus rivales con una propuesta de ochenta mil libras [92.000 euros] por semana.

En el Liverpool, Ayestarán se convirtió en el ayudante de Benítez. Ya había trabajado con él en cuatro clubes españoles. Tiene una casa en Merseyside y nos encontramos en un bar próximo a su domicilio de Kirby. «Nos encantó estar en Inglaterra desde el primer día —confesó el técnico—. Estaba en la estación de Lime Street y la gente se me acercaba diciendo: "Gracias, gracias por haber venido". Y pensé: "¡Diablos! He estado en Valencia durante años con Rafa, donde solo me paraban por la calle para criticarme, y ahora vengo aquí y me dan las gracias incluso antes de empezar". Después de mi etapa en el Liverpool, Carlo Ancelotti me permitió ir a Milán para observar sus métodos. Pasé allí una semana, él se mostró muy intrigado por Inglaterra y yo le animé a ir allá un día. Algún tiempo después fichó por el Chelsea.»

Cuando Xavi Valero se reunió con Benítez para reemplazar al preparador de porteros José Ochotorena en 2007, también se sintió cautivado por la cultura inglesa. Había tenido una vivencia en el fútbol inglés durante una cesión por un mes al Wrexham en enero de 2003. En un café de Madrid, explica: «Andy Dibble, el exjugador del Manchester City, se lesionó, y necesitaban un portero de emergencia. En España habíamos tenido el parón invernal y hacía tiempo que no jugaba. Disputé cuatro partidos y me encantó la experiencia. La Premier League es dura, pero tal vez resulta más fácil adaptarse a la máxima categoría que a las inferiores. Llegar a la League One o la League Two, donde todo vale, eso sí era un buen golpe. Es un fútbol increíblemente físico y las condiciones son peores en campos embarrados. Permiten el contacto dentro del área, mientras en España el más mínimo contacto es falta. Soy corpulento, ¡pero había delanteros más grandes que yo!».

«En el Liverpool, yo era también el jefe del entrenamiento para porteros. Recuerdo un partido en el Johnstone's Paint Trophy. Teníamos un portero suplente, Dean Bouzanis, cedido al Accrington. Fui a Leeds a verle un jueves por la noche. No me podía creer el aspecto de Elland Road esa noche. Era un ambiente increíble, fuera de toda lógica, tratándose de un partido tan insignificante como ese. Volví con el Chelsea cuando les ganamos por 1-5. Había una rivalidad enorme entre las aficiones. A raíz de esos encuentros pude imaginarme cómo debía de ser aquel estadio en la década de los setenta. Como jugador y entrenador, por eso uno quiere estar en Inglaterra.»

Ayestarán añade: «Siempre he tenido mi casa aquí, en West Kirby, y a mi esposa y mis hijos les encanta. En España o en México, donde también trabajé, se tarda mucho tiempo en obtener el afecto que aquí recibes enseguida. Es la sensación de pertenecer a un club, a una comunidad. Y es una responsabilidad para con la gente de tu ciudad. Creo que

Rafa ve semejanzas entre Newcastle y Liverpool, en la ciudad y los seguidores. No me extraña que sea popular allí. He visto su mentalidad, su ética de trabajo, su atención al detalle, y eso genera resultados».

«Creo que lo importante para Rafa es que se siente querido y necesitado. No podía marcharse. Es un club que tiene potencial de Champions League. Es uno de los grandes clubes, un clásico, con una afición extraordinaria y una cultura auténtica. Debería ser un magnífico club para dirigir y tiene que volver a serlo.»

Arsène Wenger contribuyó en gran medida a modernizar las actitudes y los métodos en el Arsenal en la década de los noventa, pero cuando Benítez llegó al Liverpool introdujo sus propias fórmulas progresistas. Ayestarán dice: «Creo que llegamos a una coyuntura en la que se ponía mucho más énfasis en el control de la fisiología del futbolista. En Inglaterra, de hecho, no existía esa mentalidad. Comenzamos a aplicar una dieta más estricta, la supervisión del entrenamiento y muchas más pruebas físicas. Rafa empezó a construir una base de datos de jugadores. Tiene lo que solo puede definirse como una obsesión (en el buen sentido) por el control y estar encima de todo. La idea de ojear por todo el mundo era muy nueva, pero él disponía de esa base de datos de más de diez mil jugadores: algo novedoso y pionero en aquella época».

«Teníamos distintas formas de entrenar y tomábamos en cuenta factores que influían en el restablecimiento y la recuperación. Él llevaba gráficas de exactamente cuántos minutos jugaba un futbolista en una temporada. También había algunos métodos más a la vieja usanza. Construíamos unos montículos, apodados "colinas de Pako", con distintos grados de pendiente, en la ciudad deportiva del club, para entrenar el fondo y la resistencia.»

Benítez tiene fama de abordar los problemas de la dieta. En el Extremadura, ordenó a sus jugadores que no mascaran chicle en público porque entendía que eso perjudicaba la imagen del club. En el Valencia, levantó polémica al pedir al cocinero que dejara de servir comidas grasas o el postre de helado que uno de sus predecesores, Claudio Ranieri, permitía tomar a sus jugadores. La decisión de acabar con la paella, las aceitunas y las repeticiones a la hora del almuerzo suscitó incluso enfrentamientos entre los futbolistas y el médico del club.

En el Liverpool, los jugadores se extrañaban por su atención al detalle. Era estricto en algunos aspectos y más flexible en otros. Por ejemplo, Benítez prohibió las alubias cocidas en la ciudad deportiva, pero también puso fin a la prohibición de usar móviles, que había instaurado Gerard Houllier. Sin embargo, cuando constató que sus pupilos despachaban su almuerzo rápidamente antes de marcharse, reunió a la plantilla y les contó que, durante su experiencia en el Valencia, hombres como Pablo Aymar y Roberto Ayala se pasaban una hora charlando y fomentando la unidad de la plantilla en torno a la mesa. Ni el más leal de los lugartenientes de Benítez escapaba a su atención.

Pepe Reina, el portero que Benítez fichó para el Liverpool y el Nápoles, es uno de los que hablan de su entrenador con veneración. Reina era una figura popular y carismática en la ciudad deportiva del Liverpool y constituye una compañía amena cuando nos reunimos durante sus vacaciones estivales en Ibiza. Tiene un apartamento de lujo en la playa y nos encontramos para comer en un bar local. Hoy bebe agua, pero recuerda un episodio que sucedió después de un partido en 2007… El Liverpool perdió en Besiktas en la Champions League; de regreso al hotel, para la cena del equipo, Reina pidió una cerveza. Al poco, el camarero reapareció para explicar que Benítez había bloqueado el pedido. Reina desafió a su entrenador, que se mantuvo firme. Reina se marchó hecho una furia a su habitación, sintiéndose decepcionado porque su míster no confiaba en él para tomarse una copa.

Craig Bellamy dijo en cierta ocasión que Benítez confiaba menos en sus jugadores que cualquier otro entrenador que hubiera conocido. El día del partido, aguardaba hasta una hora antes del saque inicial para revelar su alineación. Bellamy dijo: «Rafa afirmaba que lo hacía porque no quería dar ventaja al adversario. Lo que insinuaba era que no quería que nadie filtrara la alineación antes de hora y que no confiaba en que los jugadores la mantuvieran en secreto».

En la ciudad deportiva, todo estaba pautado. Ayestarán recuerda: «Estaban algo extrañados por el grado de supervisión y de control. Tomábamos decisiones por ellos con respecto a muchas facetas de su vida diaria que anteriormente no se habían tenido en cuenta. Queríamos saber todos los detalles de su dieta, compromiso de formación y patrones de sueño». El defensa español Josemi, el primer fichaje de Benítez para el Liverpool, agrega: «La mentalidad cambió. La perspectiva inglesa era muy distinta en cuanto a disciplina, dedicación y entrenamiento. Por ejemplo, me sorprendió la cantidad de mantequilla que se usa en Inglaterra. Rafa introdujo más fisioterapia. Había muchas cosas desfasadas, y desde luego por debajo del nivel que cabía esperar de clubes de élite con jugadores de treinta millones de libras esterlinas».

En 2017, cuando Benítez estaba viviendo tensiones con el impopular dueño del Newcastle, Mike Ashley, Jamie Carragher definió al técnico español en el *Daily Mail* como «el personaje más político que he conocido en el fútbol». Muchos de los que han trabajado con Rafa le darán la razón. Ayestarán estaba al lado de Benítez en el banquillo la noche que el Liverpool levantó el trofeo de la Champions League en 2005, el día que el club ganó la FA Cup contra el West Ham en 2006 y cuando perdieron la final de la Champions League frente al AC Milan en 2007. Pero en el verano de 2007, Ayestarán se marchó de repente. La pareja no se habló durante al menos seis años, pero ahora vuelven a mantener contacto: sus familias residen a menos de un cuarto de hora andando la una de la otra.

Benítez creía que su ayudante había hablado con otros clubes a su espalda. En un comentario punzante, dijo que «el poder y la autonomía» cambiaron a Ayestarán, aunque este siempre insistió en que puso al míster al corriente de cualquier interés. Ayestarán explica: «Yo no tenía ninguna agenda oculta. Tras dejar el Liverpool, una de las cosas que dije era que no me iría a ningún rival directo. Cuando despidieron a

José Mourinho, Avram Grant me llamó y me pidió que me incorporara a su cuerpo técnico en el Chelsea. Era una gran oportunidad, pero pensé que estaría feo. Vivimos juntos grandes momentos y también pasamos por muchas cosas. Él vive a la vuelta de la esquina y ahora nos llevamos bien».

Desde entonces, no han trabajado juntos. Ayestarán formó parte de los cuerpos técnicos de Quique Sánchez Flores en el Benfica y de Unai Emery en el Sevilla. También fue el primer entrenador del Maccabi Tel Aviv y del Santos Laguna, de México, antes de recalar en el Valencia y en Las Palmas. También otros han conocido los estados de ánimo más sombríos de Benítez. Cuando era entrenador del segundo conjunto del Real Madrid, discutió con el responsable del primer equipo, Jorge Valdano, cuando el argentino hizo exigencias sobre quién debía ser elegido de su plantel. En el Valencia, su rivalidad con la directiva era el pan nuestro de cada día. En una rueda de prensa antológica, acusó a la directiva de haberle comprado una «lámpara» cuando él había «pedido un sofá». El director deportivo, Jesús García Pitarch, había firmado al centrocampista ofensivo Fabian Canobbio cuando Benítez necesitaba un extremo.

En el Liverpool, su expresidente Rick Parry recordó cómo reaccionó Benítez al fichaje de Fernando Torres: le preguntó por qué no había firmado también a Florent Malouda. Durante su estancia con los *reds*, solía terminar la temporada haciendo peticiones en público de nuevos fichajes. Carragher recuerda que Benítez insinuaba que podría marcharse a la Juventus, al Bayern de Múnich o incluso a la selección inglesa si lo deseaba. En el Inter de Milán, se quejó de la elevada media de edad de la plantilla ganadora de un triplete que había heredado de José Mourinho y criticó la falta de traspasos.

Pero si las juntas directivas se sienten molestas por las exigencias de Benítez, los aficionados no tardan en dejarse seducir por él. En el Liverpool, su compromiso con las víctimas del desastre de Hillsborough perduró mucho tiempo después de su etapa al frente del club. Al poco de marcharse en 2010, donó cien mil euros para apoyar a las familias que habían perdido seres queridos el 15 de abril de 1989. A su regreso a Anfield para asistir a un acto conmemorativo al año siguiente, él y su esposa lloraron cuando se les dio las gracias en público por su apoyo.

Cuando era entrenador del Newcastle, depositó una corona al pie del monumento conmemorativo de Hillsborough antes de un partido contra el Sheffield United. Su inmediato ascenso desde la segunda división llevó a los periodistas locales Martin Hardy y Mark Douglas a escribir, respectivamente, los libros titulados *Rafa's Way* y *Rafalution*. Sedujo al personal administrativo comprando a cada uno de sus integrantes un regalo de Navidad para agradecerles su trabajo. Sin embargo, no deja de ser llamativo que muchos de sus exjugadores desperdicien la oportunidad de elogiar su personalidad. Carragher y Gerard le respetan y admiten que les hizo mejorar su rendimiento, pero rara vez muestran afecto cuando hablan de su relación personal con Benítez.

Decidí entrevistarme con el defensa español Josemi, fichado del Málaga por dos millones de libras esterlinas [2,3 millones de euros] y que fue la primera incorporación de la era Benítez, para entender mejor las intenciones iniciales del técnico. Algunos españoles, como Pepe Reina, Xabi Alonso, Luis García y Fernando Torres fueron éxitos espectaculares. Llegaron a ser conocidos como «los Benitels» en los medios de comunicación hispanos. En cambio, Josemi, Antonio Núñez, Fernando Morientes, Antonio Barragán, Mark González, Dani Pacheco, Francisco Durán y Dani Ayala no consiguieron dar la talla.

En su casa de Torremolinos, Josemi, que fue suplente aquella noche, tiene un montaje dedicado a la victoria del Liverpool sobre el Milan en la final de la Champions League. «En los años anteriores, a las órdenes de Houllier, habían incorporado varios franceses. Sabíamos que algunos se irían y a Rafa se le ocurrió traer a unos cuantos españoles. Sin embargo, insistió mucho en que no llegáramos como un grupito y nos aisláramos. Había estado preocupado por las camarillas francesas antes de su llegada.»

«En el centro de entrenamiento teníamos que mezclarnos con todo el mundo, pero yo tenía canales de televisión españoles en casa y a menudo nos reuníamos todos allí. Xabi Alonso y Luis García eran talentos excepcionales, pero eran muy jóvenes para ser superestrellas. Carragher y Gerrard trataron de ayudarnos desde el primer día. Ellos fueron los puntos de referencia. Dejaron claro qué representaba el club. Los franceses eran algo distintos, un poco raros y también más individualistas. Los españoles son más abiertos, simpáticos con todo el mundo, en lugar de aislados. Los franceses tenían una mentalidad distinta.»

Josemi permaneció en el Liverpool durante algún tiempo, hasta que Steve Finnan lo echó. Entonces regresó a casa y fichó por el Villarreal, a mitad de su segunda temporada. «Tuve ofertas del Atlético de Madrid, el Sevilla y el Valencia antes de ir al Liverpool. Rafa me había querido cuando entrenaba al Valencia. El Málaga me habló del interés del Liverpool; había mucho entusiasmo en torno a Rafa en aquel tiempo. Yo no sabía inglés, mi familia no había salido nunca de España y no habíamos tenido jamás la voluntad de querer marcharnos.»

«¿Cómo defino a Rafa? Hum. Es... peculiar. Tiene su mentalidad y ya está. Le ha funcionado muy bien. El único punto débil que veo en el caso de Rafa es su relación y contacto personal con los jugadores. Siempre he dicho que el defecto de Rafa es su incapacidad para ser amigo del futbolista. Mantiene muy poco contacto. A los jugadores les gusta que el míster les pregunte cómo están y qué están haciendo. Él se mantiene más al margen. Los futbolistas modernos somos distintos. Nos gusta que los entrenadores sean cercanos. Podemos tener problemas, de índole familiar y personal, y eso puede afectarlo todo. Necesitamos mantener esa relación personal.»

Josemi sufrió una serie de lesiones y pidió regresar a España para pasar allí el tiempo de recuperación. «El jefe no quiso que volviera a España. Pasaron muchas cosas. Yo estuve de baja cinco meses con una lesión de rodilla, mi esposa estaba embarazada de mi hija. Era apropiado para mi familia.

El club no se portó bien con mi recuperación. Creo que habrían podido hacer más. La asistencia médica se estaba poniendo al día en aquella época. Recuerdo que Xabi Alonso se sometió a un tratamiento en San Sebastián y que Djibril Cissé se fue a Francia. Yo volví a Málaga, donde confiaba en que el equipo médico lo resolvería. Iba a Barcelona cada semana para someterme a más sesiones. El Villarreal me hizo una oferta y quise ir por mi familia. Necesitaba un cambio de ambiente. Benítez apenas me dijo nada en aquellos cinco meses. Era como si no le preocupara lo más mínimo.»

Sin embargo, en el caso de Pepe Reina, la historia no pudo ser más distinta. Primero Benítez trató de ficharlo para el Tenerife, cuando Reina tenía diecisiete años y estaba en el Barcelona. Más tarde lo acosó telefónicamente para que firmara por el Liverpool cuando Reina jugaba en el Villarreal. La pareja ganó la FA Cup en 2006. Fue una tarde movidita para el portero, en la que sirvió en bandeja el segundo tanto del West Ham al dejar el balón en los pies de Dean Ashton, y más tarde se comió un centro de Paul Konchesky que se coló por la escuadra.

«Ya sé que debería decir que nunca dejé de creer —explica Reina—. Pero la verdad es que era un partido muy malo para nosotros. Empezamos pésimamente, perdiendo por 0-2; era una tarde cálida y costaba trabajo recuperar. Se convirtió en una tarde dura. Yo estuve inquieto durante todo el encuentro por alguna razón, pero Gerrard marcó dos goles y dio uno. Entonces hice una de las mejores paradas de mi carrera, al desviar el cabezazo de Nigel Reo-Cocker al poste.»

«Nos fuimos a la tanda de penaltis y de repente todos mis nervios desaparecieron. Paré tres lanzamientos. Es curioso: disponíamos de cierta información para los penaltis. Rafa me dio una hoja. Contenía instrucciones sobre Teddy Sheringham, aunque marcó. En el caso de Bobby Zamora, Paul Konchesky y Anton Ferdinand no había ningún dato en el papel, y detuve sus tres tiros. A veces la vida funciona así, y desde aquel momento mi relación con los aficionados despegó de verdad.»

«Me encantaba Anfield. Me gustaba mirar a las gradas y ver a leyendas como Ian Rush y Kenny Dalglish observando el terreno de juego. Fue fantástico cuando Dalglish se hizo cargo del equipo tras marcharse Roy Hodgson: el campo se puso en pie. Los hinchas volvieron a soñar. Fue claramente una decisión romántica y nostálgica; quizá no era un entrenador totalmente adaptado a los nuevos tiempos. Pero llegamos a una final de copa en 2012 y competimos bien. Nadie en el Liverpool diría jamás una palabra contra Kenny. Siempre subrayaba la responsabilidad que teníamos para con la afición; eso era lo mínimo que esperaba. Fue más un reinado emocional que táctico, si tuviera que compararle con Rafa.»

Reina estrechó su relación con Benítez, quien solía retar a sus jugadores a mejorar en vez de elogiarlos. Siempre preparaba grabaciones de errores. Los jugadores solían buscar aprobación, y Benítez los ayudaba a mejorar a través de este análisis. En la temporada 2008-09, el Liverpool terminó segundo con ochenta y seis puntos, solo cuatro menos que el campeón, el Manchester United. En Merseyside, se considera que fue una oportunidad perdida, ya que los *reds* siguen buscando su primer título de liga desde 1990.

Xavi Valero asiente: «Era una plantilla muy equilibrada y el equipo estaba lleno de confianza. Había juventud, experiencia y un núcleo de jugadores y líderes en la cúspide de sus carreras. Teníamos a Reina, Carragher, Hyypia, Alonso, Mascherano, Gerrard, Kuyt y Torres. Eran futbolistas de clase mundial. Poseíamos energía, juventud y carácter. Generábamos multitud de ocasiones en Anfield. Batimos al Real Madrid por 4-0 el martes y luego fuimos a Old Trafford y ganamos al United por 1-4. Esas noches, el ambiente era increíble. He visto a grandes equipos europeos, como el Real Madrid, el Arsenal y el Inter de Milán, sufrir en ese entorno. Los observaba antes del partido sobre el césped. Miraban el estadio que los rodeaba, oían el *You'll never walk alone* y se sentían afectados. Yo no diría que era intimidante. La palabra es "estimulante", pero eso tiene un efecto distinto en los individuos y los grupos».

Reina está de acuerdo: «Desde luego, lo que más lamento

de mi carrera es que ese equipo no conquistara el título. Yo estaba loco por ganar un trofeo con el Liverpool, los aficionados lo reclamaban después de tantos años. Aquella temporada tuvimos una oportunidad. Pero el Manchester United era un equipo increíble, con Cristiano Ronaldo, Carlos Tévez y Wayne Rooney».

Muchos piensan que el monólogo de los «hechos» de Benítez contra Ferguson inclinó el fiel de la balanza a favor del United. El Liverpool ganó solo dos de los siete partidos de la Premier que siguieron a aquella intervención. «Ah, sí, aquello... —Reina tuerce el gesto—. Verás, fue una decisión suya. Todo el mundo intentaba sacar ventaja, pero nadie se esperaba aquello. Era su forma de defendernos, pero pasó al ataque. La rivalidad con el United siempre fue enorme. De acuerdo, el partido contra el Everton es un derbi local, pero no se puede comparar con el United o el Liverpool en la era moderna. En el fondo, no pasará a la posteridad porque no ganamos el título. Fue una decisión de Rafa, pero la gente olvida que acabamos la temporada con diez victorias en once partidos.»

Durante el verano siguiente, Alonso se fue al Real Madrid. Un año antes, curiosamente Benítez quiso vender a Alonso para poder contratar a Gareth Barry. Tras la marcha del vasco se abrió un abismo. En su libro *Ring of Fire*, Simon Hughes entrevistaba a Alonso; el autor concluía que Benítez «provocó un resentimiento que hizo inevitable la marcha de Alonso». Sea como sea, la del futbolista vasco fue una pérdida enorme.

Reina dice: «Xabi es uno de los mejores jugadores de la era moderna. Podía jugar con cualquiera; se asociaba con toda clase de jugadores: Dietmar Hamann, Mo Sissoko, Stevie Gerrard, Javier Mascherano. A todos les gustaba jugar con él. Era increíblemente competitivo. Cuando él se fue, nos hundimos. Dejó el Liverpool para progresar en el Real Madrid. Lo mismo ocurrió con Torres y Mascherano. A veces la gente no entiende que la carrera de los futbolistas no dura mucho tiempo. Queremos lo mejor para nuestras vidas y para nuestras familias».

De casi campeones en 2009 a la séptima plaza y su áspera salida del Liverpool al verano siguiente. La hostilidad y el politiqueo con los dueños norteamericanos del club, Tom Hicks y George Gillett, tuvieron graves consecuencias: con cuatro años por cumplir de un contrato de cinco, Benítez se marchó el verano de 2010. El Liverpool sufrió su falta de ambición en el mercado de fichajes. Una tras otra, sus estrellas se fueron. A comienzos de mayo, Benítez había señalado a los dueños con el dedo. Les dijo que el club iba escaso «de dinero y potencial, de modo que pueden analizarlo detenidamente y obtener respuestas». Remató la frase con un «benitezismo» clásico: «Los aficionados son muy listos; saben qué está pasando». Tal es el *modus operandi* de Benítez con los medios de comunicación: provocar a los dirigentes y tratar de quedar bien con los hinchas.

Sin embargo, cuando se hizo cargo del Chelsea en noviembre de 2012, tuvo que dar con un nuevo enfoque. El Chelsea y el Liverpool mantuvieron una fuerte rivalidad durante los años de Benítez y Mourinho, así que la decisión de echar al popular entrenador que había ganado la Champions League, Roberto Di Matteo, y sustituirlo por el español cayó como un jarro de agua fría sobre Stamford Bridge. Aquellos intensos encuentros de Champions League tuvieron serias repercusiones. Benítez sería tan bien recibido en el Chelsea como Tom Henning Ovrebo, el árbitro noruego cuyo catálogo de errores hizo que el equipo londinense quedara eliminado de la semifinal de la Champions en 2009.

Su primer partido en casa, contra el Manchester City, acabó con un empate a cero, pero el ambiente sorprendió por su toxicidad. Los insultos llovieron desde los cuatro costados del terreno de juego. El Shed End prorrumpió en gritos de «¡Que te den, Benítez, aquí no te queremos!». El locutor del estadio cometió el error de anunciar el nombre del nuevo entrenador; siguió una salva de abucheos. En *The Guardian*, Daniel Taylor escribió: «El motín fue ruidoso y prolongado; para Rafa Benítez, cruel en sus intenciones. Después se encogió de hombros, afirmó que no le preocupaba y trató de convencernos. Pero presenciar la hostilidad que le aguardaba fue espeluznante».

Los dirigentes del Chelsea no mejoraron la posición de Benítez. Su título de «entrenador interino» (que tanto le molestaba) lo presentaba como una solución temporal. Sugería que era prescindible, que los aficionados tenían pocos motivos para tejer una relación profunda con el técnico y que los jugadores sabían que podía marcharse en cualquier momento. Era un sustituto improvisado y provisional; algo así como encender una vela cuando se corta el suministro eléctrico.

La situación empeoró el día de su estreno, cuando apareció en las redes sociales una supuesta cita de 2007: «El Chelsea es un gran club con jugadores fantásticos. Cualquier entrenador quiere dirigir un gran equipo. Pero yo no aceptaría nunca ese trabajo por respeto a mi antiguo club, el Liverpool». Se propagó de inmediato y provocó la indignación generalizada entre la afición del Chelsea; perjudicó la credibilidad e integridad de Benítez. Y, sin embargo, esa es la cuestión. No era verdad. No podía haber dicho que el Liverpool era su antiguo club, por cuanto en 2007 todavía lo dirigía. Antes de que los rusos emprendieran una guerra cibernética contra Hillary Clinton, asistimos a una falsa noticia que precedió a la era de los *fakes*. Se supo que era una cita inventada y compartida en Twitter por un chico de quince años de la República Checa. Benítez negó haberlo dicho, pero el sentimiento perduró.

Benítez era el octavo entrenador del Chelsea en ocho años (un razón para que Pep Guardiola se haya resistido siempre a las propuestas de Roman Abramóvich), pero el técnico español fue el más vulnerable a corto plazo. Tras el empate contra el City, su adversario, Roberto Mancini, dijo que el único camino para que Benítez triunfara era «ganar, ganar, ganar y ganar». Así que, sin contar con el pleno apoyo del club o de la afición, eso es exactamente lo que hizo Benítez. Derrotó al Manchester United en dos ocasiones, ganó la Europa League para asegurarse la participación en la Champions League y consiguió veintiséis de los últimos treinta y tres puntos en juego en la Premier League.

Valero volvió a unir fuerzas con Benítez en Stamford

Bridge. Recuerda aquel primer día como una de sus tardes más «complicadas»: «Sí, fue duro. La principal enseñanza que sacamos de nuestra etapa en el Chelsea fue que, hasta en circunstancias difíciles, podíamos hacerlo muy bien. Ganamos la Europa League; jugamos la semifinal de la FA Cup en Wembley y perdimos con el Manchester City. Rafa es uno de los mejores entrenadores de los últimos quince años. Ha merecido la confianza de muchos clubes. El Chelsea sabía que sería difícil, pero confiaron en él para que los llevara hasta su último destino».

«Conocíamos todas las especulaciones y sabíamos qué podía ocurrir con los seguidores. Conocíamos la gran rivalidad después de las noches de Champions League. Le veían como un hombre del Liverpool entrando en su territorio y en su banquillo. Pero Rafa veía mucha energía que debíamos redirigir en la dirección adecuada. En general, los jugadores se portaron muy bien con nosotros. A pesar de todo el ruido alrededor de Rafa, el club es siempre lo que importa. Los hinchas no dejaron de venir. Se desplazaron a Japón para el Mundial de Clubes; a Leeds en diciembre, para un partido de la Capital One Cup. Estuvieron siempre ahí. Y, créeme, los aficionados son más expresivos en Italia y España, e incluyo lo que vivimos en el Chelsea.»

Se dijo que Benítez tuvo problemas con jugadores veteranos como John Terry, pero en el fuerte contingente español descubrió importantes aliados. «Es obvio que, al principio, el entorno no era propicio para Rafa —dice el defensa César Azpilicueta—. Parte de la afición estaba descontenta con la decisión de ofrecerle el puesto a Rafa. Desde mi punto de vista, me limité a desempeñar mi oficio de jugador y fue un momento importante porque estábamos todos unidos por la presión y el deseo de cambiar los resultados. Al final fue una buena temporada. Tenía que aislarse del ruido y hacernos trabajar. Supo quitarle muy bien la emoción. Es su forma de entrenar. Se prepara muy detalladamente para cada adversario. Obtuvo resultados: esa fue la prueba de su trabajo.»

Juan Mata fue elegido mejor jugador del equipo por

segunda temporada consecutiva: en total, diecinueve goles y treinta y cinco pases de gol. Mata dice: «Personalmente, disfruté mucho jugando con Rafa. Tuve una de las mejores temporadas de mi carrera. Resultaba obvio que el ambiente que rodeaba el club en aquel momento no era el ideal, pero, en el campo de entrenamiento, los jugadores iban apoyando la labor que él estaba haciendo. Ganó la Europa League. Superó muchas adversidades y demostró carácter».

«Es un entrenador que prepara metódicamente. Es raro encontrar a alguien que piense en el fútbol de una manera tan compulsiva como Rafa. Creo que es su vida entera. Es un verdadero estratega, todo está controlado, y tiene una obsesión, en un sentido positivo. Cada entrenador tiene su forma de trabajar. Van Gaal, Mourinho, Rafa..., todos preparan hasta los más mínimos detalles y reducen los márgenes por los que la suerte puede decidir las cosas, y Rafa está justo ahí.»

El centrocampista del Southampton Oriol Romeu, que pasó por el Barcelona antes de firmar por el Chelsea a los diecinueve años, ha jugado a las órdenes de Luis Enrique, Pep Guardiola, André Villas-Boas, Roberto Di Matteo, José Mourinho y Ronald Koeman. Reserva un elogio único para Benítez. «Sé que le han criticado, pero trabajó lo indecible para nosotros en el aspecto táctico del juego. Su organización y atención al detalle eran asombrosas. Volví a entrar en el equipo, fui titular en tres partidos seguidos con el Chelsea, pero entonces me lesioné el ligamento cruzado en Sunderland. En el poco tiempo que trabajé activamente con él, aprendí muchísimo. Aún conservo algunas anotaciones que tomé de sus entrenamientos. Me encantaban sus sesiones de análisis en vídeo, en las que yo hacía una lista de los puntos fuertes y débiles [del adversario] para aprovecharlos. Algún día pienso aplicar sus cualidades a mi propia carrera como entrenador.»

En el Chelsea, Benítez se reencontró con Torres, el delantero que fichó para el Liverpool en 2007 del Atlético de Madrid,: marcó sesenta y cinco goles en ciento dos apariciones ligueras. Sus cifras en el Chelsea, en cambio, fueron solo de veinte tantos en ciento diez apariciones. Aquel traspaso de cincuenta millones de libras [57,5 millones de euros] condenado al fracaso ha sido contado muchas veces. En el Liverpool, era totalmente explosivo. Podía meter goles desde dentro del área o de potentes disparos desde treinta metros, como hizo con un maravilloso tanto contra el Blackburn en 2009. Sabía marcar de cabeza. Podía enfrentarse a los defensores más agresivos de la liga. La mayoría de la gente señala el día que aterrorizó a Nemanja Vidic en una carrera de velocidad y potencia en Old Trafford, pero hubo otro gol contra el United que fue aún más impresionante si cabe. Tuvo lugar en Anfield aquel mismo año, cuando Torres superó a Rio Ferdinand por piernas y por potencia antes de fusilar a Edwin van der Sar.

Sin embargo, en el Chelsea, no fue tan bonito. Tardó catorce partidos en lograr su primer gol con el equipo de Londres. En 2011-12, su primera temporada completa, Torres consiguió solo seis goles en liga. En sus primeros sesenta y un partidos con el Chelsea en todas las competiciones, firmó ocho goles, vio nueve tarjetas amarillas y una roja. El personal de la ciudad deportiva del Chelsea recuerda a un individuo que se volvió cada vez más callado, que se fue aislando. Rara vez se le podía convencer de que se detuviera ante los medios de comunicación en la zona mixta después de los partidos. Sigue siendo difícil determinar qué pasó. Hay quien sospecha que se quemó, como le ocurrió a Michael Owen. Torres debutó en el Atlético de Madrid a los dieciséis años y fue capitán a los veintiuno. Las lesiones de ingle y del tendón de la corva lo castigaron en el Liverpool. Las lesiones del tendón de la corva perjudican la velocidad de un futbolista y su confianza en el *sprint*. También se sometió a dos operaciones de rodilla importantes antes de firmar por el Chelsea. Algunos sostienen que la fisiología de Torres había cambiado. Pero ¿había algo más?

Pepe Reina era vecino suyo cuando ambos residían en Liverpool. El portero frunce el ceño y niega con la cabeza. «No lo sé, la verdad es que no lo sé —responde el cancerbero—. Es muy difícil de entender. Gracias a Dios, yo solo vi al Torres fantástico. Entrenaba extraordinariamente bien; era un líder increíble. Entonces se fue a Londres y..., uf..., cuesta trabajo explicarlo. Fue un mal sueño para él. Quizás..., en el Chelsea, era solo un jugador más; para nosotros era la superestrella. El Chelsea siempre me ha dado la impresión de ser un club más frío, con un entorno menos familiar, y tal vez eso afectó a Fernando. El precio del traspaso también pudo influir. Las cifras pueden pesar mucho sobre las espaldas de uno. Fernando fue siempre un jugador que jugaba al espacio; tal vez no siempre aprovechaban sus puntos fuertes, en este sentido.»

Bajo el peso de la responsabilidad, algunos jugadores crecen unos centímetros, mientras que otros se encogen. Recuerdo una conversación con Álvaro Morata al poco de llegar al Chelsea, en la que explicaba la incidencia de una sequía goleadora en su estado de ánimo. «Es muy duro para un delantero. Está comprobado. Tu misión es meter el balón en el fondo de la red. De acuerdo, nos gusta decir que un atacante abre espacios e influye en los partidos de otras formas, pero no nos engañemos: al final de la temporada, el mejor delantero, aquel del que todo el mundo habla, es el máximo goleador. Yo sufrí una sequía de un centenar de días en los que no pude marcar con la Juventus. Empiezas a volverte loco. No paras de pensar: "necesito un gol, necesito un gol". Pero cuanto más lo piensas, más trabajo cuesta.»

«Los goles llegan cuando juegas con una sonrisa y no piensas demasiado. Puedo sobreanalizar. Puedo pensar mucho, tal vez demasiado, en las ocasiones que he desperdiciado. A veces he marcado en un partido que hemos ganado, pero llego a casa y vuelvo a ver la ocasión que marré o le digo a mi mujer: "Debería haber marcado aquí o allá".»

«En la Juve, durante aquella sequía, cambié de coche, de corte de pelo, de botas. Lo probé todo para romper el maleficio. El vestuario me ayudó durante el proceso. Fueron directos, cara a cara. Gianluigi Buffon te hablaba claro. Nada de secretos: aquello era como una familia. Cuando tienes un problema en la Juve, no lloras ni te quejas; le haces frente, se trabaja unidos para sacarlo adelante y mejoras.»

Por desgracia, Torres no mejoró como futbolista en el Chelsea. Pero después de titubear a las órdenes de Carlo Ancelotti, André Villas-Boas y Roberto Di Matteo, Torres recobró parte de su estado de forma anterior tras reencontrarse con Benítez. Marcó quince goles entre diciembre y la conclusión de la temporada, entre ellos el que permitió ganar la final de la Europa League contra el Benfica. Valero recuerda que la relación entre Mata y Torres fue fundamental. El mediapunta se movía detrás del delantero y filtraba pases a Torres. No había tenido una conexión así desde su etapa con Steven Gerrard en el Liverpool.

Azpilicueta está de acuerdo: «Con Rafa jugábamos de forma distinta con respecto a Torres. Cambiamos algunas cosas que ayudaron a Fernando y aprovechamos sus virtudes. También sabíamos que Torres había sido una estrella con Rafa anteriormente, y estoy convencido de que eso le dio más confianza. Marcó un golazo en la final. Volvió a parecerse al futbolista que había sido. Pero fíjate en los trofeos que ganó con el Chelsea: la Champions League y la Europa League; eso es lo que hay que recordar».

Benítez salió del Chelsea al final de aquella única temporada. Fue el regreso de Mourinho. Sin embargo, para entonces, Benítez había exhibido nuevas cualidades, principalmente la capacidad de triunfar afrontando todo tipo de obstáculos. No pudo quedar bien delante de la afición, pero logró sacar rendimiento a sus jugadores. En el caso de los hinchas, el éxito hizo que el ambiente fuera menos tenso, pero en la final de la Europa League aún pudieron verse pancartas que decían: «Queremos a Jose». Y tuvieron a Jose.

A su llegada, el entrenador portugués empezó a tomarla con los favoritos de Benítez. Su primera víctima fue Juan Mata. Poco le importaba a Mourinho que Mata fuese popular entre los seguidores y hubiera sido el mejor jugador del equipo durante dos años consecutivos. Hasta el 1 de enero, Mata salió como titular en diez partidos de la Premier League, pero Mourinho lo sustituyó a menudo. En una cena de la Asociación de Escritores de Fútbol en honor de Mourinho, Frank Lampard explicó que el portugués no solo mejoró el estilo de Eden Hazard, sino que además convenció al belga de que se plegara a sus exigencias defensivas y persiguiera a los laterales derechos ofensivos.

En Mata, sin embargo, Mourinho no parecía ver las mismas cualidades. Mata estaba descontento, hasta el punto de que mantuvo una entrevista con Roman Abramóvich, quien accedió a que abandonara el club si la situación persistía. En enero de 2014, Mata se marchó al Manchester United. Azpilicueta recuerda: «Juan había sido nuestro mejor jugador durante dos temporadas seguidas. Triunfó y conquistó trofeos. Los aficionados le adoraban y todo el mundo en el club le quería. No jugaba tanto como le habría gustado y tuvo una fantástica oportunidad de irse al Manchester United. Me puse muy triste cuando dejó el club, pero, por encima de todo, creo que toda la gente alrededor del club quería que fuera feliz».

Hablar de la situación con Mata fue complicado. Para cuando mantuvimos la entrevista para este libro, a principios de 2017, un giro del destino había hecho que Mourinho fuese ahora su entrenador del Manchester United. «Siempre estuve tranquilo en el verano que llegó al United —afirma Mata—. Por supuesto que dudé brevemente. Jose me dejó muy claro que quería trabajar conmigo en el United. Era lo que yo necesitaba oír. Por lo que a mí respecta, el caso estaba cerrado.»

«La primera temporada marcha bien, me siento muy orgulloso, y esto dice mucho a favor de nosotros como personas. Hay gente que habla mucho y se inventa historias. Yo no puedo controlar todo eso, pero a pesar de todos los rumores que surgieron cuando llegó Jose, la realidad me quedó clara desde la primera semana. Trato de evitar todo el ruido. Alguien te llama y dice: "¿Has visto esta noticia o aquella?". Yo sabía cuál era la verdad y solo me centraba en trabajar duro para el míster.» Mata se erigió en una figura influyente en el conjunto de Mourinho; antes de la victoria en la final de la Europa League sobre el Ajax en mayo de 2017, el técnico afirmó que necesitaba «el cerebro de Mata» dentro del equipo.

En el caso de Torres, no habría una segunda etapa con

Mourinho. Fernando marcó un total de once goles en la primera temporada del entrenador portugués en el Chelsea, pero él y sus compañeros en la delantera Samuel Eto'o y Demba Ba consiguieron menos de diez tantos en la liga. Destaca un recuerdo de un partido entre el Crystal Palace y el Chelsea hacia el final de la temporada 2013-14. El Chelsea perdió por 1-0, un duro golpe para sus aspiraciones al título. El equipo acabó tercero en la Premier League. Cuando se le pidió que diagnosticara la fragilidad de su escuadra, Mourinho bromeó: «No lo diré delante de las cámaras de televisión, pero lo escribiré en un papel». La palabra garabateada en la hoja era directa y sin tapujos: «COJONES».

Mourinho conocía los «cojones» que necesitaba. Tres semanas más tarde, el Chelsea jugó contra el Atlético de Madrid en la semifinal de la Champions League. Diego Costa, el delantero atlético, ya había marcado treinta y cuatro goles en treinta y nueve apariciones, más que el total anotado por todo el once titular del Chelsea de aquella noche. En el verano de 2013, Costa recibió el interés del Liverpool, pero Mourinho le convenció de esperar un año y aliarse con él en el Chelsea al verano siguiente, cuando hubiera dinero disponible.

Mourinho estaba construyendo otra máquina de ganar en Chelsea. Azpilicueta, con su tenacidad defensiva, sus grandes dotes de liderazgo y su calidad con el balón en los pies, encarnaba el espíritu del nuevo equipo de Mourinho. El técnico dijo: «Azpi es un tipo de jugador que me gusta mucho. Un equipo con once Azpilicuetas probablemente podría ganar la Champions League, porque el fútbol no consiste solo en puro talento. El fútbol consiste también en carácter y personalidad. Y Azpilicueta reúne todas las virtudes de una actitud ganadora».

Azpilicueta llegó al Chelsea en 2012 a cambio de seis millones y medio de libras esterlinas [7,5 millones de euros]: una ganga. Empezó como lateral derecho, pero terminó en la banda izquierda a las órdenes de Mourinho, antes de descollar en la defensa de tres de Antonio Conte. «Cuando llegó Jose, tuve grandes expectativas. Por encima de todo, sabía que podía mejorarme como futbolista. Quería aprender de él y ganar títulos. Hicimos esas cosas: es lo que hace él. Siempre he sentido que deposita en mí una confianza enorme. Me entristeció que terminara de aquel modo. No fue bueno para nadie.»

«No me importa ser versátil. La gente se agobia y piensa: "Si soy diestro, ¿cómo puedo jugar en la izquierda?". Nuestra misión como jugadores es hacer que funcione. Muchos equipos jugaban con extremos a pierna cambiada, con lo que se movían hacia su lado más fuerte, y eso me daba ventaja, ya que podía entrarles con mi pierna buena. Desde luego, cuesta más trabajo atacar, porque pierdes ese medio segundo para desplazarte hacia tu lado bueno. Ahora me siento igual de cómodo en ambos lados. Si paso de una posición a la otra, me adapto. Te adaptas y sobrevives.»

«Después de las sesiones de entrenamiento, practicaba con la pierna izquierda. Me centraba en la posición de mi cuerpo, en ejercicios de pase y en análisis complementarios con vídeo. Tenía que visualizar las situaciones para saber cuál era la mejor opción. Estaba claro que durante la primera temporada de Jose mejoramos, pero en la segunda estábamos bien preparados para competir y ganar el título. En la Champions League, alcanzamos las semifinales en aquel primer año. No nos estancábamos. Pero Jose iba imponiendo sus ideas; entonces, en el verano de 2014, realizamos cuatro fichajes muy claros que aumentaron nuestro nivel y dimos un gran salto. Filipe Luis, Cesc Fàbregas y Costa tenían un nivel muy alto. Además, regresó Didier Drogba. Firmaron a principios de la pretemporada: todo el mundo estaba listo. Sabíamos exactamente cómo marcharía la temporada y que teníamos muchas posibilidades de ganar el título.»

Costa tenía sus excentricidades, pero era un competidor con valentía y talento a partes iguales. La idea que se tiene de él es algo sesgada, en buena parte por lo que sucedió en el verano de 2017, cuando una tormentosa disputa con Antonio Conte puso un amargo fin a su estancia en el Chelsea. A juzgar por el desenlace final, algunos en el Chelsea habrían comprendido el punto final de la etapa de Costa en el Albacete, donde llegó a ser conocido por algunos compañeros de equipo como «ese jodido brasileño».

Cuando el *Daily Mail* me hizo llamar a su Lagarto natal, mientras Costa estaba en huelga durante el fin de semana inaugural de la Premier League en 2017, descubrí a un personaje que no podía ser más distinto del delantero rabioso y mordedor que aterrorizaba a los defensas. Se mostró afable y cordial, ingenioso y divertido. En cierta ocasión, Mourinho definió Lagarto como un lugar «más allá de la puesta del sol». La mayoría de la gente con la que me topé más tarde en un viaje a Sao Pâulo y Belo Horizonte no había oído hablar nunca de aquella pequeña ciudad. No obstante, es allí donde Costa se crio y donde tiene su corazón. Es allí por donde caminaba más de media hora todos los días para jugar al fútbol con el equipo local o donde llevaba a dar un paseo en bicicleta a un amigo sordomudo que vivía en su calle.

También es donde eligió pasar varios meses de huelga, viviendo felizmente sin cobrar y haciendo caso omiso a los correos y las cartas que exigían su retorno. Estaba firmemente decidido a regresar al Atlético de Madrid, cosa que logró en septiembre de 2017. Los pormenores de su rifirrafe con Conte (el brusco mensaje de texto enviado por el entrenador notificando que su etapa en el Chelsea había llegado a su fin) están bien documentados. «Estaba claro. Decía que no contaba conmigo y que me deseaba lo mejor para el futuro. Punto final», dijo Costa.

Acusó al Chelsea de tratarle «como un delincuente» y se negó a emprender acciones legales. Dijo que siempre conservaría el mensaje de texto de Conte en su teléfono y afirmó que al técnico del Chelsea le «faltaba de carisma» en comparación con su predecesor, Mourinho. Costa también le acusó de bloquear las negociaciones de su contrato, en enero. Es una versión de lo que pasó. Posteriormente, el Chelsea filtró informaciones en el sentido de que, en realidad, Costa había pedido dejar el club antes de la primera temporada de Conte en el cargo. Finalmente, le convencieron de que se quedara, pero en enero, cuando las negociaciones del contrato se estancaron, llegó una propuesta de la Superliga china. El

Chelsea incluso convocó una reunión en enero, con la presencia de Conte y los jugadores. En ella, el club explicó el deseo de Costa de marcharse. Al final se quedó, firmó veinte goles en el camino hacia la consecución del título de la Premier League y marcó en la derrota por 1-2 en la final de la FA Cup a manos del Arsenal. Desde Wembley, voló hasta Lagarto.

Sin embargo, en tres temporadas en el club, Costa encabezó la conquista de dos títulos. Cuando estaba en forma, acababa con las defensas de la Premier League. Era uno de esos jugadores a los que los hinchas rivales declaraban su odio, pero deseaban en secreto que fuera uno de los suyos. Costa es un adversario y un provocador. Es pícaro y malicioso en el terreno de juego. Pisaba a los rivales, como al centrocampista del Liverpool Emre Can. Provocaba despiadadamente al defensor del Arsenal Gabriel Paulista. Norman Hunter, el legendario central del Leeds, admitió que Costa es el único delantero moderno que le gustaría que viajara en el tiempo, así podría enfrentarse a él.

Sin embargo, Costa es también un magnífico referente en ataque y un prolífico goleador. Álvaro Morata, el delantero español que siguió a Costa, difícilmente habría podido ser más opuesto. Costa posee un físico curtido y endurecido por la lucha; su rostro es el de un hombre mucho mayor que lo que pone en su carné de identidad. Morata es un madrileño de aspecto aniñado e inmaculado, bien parecido, criado en urbanizaciones residenciales de la clase media y casado con una encantadora modelo italiana. Por supuesto, es un excelente delantero por derecho propio y se enfrentó admirablemente la misión de sustituir a Costa. Morata había aprendido el oficio con esfuerzo, entrenando contra Pepe y Sergio Ramos en el Real Madrid y viéndoselas con Giorgio Chiellini, Leonardo Bonucci y Andrea Barzagli, que le rascaban los tobillos en su etapa en la Juventus. «¡Chuta, chuta, chuta!», sonríe.

En el Chelsea, Costa dejó un gran vacío. Estuvo soberbio en la laureada temporada de Mourinho, pero fue uno de los muchos que se diluyeron en una tercera campaña que acabó con el técnico portugés: despedido en diciembre. Yo esperaba que Costa fuese crítico con Mourinho, pero en su lugar dijo: «Jose le caía muy bien a la gente. Ganamos mucho con él y todo el mundo estaba contento. Ganas, pero tienes que ganar, ganar y ganar otra vez. Me ha llamado durante la pretemporada, directamente a mi teléfono. Lo hizo para saber cómo estoy personalmente. Me deseó suerte. No hubo nunca ningún problema entre nosotros».

Sus antiguos compañeros del Chelsea también reflejan que la pareja mantenía una buena relación. Mourinho revolucionaba el motor de Costa en los entrenamientos y antes de los encuentros, ordenándole que se moviera por el campo sin cesar, que provocara a sus adversarios y ganara partidos. Cuando los medios se volvieron contra Costa por sus indiscreciones, fue la gente del Departamento de Comunicación del Chelsea la que sintió el peso de la frustración del delantero, no Mourinho, que no se preocupó demasiado. En lugar de eso, el portugués vio en ello una oportunidad para unir más a su plantilla: «nosotros contra el mundo». Más allá de eso, le valía con que Costa ganara partidos para su equipo.

La última temporada de Mourinho fracasó. Costa se vio relegado a la suplencia durante varios partidos. «No puedo explicarlo —dice Azpilicueta—. Era el mismo entrenador y la misma plantilla. Es complicado. Las cosas se torcieron desde el comienzo. Todo se precipitó muy deprisa. De acuerdo, en algunos partidos parecía que la suerte nos hubiera dado la espalda. Pero la dinámica se tornó muy negativa, cosa que se reflejó en los resultados. No veía solución al problema. Veía a un entrenador y a un cuerpo técnico que hacían todo lo posible por cambiar la situación y sacar resultados, pero no funcionaba. No podíamos salir de la rutina.»

«Cuesta trabajo precisar un momento en el que supimos que estaba perdido. Desde el comienzo, empatamos nuestro primer partido en casa contra el Swansea. Luego perdimos con el Crystal Palace en casa. Fue una sucesión de cosas negativas, una tras otra. Rematábamos al poste, nos sacaban balones sobre la línea de gol. No estábamos acostumbrados a eso. La verdad es que ni siquiera estábamos habituados a perder dos partidos consecutivos, así que, psicológicamente, supuso un nuevo reto. El fútbol es aún más competitivo en Inglaterra. Cuando ganas, sabes que va a resultar más difícil la próxima temporada. A los equipos les cuesta defender el título. Tienes que adaptarte, pero no resulta fácil.»

El Chelsea y Costa recobraron su magia a las órdenes de Conte. Es una lástima que la relación entre entrenador y delantero fuese tan efímera. La pequeña ciudad brasileña permite entender la resuelta personalidad de Costa. Es un hombre cuyo genio puede estallar a la mínima provocación. En un partidillo en la escuela, respondió a un caño pegándole un puñetazo en la cara al jugador que se lo había hecho. Ya se ha expuesto a la ira de sus patrones otras veces. A las órdenes de Quique Sánchez Flores en el Atlético, llegó a la pretemporada tarde y con sobrepeso. «Échale la culpa a mi madre, cocina demasiado bien»: esa fue la excusa que esgrimió para justificar su barriga. En Conte, Costa dio con la horma de su zapato.

Quienes lo conocen afirman que Costa es un hombre de principios. Pero también es alguien que se crio en Brasil, que jugó brevemente en la selección de su país natal y que después cambió para jugar con España. Su padre, conocido como Zeinha, lo bautizó con el nombre de pila de Diego Maradona, mientras que el hermano mayor de Costa se llama Jair, en honor de Jairzinho, el icono brasileño de la Copa del Mundo de 1970. Zeinha explicó al portal Bleacher Report: «Eso se debe a que Luiz Felipe Scolari le dio solo diez minutos, así que se molestó, como es natural. Aquellos pocos minutos fueron insuficientes para demostrar su capacidad, de manera que no se lo reprocho. Uno aprecia a quien sabe apreciarle, y España se lo dio todo. Aquí…, los medios de comunicación de Brasil no le aprecian; no le han dado nunca ningún valor».

Sin embargo, la personalidad de Costa encierra rasgos más atractivos. Habla con un grado de sinceridad que escapa a la mayoría de los futbolistas modernos. Ha invertido en tierras locales en Lagarto y está proporcionando un entorno seguro para que los niños disfruten del deporte con su proyecto social «Balón de Oro». En el Chelsea, a pesar de todo, muchos jugadores y auxiliares todavía sonríen ampliamente cuando oyen mencionar a Costa. Exasperaba y entusiasmaba a partes iguales. En el complejo de entrenamiento de Cobham, adoptó un pasatiempo que consistía en birlar las llaves de los carritos médicos a diario; luego arrojaba el vehículo dentro de una zanja. Le parecía divertido. También cuando intentó (con la ayuda de su cómplice Nemanja Matic) encerrar a Eden Hazard en una caja de cartón. En otra ocasión, saqueó la habitación de hotel del fisio junto con sus compañeros Willian y Ramires.

Existe una ingenuidad encantadora en Costa. Cuando a sus diecinueve años llegó a la ventosa España para firmar con el Atlético de Madrid, llevaba unas bermudas de flores y chancletas. El periodista español Fran Guillén escribió una fascinante biografía del delantero, con algunas de esas anéc-dotas que se han transformado en clásicos. En Albacete, la policía se presentó en el domicilio de Costa después de que su vecina se quejara de un ruidoso evento social cuando los compañeros del equipo se reunieron para hacer una barbacoa. En otra ocasión, la misma vecina se quejó a su club de que había puesto una película porno demasiado alta. «¿Qué ocu-rre? ¿No le gusta hacer el amor?», le preguntó Costa. Así pues, no faltan anécdotas divertidas en el historial del hispa-no-brasileño.

Sea como sea, Costa conserva un fuerte sentido de iden-tidad y se rige por sus principios. Me cuenta un caso de su etapa en el Albacete. El club estaba sumido en problemas económicos y los jugadores recibieron su sueldo durante una semana en la que muchos miembros del personal auxi-liar del club se quedaron sin él. Costa se negó a entrenar hasta que todo el mundo percibiera su paga. Cuando consi-dera que él o un amigo suyo han sido agraviados, siente la obligación de mantenerse firme. En el caso de Conte, se sintió maltratado y tuvo que defender su terreno. Pero toda-vía conserva el afecto por el Chelsea. Cuando estuve con él en su sala de estar, durante la derrota del Chelsea por 3-2 ante el Burnley, saltaba como el muñeco de una caja de resorte mientras su equipo buscaba el empate. Costa guarda premios de hombre del partido de partidos contra el Everton y el Crystal Palace en la casa de sus padres, pese a que dista casi ocho mil kilómetros de Londres.

«Mira, ven a ver esto. ¡Te presento a Ben!» ¿Quién es Ben?, le pregunto. «¡El Big Ben, por supuesto!», contesta, jugueteando con una pequeña réplica ornamental del célebre monumento londinense. Costa, al igual que Benítez, puede llegar a ser un gran incomprendido.

9

Artistas y pragmáticos

*U*n gélido anochecer de enero en las Midlands de Inglaterra, un vehículo está aparcado en una calle secundaria adyacente al estadio Villa Park del Aston Villa. El aguanieve recorre las aceras y las farolas parpadean de vez en cuando. En el interior del coche, un hombre de mediana edad y casi calvo manipula con gesto exasperado un dispositivo de navegación por satélite. La voz robótica que da instrucciones repite la orden: «Por favor, haga un cambio de sentido».

Todos hemos pasado por eso. Y también, desgraciadamente, Pepe Mel. «Mi primer día en el West Bromwich me dieron un coche —empieza diciendo—. Era una noche gélida y oscura. Terminamos de entrenar y salí de la ciudad deportiva a las seis de la tarde. Sales de la ciudad deportiva y atraviesas el Black Country. Sea como fuere, me perdí. Me perdí del todo. El navegador por satélite que me dieron estaba en inglés; el tipo de la máquina iba dándome instrucciones y yo no entendía nada. Era incapaz de reconfigurar el aparato, pues ni siquiera podía leer nada de lo que ponía allí. Tuve que llamar al encargado de prensa del West Bromwich, quien vino a buscarme. Y allí estaba yo, aparcado a un lado de la calle durante más de una hora, y fue aún peor porque me las arreglé para aparcar en una calle que distaba solo cien metros del Villa Park, el campo de nuestro gran rival.»

Para Mel, ese fue el primero de varios falsos inicios tras ser designado entrenador del West Bromwich a comienzos de enero de 2014. Su estancia en el club solo duró cinco meses. En verdad, el fútbol inglés apenas rozó la superficie de uno de los personajes más estrafalarios del balompié hispano. Es un cuentista ameno, tanto en persona como en prosa. Embriagado por las novelas de Dan Brown, la *opera prima* de Mel, *El mentiroso*, se publicó con una buena aceptación crítica y comercial en 2011. Le siguió *El camino al más allá*, antes de que Mel se adentrara en el campo de la literatura infantil en época más reciente. «Evasión», sonríe.

En el inseguro y quebradizo mundo de la gestión futbolística, donde las redes sociales amplifican cualquier error de cálculo táctico y los canales de noticias de veinticuatro horas ofrecen las probabilidades del próximo despido de un entrenador, se necesita una distracción. Algunos técnicos prefieren las tentaciones de Silicon Valley, dispositivos de lujo y coches deportivos veloces. Para Mel, escribir supone el bálsamo reconfortante que desvía la atención de los incendios devastadores. Supongo que le ayuda. «Decididamente, escribir es un modo de escapar de las presiones del fútbol. Ahora mismo no estoy trabajando y, por lo tanto, mi escritura es terrible. Pero cuando entreno y estoy estresado, es entonces cuando fluye la adrenalina y las palabras caen sobre la página a la perfección. ¡Tal vez no sorprenda en absoluto que escribiera mucho en el West Bromwich!»

El mentiroso es una lectura fascinante, en la que el protagonista, Cail Lograft, desvela unos raros hallazgos arqueológicos del antiguo Egipto antes de emprender una aventura por todo el mundo, perseguido por mafias de Oriente Medio y con la implicación de la Iglesia católica. «Me siento atraído por la arqueología, el misterio y la fantasía —dice sonriendo—. Ese primer libro reúne estas tres cosas. El tercero, que he publicado hace poco, es un libro infantil. Es una forma de pensar distinta, más difícil. ¿Entendemos de verdad al público? ¿Cómo lo hago accesible para niños? Creí que la mejor manera consistía en regresar a mi propia infancia. De hecho, es un libro semi-autobiográfico, que recoge los pensamientos, sensaciones y experiencias de un chico que se mete en el fútbol.»

Ve similitudes entre la dirección técnica y la escritura, en la serie de instintos y los incesantes retoques y ajustes. «Decidir tácticas o decidir las palabras sobre la página. Siempre te estás preguntando: ¿es mejor así o asá?»

En el West Bromwich, a Mel no le faltaron oportunidades de autoevaluación. Había sido una opción inesperada y valiente para sustituir a un decepcionante Steve Clarke. El equipo iba decimocuarto en la Premier League; estaba solo a cuatro puntos del descenso cuando llegó Mel. El director técnico y deportivo Richard Garlick comentó sobre su designación: «Pepe era un sólido competidor desde el principio debido a sus impresionantes logros. Y se ha convertido en nuestro candidato número uno. Es un entrenador de mentalidad ofensiva cuyos equipos son conocidos por practicar un estilo de fútbol atractivo y alegre».

La misión de Mel era clara: revolucionar la identidad del club e inculcar un estilo de fútbol atrevido y sofisticado. El éxito de la selección española había animado a los clubes a seguir esa última tendencia. Para un club cuyos entrenadores anteriores habían sido Clarke y Roy Hodgson, y cuyos técnicos posteriores han sido Alan Irvine y Tony Pulis, parecía algo bastante raro. Aun así, el West Bromwich cuenta con una tradición de juego atractivo y de talento ofensivo. Bryan Robson, el excentrocampista de Inglaterra y del Manchester United, entrenó al club durante dos años, mientras que el mago argentino Osvaldo Ardiles había dirigido la escuadra de las Midlands en la temporada 1992-93. Los seguidores del West Bromwich recuerdan al espontáneo equipo de Vic Buckingham de la década de los cincuenta, así como la escuadra pionera y competitiva de Laurie Cunningham y Cyrille Regis allá por los años ochenta. Mel sospecha que toda esta tradición decidió al club a ficharle.

Mel se había ganado una espléndida reputación en el Real Betis. Tras ser delantero bético y graduado en la escuela del Real Madrid, había regresado para conducir al club andaluz al ascenso a primera división. Más tarde, capeó el temporal cuando la entidad confundió su increíble deuda con su séptimo lugar en la temporada 2012-13 y se clasificaron para la

Europa League. Cuando fue destituido en diciembre de 2013, con el club hundido en la parte baja de la clasificación y el equipo en una forma alarmante, la afición salió en su defensa. Los ultras del Betis lanzaron piedras contra el edificio donde despedían a Mel. El afecto era mutuo. En cierta ocasión, Mel declaró a la prensa que preferiría que su hija «llegara a casa y me anunciara que estaba preñada» a ver el Real Betis descendido.

«Tuve una experiencia muy buena en el Real Betis. Entonces las cosas se torcieron y llegó la destitución. Curiosamente, mi primer contacto con el West Bromwich fue por Skype. Mantuvimos una videoconferencia con Garlick, el director, y luego organizamos una reunión en Londres. El West Bromwich quería cambiar su estilo de juego. Era (o es) un club inglés muy característico. Me pidieron que cambiara toda su manera de pensar. Dos semanas después, nos encontramos en Londres y decidimos emprender la aventura juntos. La primera entrevista por Skype fue extraña, porque yo no hablaba nada de inglés. Garlick tenía a Dave McDonough a su lado. Dave habla español muy bien; además, fue ayudante de Rafa Benítez en el Liverpool y en el Valencia. Era estimulante para mí, una nueva aventura, pero con el inconveniente de que apenas sabía hablar inglés.»

Algunos personajes de este libro exageran sus deficiencias en la lengua inglesa. No es el caso de Mel. Extrañamente, el club no contrató al equipo técnico de Mel; la situación empeoró cuando McDonough salió de la entidad al poco de la llegada del español. «No sé por qué se fue. Pero, después de aquello, nadie en el club sabía español, excepto David Gómez, que vino como preparador físico. Yo no hablaba inglés. Naturalmente, eso afectó a mi confianza. En la ciudad deportiva, todo el mundo parecía encantador y tenía una sonrisa en el rostro, pero era casi imposible mantener una conversación que durara por lo menos un minuto.»

En el campo de entrenamiento, la barrera idiomática generó inseguridad y desconfianza. Mel heredó a Keith Downing y a Dean Kiely como ayudantes. Cuando el equipo entró en crisis, los problemas se multiplicaron. «Mi mayor error fue, obviamente, mi incapacidad para hacerme entender a los jugadores. Mirando atrás, fue ingenuo. Tal vez hemos visto un caso parecido con las dificultades de Gary Neville en el Valencia. Tenía que pasar todo el día tratando de explicar cosas a mi ayudante, Keith Downing. Él estaba en el campo transmitiendo mis instrucciones. Así lo hicimos.»

«Lo más importante en un cuerpo técnico es que todos sus miembros piensen lo mismo que el entrenador. Para mí era difícil. Recuerdo, por ejemplo, que estaba desesperado por conseguir que los chicos jugaran desde atrás con confianza. No todo el mundo estaba de acuerdo. Algunos decían: "Si Ben Foster tiene un saque potente y puede hacerle llegar el balón directamente a Victor Anichebe, ¿por qué debemos perder tiempo jugando desde atrás?". Era la forma de jugar del West Bromwich. Muy bien, lo respeto, pero me habían traído con la consigna de cambiar cosas. Si quieres jugar así, ¡mete a Tony Pulis! Para ser justos, al final lo hicieron. La lección que extraje es que fichar a un entrenador español sin un cuerpo técnico español no es la mejor idea si se pretende cambiar la mentalidad o la forma de jugar.»

Mel trató de corregir sus deficiencias. «Tenía un profesor de inglés pagado por el West Bromwich, y otro que me pagaba yo. Empecé con términos futbolísticos: *throw-in*, *corner*, *man-on*, *set-piece*... Me gusta mantener reuniones con jugadores veteranos y quería hacer eso con chicos como Gareth McAuley y James Morrison. Quería motivar al equipo, pero era imposible. Siempre necesitaba alguien que me diera la mano. Hubo una semana en la que Stephane Sessegnon me necesitaba para algo y yo necesité a mi profesora española allí para traducir, porque no sabía decir lo que pensaba. Lo importante para mí era que, cuando finalizara la temporada, el West Bromwich se mantuviera. Recuerdo sobre todo un partido en Swansea en el que cambié de sistema; jugamos con cinco atrás, y aquella semana fue importante para la permanencia.»

Sin embargo, Mel quedó afectado por aquella experiencia. Quiso imponer su visión romántica del fútbol, pero tropezó con obstáculos a cada paso. El idealismo dio paso al pragmatismo después de que los jugadores suscitaran dudas. Una vez que los futbolistas del West Bromwich decidieron que Mel los conducía hacia el precipicio, estuvo perdido. Tras no poder ganar sus primeros ocho partidos en la Premier League, el polémico centrocampista Joey Barton se desahogó en Twitter. Barton escribió: «Recordad, por cada Mauricio Pochettino, hay un Pepe Mel». En la primavera de 2014, Pochettino había llevado a un joven equipo del Southampton hasta la octava plaza de la Premier League antes de incorporarse al Tottenham, donde su reputación sigue aumentando como uno de los técnicos más prometedores del continente.

Sin embargo, a Barton quizá se le escapaba hasta qué punto Pochettino había dependido de Mel. «Mauricio es argentino, pero es uno de mis pupilos —dice Mel—. Lo formé en el módulo táctico de la Federación Española, junto con otros como Aitor Karanka y Fernando Hierro. Pochettino tiene las ideas muy claras y las transmite con mucha claridad. Cuando llegó al Southampton, pasó apuros porque no hablaba inglés. Recuerdo que me comentó lo preocupado que estaba. Sin embargo, tenía con él a mi amigo y ayudante suyo Jesús Pérez, que lo habla estupendamente y que piensa de la misma forma. Creo que esa fue la única diferencia entre la experiencia de Pochettino en el Southampton y la mía en el West Bromwich.»

Finalmente, un cóctel nocivo entre sus problemas con el idioma y el escepticismo del vestuario acabó por condenarle. «Resultaba muy difícil con los jugadores. Era evidente que albergaban dudas. Nos enfrentamos al Aston Villa en el Villa Park y jugamos con un 4-3-3, tratando de mantener el balón y presionar rápido y pronto. Nos pusimos 0-2 a favor. Todo cambio cuando Nicolas Anelka se lesionó (luego fue suspendido por el saludo "quenelle" que había hecho en un partido antes de mi llegada). Perdimos el encuentro contra el Villa por 4-3 y los jugadores dejaron de creer en el proyecto. No estaban acostumbrados a lo que yo les pedía. Ese fue el partido que lo estropeó todo. No podían entenderlo y optamos por plegarnos a los deseos de los jugadores.»

«Fue triste porque me gusta que mis equipos jueguen con

libertad y una sonrisa en el rostro. Mis equipos deberían ser felices. Costaba trabajo hacer que esto ocurriera en el West Bromwich, porque para ello los jugadores tienen que creer. Fue muy duro renunciar a mis creencias. Tienes que poder hablar con los jugadores, oler y tocar el balón. Mis mensajes eran de segunda mano, por así decirlo. No sé si mi mensaje se transmitía como quería, de un modo positivo. Eso es algo que solamente saben Keith y Dean Kiely.»

«En realidad, en cuanto llegué, supe que aquello no funcionaba. Internamente, el West Bromwich no quería cambiar las cosas. Yo no encajaba con la forma de entender el fútbol de sus jugadores. Eso no equivale a decir que Inglaterra no tenga futbolistas bien dotados técnicamente. Creo que el fútbol inglés ha producido jugadores magníficos. En los últimos años, por ejemplo, he hablado con el Real Madrid, el Barcelona, el Valencia (con cualquiera que desee escuchar en España) para destacar el potencial de Saido Berahino. Lo tuve a mis órdenes, lo estaba haciendo bien y habría podido ser cualquier cosa que se hubiera propuesto. Cada semana que no mejora, es un daño que se le hace al fútbol inglés. Conmigo jugó todos los partidos. Es un chico especial, pero tenía una situación familiar complicada; su círculo de amistades dejaba bastante que desear.»

Un análisis retrospectivo sugiere que se cometieron errores por todas las partes. El West Bromwich quería abrirse al mundo. La ambición de Mel era loable. El técnico madrileño sacó al club de su aislamiento, pero el cambio fue demasiado brusco, demasiado radical y demasiado desconcertante como para dar resultado. Es injusto definir a Mel como la luz y al West Bromwich de Tony Pulis como la oscuridad. El primero se tambaleó al borde del descenso de la Premier League, mientras que el segundo consiguió un puesto en la parte alta de la tabla al término de la temporada 2016-17. En 2013-14, el West Bromwich salvó la categoría a un par de jornadas del final, pero el futuro de Mel estaba claro.

«Antes de los dos últimos partidos contra el Stoke y el Sunderland, mantuvimos una reunión con Richard Garlick y con el presidente Jeremy Peace; decidimos que lo mejor era separarnos. No llegamos a hablar de los posibles traspasos en el verano. Estaba todo muy claro. Me gustaría que el fútbol inglés conociera al auténtico Pepe Mel. Siempre intento mejorar. Tuve ofertas desde Dubái que rechacé porque quería prepararme mejor para una oportunidad en Inglaterra. El pasado verano, el Nottingham Forest demostró interés y también el Aston Villa se lo pensó antes de contratar a Steve Bruce. Él era la primerísima opción. Cuando Quique Sánchez Flores estaba en el Watford, me dejó entrar allí durante diez días y observarlo todo. Aquello me permitió recuperar el olor del fútbol inglés. Me encanta mi trabajo. Es mi pasión y quiero demostrar que he hecho progresos.»

«Quique, ¿quieres hablarme de tus referentes futbolísticos?» Quique Sánchez Flores sonríe maliciosamente y cobra vida mientras recita de un tirón la lista de sus principales influencias. «¿Por dónde empiezo? —pregunta con una sonrisa—. Mi padre, Isidro, que jugó en el Real Madrid, es el primero. Luego está mi padrino, Alfredo di Stéfano, que era como mi segundo padre y uno de los mejores amigos de papá. Tuve una fantástica relación con la leyenda portuguesa Eusébio.»

Un cínico podría concluir que Flores siempre está mencionando la gente importante que conoce, pero, en realidad, simplemente ha tenido una existencia de lo más singular. Es encantador, tiene mil anécdotas que contar, tiene influencias artísticas en su familia y siempre quiere saber más y más. Su vida familiar es el deporte y el escenario. Fuera del terreno de juego, sus dos pasiones convergen. Su padre jugó en el Madrid de Di Stéfano y de Ferenc Puskás; su madre, Carmen, y su tía Lola fueron grandes estrellas de la música y del cine español. En Jerez de la Frontera, Lola tiene una estatua en una plaza, en una elegante pose de bailaora. El tío de Quique, Antonio González, es un conocido guitarrista de rumba catalana. Su prima Rosario es una famosa cantante y actriz (protagonizó una película de Almodóvar).

Me encontré por primera vez con Flores en su domicilio,

en una zona residencial cerca de Alcorcón. Era un domingo por la mañana de la temporada 2014-15. Abrió la puerta en zapatillas; recién salido de la ducha, se pasó una mano por el pelo. Su parecido con Hugh Laurie en *House* es sorprendente. Por entonces estaba sin trabajo, tras poner fin a una etapa como entrenador en Oriente Medio. Había ido a verle para hablar de la notable evolución de David de Gea, el portero del Manchester United que había emergido en el Atlético de Madrid a las órdenes de Flores.

Sin embargo, hablamos de todo. Flores había estado aprendiendo inglés, preparándose para una oportunidad en la Premier League. Estudiaba el fútbol inglés con detalle, viendo muchos partidos en su sala de estar y pidiendo consejo a Jose Mourinho para trabajar en Inglaterra. Durante un almuerzo en Oriente Medio después de un seminario de entrenamiento, el portugués instó al español a ir a Inglaterra y hacerse un nombre en la que considera la liga más apasionante del mundo. Cuando era técnico del Real Madrid, le dijo algo parecido a Mauricio Pochettino. Mourinho invitó al argentino, que a la sazón era el entrenador del Espanyol, a asistir al triunfo del Madrid sobre el Ajax en la Champions League de 2012. Mourinho llevó a Pochettino al vestuario del equipo después del encuentro y le dijo que debería probar suerte en Inglaterra.

Por su parte, Flores había aspirado al cargo en el West Bromwich cuando el club de las Midlands buscaba un entrenador continental antes de decidirse por Pepe Mel. La oportunidad le llegó, inesperadamente, en el Watford. El equipo de Hertfordshire había ascendido bajo la dirección técnica de Slavisa Jokanovic, pero las dos partes no fueron capaces de llegar a un nuevo acuerdo. Jokanovic afirma que el Watford le ofrecía un sueldo que equivalía a la mitad de lo que el entrenador peor remunerado de la Premier League percibía. El club apostó por Flores entre un escepticismo generalizado.

En octubre de la temporada anterior, el Watford ya había tenido cuatro entrenadores: Beppe Sannino se puso a malas con los dueños, Òscar García enfermó, Billy McKinlay duró solo ocho días; luego llegó Jokanovic, que condujo el equipo a la Premier League. En el *Sunday Times*, el columnista Rod Liddle escribió: «La pregunta es: ¿será Sánchez Flores todavía el entrenador cuando usted lea estas líneas? Tiene que dudarlo. Bueno, mejor dicho, no tiene que hacerlo, porque para entonces ya lo sabrá. Pero no me extrañaría mucho que fuera el primer técnico de la Premier League en morder el polvo, y que lo hiciera antes del último partido de la temporada de críquet [a finales de agosto] o tal vez incluso antes de que Root, Broad y compañía [estrellas del críquet inglés] se hubiesen recuperado de sus resacas».

Pero Flores había llegado preparado y dispuesto a causar una buena impresión. Mantuvo a Dean Austin, el exdefensa del Tottenham Hotspur, como miembro del cuerpo técnico, quien proporcionó continuidad y una voz local. «Fue decisión de Quique quedarse conmigo —dice Austin—. El dueño le dio buenas referencias sobre mí y Quique llamó a varias personas. Conocía a algunas con las que yo había trabajado anteriormente. Hablé con él cuando entró, para comprobar que me quería. Yo había estado allí con Slavisa y conservo una amistad para siempre, tanto con él como con Quique.»

«En mi condición de exjugador y de técnico, fue muy interesante observar a Quique durante los tres primeros días. No pisamos el césped durante dos jornadas. Había pruebas, pero ninguna reunión importante. Él trabajaba en el despacho, salía a dar una vuelta, se presentaba. Todos estábamos pensando: "¿Convocará una reunión? ¿Qué ocurre?". Entonces, el miércoles por la tarde, todo el mundo se congregó en el gimnasio: equipo médico, jugadores, todos. El tipo se puso a hablar. Mientras lo hacía, los jugadores iban aguzando los oídos. Era una de esas situaciones en las que uno decía: "Ese tío es auténtico". Esbozó su organización, dijo qué esperaba: jugar con una sonrisa, tener respeto por nosotros mismos y por la afición. Habló de todos los pequeños detalles que los jugadores quieren. Teníamos al hombre adecuado.»

En verdad, no debería haber sido ninguna sorpresa. Flores tenía una brillante trayectoria como jugador, que incluía una década en el Valencia y algún tiempo en el Real Madrid, donde levantó el trofeo de La Liga en un equipo en el que estaban Raúl, Fernando Hierro, Fernando Redondo y Michael Laudrup.

Además, había podido contar con el consejo de algunos de los individuos más icónicos de este deporte. «Hablaba con Di Stéfano muy a menudo. Cuando era muy joven, me amedrentaba, pero llegamos a ser buenos amigos. Fue mi entrenador en el Valencia y era presidente de honor del Real Madrid. Mientras lo tuve de míster, me presioné mucho a mí mismo. Creía que la gente diría que solo jugaba porque Di Stéfano era mi padrino. Él era exigente conmigo. Y yo me pedía más y más. Me dejé la piel y marqué nueve goles desde la defensa en la temporada en que él me entrenó. Alfredo decía: "¿Qué pasa? ¿Ahora metes goles?".»

«Me gustaba pasar el rato con Eusebio. Cuando yo entrenaba al Benfica, viajó con nosotros a todos los partidos. Tomábamos un tentempié antes del encuentro. Yo le acosaba con preguntas, seguramente demasiadas. Era una persona increíble, que atesoraba un caudal de conocimientos sobre el fútbol. Le pregunté: "Eusebio, ¿quién es para ti el mejor jugador de todos los tiempos?". Respondió: "No tengo ninguna duda. Alfredo di Stéfano". Mi padre dice lo mismo. Tal vez tengan razón. Yo era demasiado joven para recordar verle jugar; solo puedo leer las crónicas y revisar imágenes antiguas. Mi padre, que fue compañero suyo durante cinco años, siempre me dijo que Alfredo poseía una velocidad de pensamiento que le distinguía de los demás. Podía defender, atacar, conducir, crear y marcar. Un jugador completo.»

Como técnico, Flores ha entrenado algunos de los mejores talentos del continente; por ejemplo, Juan Mata y David Silva en el Valencia, o David de Gea y Sergio Agüero en el Atlético de Madrid. Llevó al Valencia hasta los cuartos de final de la Champions League y ganó la Europa League y la Supercopa con el Atleti. Su carácter se forjó en la infancia. Creció en la década de los sesenta en el seno de una familia de artistas. «Tía Lola (Lola de España, la llamaban) montaba fiestas navideñas. Como yo era el más pequeño, tenía que bailar y cantar delante de todos. Baile flamenco: pasaba muchísima vergüenza. Solo tenía ocho años. Durante cinco años seguidos fue siempre lo mismo. Cuando me hice mayor, pude decir: "Muy bien, ahora, por favor, ¡ya basta!".»

«Creo que esto me hizo ser mucho más tímido y vergonzoso de niño, si cabe. Durante los últimos años he visto concursos como *Strictly Come Dancing*, pero no pude ir nunca a algo así. Tengo responsabilidades en mi vida: no me conviene hacer el ridículo. Mis hijos me rogarían que no lo hiciera. Se unirían contra mí y dirían: "¡Papá, por favor!".»

Su madre, Carmen, quería que el pequeño Quique siguiera su camino en las tablas. Sin embargo, Quique se centró en una manifestación artística más introvertida. «Mi madre me dijo que tenía una voz dulce y bonita para cantar. Pero nunca quise hacer eso. Cuando era más joven, quería estudiar Periodismo. Me gustaban todos los deportes, y qué mejor oficio que hablar y escribir sobre deporte. Durante los últimos años, mientras no trabajaba como entrenador, hice carrera en los medios de comunicación. Escribí muchísimos artículos durante cinco años, para *El Mundo*, *El País*, *Marca*, *As* y *Diari de València*.»

«Me puse a leer mucho cada día. Literariamente, me encantaba Gabriel García Márquez. Mi mayor inspiración como entrenador es Phil Jackson, un técnico de baloncesto. He leído sus libros, *Once anillos* y *Canastas sagradas*. Esto me recuerda que tengo que comprar el nuevo libro de sir Alex Ferguson. Todo el mundo debería ir corriendo a la tienda a comprar esa clase de libros. Si uno quiere leer sobre cómo dirigir un grupo, esos tipos saben más que nadie. Hace dos años empecé a escribir mi propio libro, pero mi historia va cambiando. Prefiero hablar de mi vida de adolescente, de hace treinta años (como jugador), de hace cuarenta años (cuando empecé a tocar con mi padre por las calles). No he llevado nunca un diario, pero muchas de aquellas cosas las conservo frescas en la memoria.»

Antes de dirigirse a Inglaterra, había pedido consejo a su viejo amigo Mourinho. «Dijo: "Quique, la Premier League es el paraíso de los entrenadores. Es donde todos queremos estar". Ahora entiendo a qué se refiere. Es el ambiente, el sentimiento en los estadios; son las pasiones de los jugadores, cómo chocan unos contra otros, cómo luchan hasta el final, cómo entienden el juego los árbitros. Como entrenador, es un sueño.»

Durante los primeros meses en el Watford, Flores superó todas las expectativas. De no haber sido por la extraordinaria ofensiva por el título del Leicester City, Flores habría recibido mayores elogios. Después de diecisiete partidos, el Watford encadenó una racha de seis triunfos en ocho encuentros; era séptimo en la Premier League tras vapulear al Liverpool de Jürgen Klopp por 3-0. Flores poseía un encanto personal; una simpatía que lo integró rápidamente en la vida londinense. Gary Lineker le saludó en español en *Match of the Day*, su hijo Quique empezó a jugar en la escuela del Watford y Flores montó un equipo de fútbol-7 con el personal del club: competían cada semana contra conjuntos locales.

En su primera rueda de prensa en el club, había hablado de querer dejar un legado en el Watford. Comparó el tamaño y los recursos de la entidad con el Villarreal, un equipo en ascenso que también viste de amarillo. Emocionado, habló de una llamada telefónica del célebre aficionado al Watford Elton John. «Es un ídolo. Oh, Dios mío… *Sorry Seems to Be the Hardest Word*… No sé cuántas versiones he oído de ese tema. Hay una versión con Ray Charles que es extraordinaria. No he asistido a ningún concierto suyo, pero me encantaría. Leí sobre la historia del club y me quedé admirado al enterarme de que fue presidente. Estaba andando por Londres con mis hijos, respondí al teléfono y era Elton John deseándome buena suerte. ¡Alucinante!»

Se afincó en Hampstead Heath, y hacía largas carreras por una de las zonas más pintorescas de Londres. Existen pruebas de que Flores se lo planteaba como un proyecto a largo plazo. Habla orgulloso de sus cuatro hijos adolescentes, y reflexiona que es igual de importante ser recordado como un «buen padre» que como un «buen entrenador». Su exesposa Patricia y los chicos se fueron a vivir con él en la capital inglesa; los niños acudían a escuelas locales y animaban al equipo de su padre en Vicarage Road. Después de una derrota en el último momento por 1-2 contra el Tottenham, su hijo Paulo se echó a llorar en el palco de los jugadores. El inglés de los chicos ya era excelente después de asistir a escuelas británicas tanto en los EAU como en Madrid.

«A los chicos les encanta. Disfrutan mezclándose con los jugadores; les gusta conocer los entresijos de la plantilla, a quién ficho. Me vuelven loco las horas previas a un partido. ¡Quieren saber la alineación antes que los jugadores! Llegan a casa y dicen: "Esta noche hay Champions League; tenemos que verla juntos". Hacen preguntas durante el partido, están ansiosos por aprender más.»

Flores admite que desconfía de las consecuencias sobre sus hijos. «Me han echado una vez, del Valencia. En realidad, no aprendí nada de aquello, porque no fue justo. Estábamos en la cuarta posición. Teníamos dieciocho puntos tras nueve partidos, jugábamos la Champions League. Nos encontrábamos justo detrás del Real Madrid. Fue ridículo. No pude sacar ninguna conclusión de aquello. Me marché a casa pensando: "¿Qué le está pasando al fútbol? Es de locos". Te sientes ridículo. Traté de averiguar qué había hecho mal. También resulta difícil para tus hijos, cuando van a la escuela y su padre ha perdido su empleo. Debo tenerlo presente. Ahora mis hijos ya están en los últimos años de la adolescencia y, por supuesto, la gente en la escuela lo sabe todo.»

Flores ve relación entre deporte y arte, teatro y artista; pero, a diferencia de Mel, se inclina mucho más hacia el pragmatismo. La autopreservación también es importante.

«Uno de mis puntos de referencia será siempre la Argentina campeona del mundo en 1978. Después me encantó el asombroso equipo del Liverpool en los años 1970 y 1980, con John Barnes asaltando las bandas. Los entrenadores españoles se están preparando para venir a Inglaterra. Es muy importante adaptarse. Debes respetar el lugar en el que trabajas y abrir la mente a nuevas ideas. Yo mantengo mi organización del equipo, porque el sistema es importante. Ya juegues con un 4-2-3-1 o con un 4-3-3, el fútbol está en la transición. Pienso tanto en lo que sucede cuando tenemos el balón como en lo que pasa cuando lo perdemos. Esto es muy importante. Siempre he admirado el trabajo defensivo de Rafa Benítez y he querido organizar mis equipos en el Benfica, el Atlético y el Valencia de ese modo.»

«Ahora la dinámica es algo distinta. Guardiola ha alterado el relato en torno al fútbol español, pero debes ser práctico con los jugadores que tienes. La fórmula en el Watford es la misma que he utilizado en otros equipos a lo largo de los años. Nos movemos en bloque cuando defendemos y atacamos, para limitar el espacio al adversario. Nos enfrentamos a jugadores extraordinarios. Debemos trabajar increíblemente duro y estar muy organizados. Es el comienzo de la idea y, poco a poco, mejoraremos y enriqueceremos el estilo.»

«No quiero que los jugadores se aburran. Durante la semana, crearé una tarea específica y trabajaremos duro para mejorar el aspecto defensivo. En mi opinión, los jugadores tienen que disfrutar de la sesión y estar contentos. No se trata de ponerse un peto, situarse y trabajar como si fueran robots. Quiero que se esfuercen, pero que sonrían. Son futbolistas. Es un oficio estupendo. Los jugadores deberían salir al campo contentos y sonrientes.»

Sin embargo, en el Watford, iban surgiendo dificultades a medida que avanzaba la temporada. Flores no era ingenuo: sabía qué había detrás de aquella sucesión de entrenadores en el Watford. Hizo lo correcto desde el principio. Pero ese era su octavo nombramiento en once años. A pesar de todo, Flores garantizó que el Watford jugara dos temporadas consecutivas en la élite del fútbol inglés por primera vez desde 1987-88. No estuvieron cerca del descenso en ningún momento y el club alcanzó las semifinales de la FA Cup, en las que perdió por 1-2 contra el Crystal Palace en Wembley. En los cuartos de final, en medio de un bajón en la Premier League, el Watford fue al campo del Arsenal y obtuvo una sorprendente victoria por 1-2.

«Nuestra preparación fue meticulosa —dice Dean Austin—. El Arsenal dominó durante la primera media hora, nos faltaba confianza. Si hubieran marcado pronto, habrían podido hacernos daño. Pero entonces tuvimos un par de contras justo antes del descanso y empezamos a pensar que disponíamos de media oportunidad. Espera, estamos metidos en esto, tenemos una oportunidad de verdad. Quique cambió las cosas tácticamente, cerró determinados espacios. Se dio cuenta de que buena parte del juego del Arsenal llegaba a través de la misma pareja de jugadores. La mejor cualidad de Quique consiste en identificar el cerrajero de un equipo y concebir un plan para eliminar la influencia de ese jugador en un partido. Se trata de cerrar las líneas, no de marcar al hombre.»

Sin embargo, el Watford se preocupó por tendencias y curvas estadísticas: observó que el equipo obtuvo veintinueve puntos en los primeros diecinueve partidos (un promedio de 1,52 puntos por partido), en comparación con los dieciséis puntos en los últimos diecinueve encuentros (una media de 0,84 puntos por partido). Además, el equipo encajó veinte goles en la primera vuelta, y treinta en la segunda mitad de la campaña. Dentro del club, se creía que la disciplina en el campo de entrenamiento había bajado y empezaron a sonar voces de alarma.

Otros opinaban que se había abusado de la vida nocturna de Londres. En el *Daily Telegraph*, Sam Wallace planteó un argumento convincente: «Tengamos en cuenta la alerta en la crisis del Newcastle United y la ascensión del Leicester City durante las dos últimas temporadas. En 2014-2015, el Newcastle consiguió veintiséis puntos de sus diecinueve primeros partidos la última campaña, a un promedio de 1,36 puntos por encuentro. En la segunda mitad de la temporada, acumularon la mitad de esa cifra, trece, al promedio de 0,68 por partido, y evitaron el descenso por tres puntos. Han mantenido esa forma en esta campaña; actualmente están en el decimonoveno puesto, a un punto de la salvación. Inversamente, la temporada pasada el Leicester City obtuvo trece puntos (0,68 por partido) de la primera mitad del campeonato; luego veintiocho (1,47 por partido) en la segunda mitad. Su ascensión en esta campaña ha sido asombrosa, pero hay una enseñanza que el Watford no ignora: si terminas la temporada de una determinada forma, existen muchas posibilidades de que inicies la siguiente del mismo modo, a menos que se introduzca un cambio radical».

Flores captó las primeras señales de que había un problema una vez entrada la primavera. Le llegaron ciertos comentarios. Su ayudante Austin explica: «Yo creía sinceramente (y lo pensé hasta finales de febrero) que él todavía pensaba que podría estar aquí durante algún tiempo. Entonces quizás ocurrieran cosas entre bastidores. Y él se dio cuenta, porque es un hombre inteligente. Siempre clasifico a los jugadores de fútbol en tres grupos: los que aprecian al míster, buenos chicos, buenos jugadores, contentos porque juegan; un tercio a los que les da lo mismo, sí, están contentos, entren o salgan. Y luego está el otro tercio, no muy contentos, que pasan por un mal momento, que creen que el míster debería elegirlos, que quieren que lo echen y a los que lo demás les importa un rábano».

«Se habla de ese escenario en todos los clubes de fútbol donde un entrenador está bajo presión. No nos andemos con rodeos. Olvídate de Quique como técnico, es un fuera de serie. Tiene clase, y cómo se ha comportado. Ha estado ahí tanto tiempo. Sabía que esto era fútbol y aceptó la decisión. Era lo mejor para él; sobre todo lo mejor para él "en ese momento". Solo hizo cosas buenas para el Watford.»

El nombre de Juande Ramos suena. A mediados de diciembre de 2015 el Chelsea ha destituido a Jose Mourinho. Ya hace algún tiempo que está programada una cita para esa entrevista, pero, cuando subo a un avión rumbo a Alicante, *The Times* informa de que Ramos tiene muchos números para regresar a la Premier League. El Chelsea necesita un bombero para extinguir las divisiones y los odios que han surgido durante los rencorosos últimos meses de Jose Mourinho en Stamford Bridge. Ramos cumplió una misión parecida en el Real Madrid en la campaña 2008-09, en la que ganó dieciséis partidos de liga y empató otro después de reemplazar a Bernd Schuster a mitad de temporada. Ahora es candidato para Stamford Bridge, junto con Guus Hiddink.

«No estamos aquí para hablar del Chelsea —advierte, antes incluso de que nos sentemos a la mesa de un bar de tapas—.

Pero mira, quizá puedas sacar algo del hecho de que esté aquí sentado compartiendo unas patatas bravas contigo...»

Con todo, Ramos sigue soltando insinuaciones durante la entrevista. Se niega a dejar que un amigo mío fotógrafo se nos una, por miedo a que le saque una foto. En última instancia, el Chelsea se decantó por Guus Hiddink para que enderezara el rumbo, pero no dejaba de ser singular que se plantearan contratar a Ramos. ¿Seguro que era este Juande Ramos, el mismo Juande Ramos que dirigió con paso vacilante al Tottenham Hotspur durante un año?

Ramos había llegado como uno de los activos más destacados del fútbol europeo. En el Sevilla, ganó cinco finales de consecutivas. En mayo de 2006, el club andaluz derrotó al Middlesbrough por 4-0 en la final de la Copa de la UEFA. Repitió este logro al año siguiente, en la tanda de penaltis, contra el Espanyol de Barcelona. Conquistó la Supercopa de Europa en agosto de 2006, cuando orquestó la derrota por 0-3 de un Barcelona en el que estaban Ronaldinho, Lionel Messi, Xavi Hernández y Deco. Súmese a esto, en 2007, una victoria de Copa del Rey sobre el Getafe y un triunfo sobre el Real Madrid en la Supercopa de España por un resultado global de 6-3.

De modo que cuando llegó a White Hart Lane, con el club en el decimoctavo puesto de la Premier League, con solo siete puntos en la tabla tras los primeros once partidos, las expectativas eran altas. Le llevaron a Londres en *jet* privado, nada que ver con el trayecto en el metro londinense que el entrenador suizo Christian Gross había tomado una década antes desde Heathrow hasta White Hart Lane.

Ramos dice: «Anteriormente había habido algún contacto desde el Tottenham; cuando llegó la segunda propuesta, decidí aceptarla. Había estado obsesionado con el fútbol inglés durante muchos años antes de llegar a los Spurs. Sabía muy bien por qué me gustaba ver los partidos, pero me preguntaba si triunfaría como entrenador en Inglaterra».

Enseguida vio que se necesitaba un cambio. Fue caricaturizado como un ordenancista. No le convenció la falta de conciencia nutricional en el fútbol inglés. Un par de meses después de que Ramos se hiciera cargo del club, Manuel Álvarez, el nuevo preparador físico, hizo un balance demoledor en la radio española: «Cuando llegamos, nos dimos cuenta de que la plantilla tenía exceso de equipaje. Hice una comparación con el equipo del Sevilla, con el que habíamos estado trabajando, teniendo en cuenta el tamaño de los jugadores: el equipo presentaba cien kilos de sobrepeso. Así que hablé de inmediato con nuestro nutricionista, Antonio Escribano, y nos pusimos manos a la obra. Ahora los jugadores han perdido entre cuarenta y cincuenta kilos. Eliminar lo que resta es la parte más difícil, pero también hemos convertido mucha grasa en músculo. Lo cierto es que fotografié el primer bufé que vi porque resultaba muy interesante: salsas sobre todas las comidas, pasteles, magdalenas de chocolate, una caja llena de dulces… Tratamos de poner las cosas en orden».

Ramos sonríe cuando le recuerdo el titular del *Independent*: «¿Quién se comió todas las paellas?». Pero la sonrisa no tarda en convertirse en un ceño fruncido. «Debo decir que me extrañó mucho que no existiera una verdadera dieta o régimen para los jugadores. Fue un auténtico *shock*. Me impactó muchísimo. Hice todo lo posible por introducir cambios. Para mí, está claro. Los jugadores ganan una fortuna, los aficionados pagan para verlos: lo mínimo que pueden hacer es mantenerse en la forma apropiada para rendir al máximo. No es pedir mucho, ¿no? La gente dice que soy severo, pero lo único que hice fue aplicar profesionalismo en el aspecto físico para aumentar el rendimiento en el campo. Debo decir a favor del club que nunca se mostró en desacuerdo. Me dejaron traer a las personas que necesitaba y hacer los cambios que quería. Se eliminaron los dulces y los pasteles. Enseguida se notó la mejora.»

Esto no equivale a decir que no hubiera resistencia. «Los jugadores estaban acostumbrados a sus placeres y su forma de hacer las cosas. Nadie les había impuesto nunca reglas. Cuando llega alguien y dice: "Tenéis que hacer x, y, z", obviamente hay una resistencia y no les gusta ni pizca. Noté cierto rechazo, pero creo que en el fondo aquellos chicos sabían que yo tenía razón.»

Los métodos de Ramos provocaron un aumento de forma. Los jugadores apoyaron a su entrenador públicamente. Jonathan Woodgate, el central de Inglaterra, dijo: «El míster ha ganado trofeos, cuida la imagen y sabe lo que hace: es un entrenador como es debido».

Ramos vendió al delantero Jermain Defoe al Portsmouth. Sin embargo, en una entrevista con *The Times* en 2017, el atacante subrayó la mentalidad ofensiva del técnico. «Ramos fue seguramente el motivo por el que dejé el Tottenham, pero había ciertas cosas buenas en su fútbol, como su forma de conseguir que el equipo contraatacara con intensidad. No quería demasiados pases. Nos decía que contraatacáramos, debíamos acabar la jugada con tres toques, fuera con un centro o con un remate. De lo contrario, amenazaba con parar el entrenamiento. Si vemos ahora al Chelsea, contraatacan con uno, dos, tres, cuatro pases…, y el quinto toque es un tiro a puerta. Tenía esa clase de intensidad rápida del Liverpool [a las órdenes de Jürgen Klopp].»

Tras cuatro semanas en el cargo, Ramos ganó una sexta final consecutiva, después de derrotar al Chelsea por 2-1 en la final de la Carling Cup en Wembley: goles de Dimitar Berbatov y Woodgate. Era el primer trofeo del club desde 1999. Leer una entrevista en el periódico *El Mundo* de esa época se convierte en algo surrealista: cómo cambia el fútbol. En el artículo, la periodista Elena Pita acompaña a Ramos durante un día en el norte de Londres poco después del triunfo en Wembley. Escribe: «Entramos en un pub, hacia media tarde, y le abordan de inmediato: fotos, autógrafos, besos y abrazos. Un héroe en Gran Bretaña». Ramos era idolatrado en la zona de North Circular. Igual que era querido en la pequeña ciudad que le vio nacer, Pedro Muñoz, unos ciento cincuenta kilómetros al sur de Madrid (allí, se rebautizó el estadio municipal con el nombre de Ramos).

Juande había realizado progresos notables como entrenador. Una grave lesión de rodilla interrumpió su trayectoria como jugador a los veintiocho años. Aquello le obligó a bajar el telón a su modesta vida como centrocampista de conjuntos como el Elche y el Hércules. Después dirigió diez equipos distintos entre 1990 y 2005, empezando en la tercera división del fútbol español con escuadras como el Ilicitano y el Alcoyano, antes de trabajar en la formación de jóvenes del Barcelona y hacerse cargo luego de equipos como el Real Betis, el Espanyol y el Sevilla.

«Los primeros equipos que entrené luchaban siempre en la parte baja de la tabla. El reto era difícil. Cada resultado parecía irreversible, porque en España el entrenador siempre está en la picota. Sufrí de lo lindo y trabajé muchas horas para sacar equipos adelante. Fue la mejor preparación posible para cuando posteriormente entrené clubes más grandes. Trabajar como técnico del equipo B del Barcelona me enseñó mucho. Hice debutar a Carles Puyol y coloqué a Xavi en el medio campo. Trabajaba con chicos jóvenes; la gran diferencia era que los resultados no importan demasiado. Todo es cuestión de desarrollar a los jugadores. Producíamos futbolistas aptos para la élite del juego. El resultado era algo secundario. Los principios de mi preparación seguían siendo los mismos. Siempre he querido ser muy directo y muy franco con los clubes y con los jugadores que he entrenado. Honor, dignidad, orgullo: estos son los valores de mi carrera.»

Aquello dio resultados en el Tottenham. Sin embargo, seis meses después de ese primer título, los trámites de divorcio ya estaban en marcha. La segunda temporada comenzó espantosamente: el equipo protagonizó su peor inicio de campaña desde antes de la Primera Guerra Mundial. Ramos atribuye el traumático bajón a dos decisiones clave: la venta de los delanteros Robbie Keane y Dimitar Berbatov, que habían marcado veintitrés goles cada uno la temporada anterior. Su opinión sobre el presidente del club, Daniel Levy, es para tomar nota.

«Levy es un magnífico hombre de negocios —dice encogiéndose de hombros—. Es excelente generando ingresos. Supervisa grandes ventas. Es un buen negociador. Ficha buenos jugadores y después los vende. En mi caso, fueron Berbatov y Keane. Yo fiché a Luka Modric en mi primer verano con el club, y luego lo vendieron al Real Madrid. Lo mismo ocurrió con Gareth Bale. Si siempre vendes a tus mejores jugadores, nunca vas a tener una escuadra capaz de ganar la Premier League, contra el Manchester City y el Chelsea. El Tottenham es un club maravilloso y fue un orgullo para mí trabajar en él, pero siempre tuve la sensación de que se pensaba más en la economía que en el éxito deportivo.»

«En lo que a mí respecta, me pareció algo extraño. Trajeron a un entrenador que había ganado muchos torneos europeos, y yo tenía el sueño de formar un equipo capaz de competir por los cuatro primeros puestos y ganar títulos. Muy pronto me di cuenta de que es un club enorme, pero la principal misión de la directiva era generar fondos para los accionistas y el balance financiero. Keane y Berbatov habían conseguido casi cincuenta goles entre ambos la temporada anterior. Un equipo que pierde a sus dos mejores jugadores y firma a Darren Bent, que apenas había jugado el año anterior, siempre va a tener dificultades.»

«En el invierno, después de mi marcha y de la llegada de Harry Redknapp, tuvieron que gastarse cincuenta millones de libras esterlinas [cincuenta y ocho millones de euros] y fichar a cinco o seis jugadores para salir del embrollo. Sabían que el equipo necesitaba trabajar. El principal problema era Berbatov, al que vendimos cerca del cierre del mercado. Era muy típico del Tottenham. Entonces me dijeron: "No tenemos tiempo de firmar grandes jugadores". Fraizer Campbell llegó cedido del Manchester United como parte de la operación, pero no estaba listo para la Premier League. Era un chico de dieciocho años. Creo que eso es lo que pasó. Esa fue la clave para que me destituyeran.»

Ramos se sintió dolido por la marcha de Berbatov. El delantero búlgaro declaró a *The Times* en 2017: «Cuando me iba, Ramos dijo: "Berba, cuando te marches, el fútbol bonito se irá contigo". Vaya, me dije. Me quedé allí sentado, sintiéndome muy incómodo, sin saber qué decir. "Gracias, jefe", le contesté. Fue curioso, no lo vio nadie, ocurrió entre nosotros. Fue un gran cumplido. Eso es lo que quería hacer en mi carrera, jugar un fútbol bonito, entretener a la gente que nos ve».

Ramos había pedido nombres estelares en el caso de que

el Tottenham decidiera vender sus dos delanteros principales. No siempre sintonizaba con el director deportivo Damien Comolli, quien supervisaba las operaciones de traspaso de los Spurs. «David Villa: ese era el nombre. Estaba en España con el Valencia, antes de firmar por el Barcelona. Podíamos haber pagado la cláusula. También hablamos sobre Samuel Eto'o. Cuando piensas en reforzar el.equipo, das opciones. Yo podía hacer sugerencias, pero en última instancia era el club quien tomaba las decisiones.»

De hecho, el delantero ruso Roman Pavlyuchenko llegó poco antes de cerrarse el mercado de fichajes. «Sí —admite Ramos—. Vino, pero no conocía el idioma, la cultura, no conocía nada. Pavlyuchenko necesitaba por lo menos de un mes a seis semanas para comprender dónde estaba.»

Quizá no resulte sorprendente que los recuerdos de Comolli sean bastante distintos. En una entrevista con el *Daily Mail*, el francés dijo: «Una cosa que me preocupó justo después de que lo trajéramos del Sevilla era algo que me reveló su director deportivo, Monchi. Dijo que el entrenador de su equipo filial era probablemente mejor que Ramos y que no tardaríamos en descubrir que él no era el artífice de los éxitos del club».

«Le dejamos claro que no podíamos permitirnos comprar estrellas, que necesitábamos fabricarlas. No podíamos competir con el Chelsea o el Manchester United de ese modo. Él dijo: "No pasa nada, soy bueno en eso". Mencionó que había sido el entrenador del Barcelona B. Entonces, tan pronto como llegó, dijo: "Quiero a Samuel Eto'o y a David Villa". No estaba interesado en jugadores jóvenes para nada.»

«Eto'o ya ganaba cuatro veces lo que percibía nuestro jugador mejor pagado, y su agente dijo que quería más. También era imposible con Villa. El Tottenham no podía fichar a ese tipo de jugadores. Empezó a convertirse en una pesadilla. Los entrenamientos quedaron muertos, la relación con los jugadores se esfumó, no había diálogo con ellos.»

Ramos tuvo problemas con los jugadores que consiguió firmar. En julio de 2008, reclutó a David Bentley, de veintitrés años. Pagaron más de quince millones de libras esterlinas al Blackburn Rovers [17,5 millones de euros]. Bentley es uno de los personajes más peculiares del fútbol moderno. En el Blackburn, llegaba todos los días a la ciudad deportiva al volante de un Ford Mustang azul celeste, inspirado en la película de Steve McQueen *Bullitt*. Junto con Jimmy Bullard, se refería al seleccionador de Inglaterra Fabio Capello como Pat el Cartero [un personaje de animación de la televisión británica]. Sin embargo, había salido de la escuela del Arsenal, había sido capitán de la selección inglesa sub-18 y se le tenía por una de las grandes promesas del país.

Sin embargo, Ramos se sintió decepcionado enseguida: «El club realizó una inversión enorme y existía la percepción de que, por lo tanto, debía ser titular en todos los partidos. Yo no estaba de acuerdo…, porque había jugadores que trabajaban más duro. Sencillo. En mi opinión, si un jugador no estaba en la condición física adecuada, no ha de ser titular. Fue una gran decepción. Era una inversión de diecisiete millones de libras. Yo entreno a los jugadores y le dije a la directiva del club que no creía que aquel chico estuviera preparado».

La carrera de Bentley no se repuso. Se retiró a los veintinueve años. En una entrevista posterior con la revista *FourFourTwo*, Bentley dijo: «Fue un periodo muy extraño. Coincidí allí con él, creyendo que sería otro [Arsène] Wenger, pero fue una pesadilla. Me sentía muy emocionado por estar allí y todo salió mal. Todos mis amigos son hinchas de los Spurs y estaban como niños con zapatos nuevos, entusiasmados porque yo iba a jugar en su equipo. No sé si logré superar jamás aquel mal inicio. Quería formar parte de algo grande en el Tottenham, pero no fue».

A Ramos le molesta lo que se piensa en Inglaterra al respecto. Está claro que pasó apuros por no dominar mucho el idioma y que a veces parecía un director de orquesta sin batuta; su ayudante, el excentrocampista del Tottenham Gus Poyet, solía transmitir sus instrucciones. Se eriza: «Después de menos de cuatro meses, habíamos ganado un título. Los Spurs no habían ganado un título desde hacía diez años (ni lo han hecho desde entonces). Pero ahí estaba yo, aparentemente incapaz de hablar inglés, conquistando un título. Salvamos la temporada y ganamos la Carling Cup. Meses después, el problema es que no sé hablar inglés. No me lo puedo creer».

«El problema era que no teníamos delanteros. Cuando empieza la temporada siguiente, el equipo es un desastre, no tiene delanteros, y la cosa es que el entrenador no habla inglés. Resulta frustrante, desde luego. La prensa era sensacionalista. Lo mismo ocurre en Italia, en España, en todas partes. En este mundillo, soy consciente de que me expongo ahí fuera y acepto las críticas. Lo que me molestó fue que, al cabo de cuatro meses, me ensalzaran por revolucionar la dieta, el equipo jugaba bien y llegó un trofeo a las vitrinas. Luego, cinco meses después, estaba en el desguace y no valía nada. Vendimos cuarenta y seis goles. Por eso el equipo dejó de funcionar.»

Le hago ver que, pese a todos los defectos de la directiva y de los jugadores, dos puntos en ocho partidos y derrotas frente al Middlesbrough, el Sunderland, el Portsmouth, el Hull y el Stoke no pintaban demasiado bien. ¿Asume Ramos alguna culpa? «Sí, sí, por supuesto —afirma—. En un club de fútbol, cada persona tiene una responsabilidad. Desde luego, el entrenador tiene una gran parte de ella. Mirando atrás, mi responsabilidad fue mi decisión de no abandonar en el momento en que vendimos a los delanteros. Mi fallo fue aceptar aquella situación. Mi error fue haber acatado una situación en la que no estaba de acuerdo con el club.»

«Teníamos jugadores fantásticos, y eso fue lo frustrante. Teníamos a Ledley King y Jonathan Woodgate en defensa, y los mimbres para armar un buen equipo. Por eso digo que pensaban demasiado en los negocios. Firmé a Luka Modric con veinte años y se fue al Real Madrid. Si no cambian de estrategia y de política, siempre se quedarán cortos. Si tienes algunos de los mejores jugadores, cuídalos, auméntalos, compleméntalos y ve a ganar cosas. Lucha por títulos, regala recuerdos a la afición.»

«Fíjate en el Manchester United de aquel tiempo. Habían ganado la Premier League y la Champions League en el verano de 2008, y entonces va Fergie y le suma Berbatov. Se trata de estabilidad y de refuerzo. No puedes competir si vendes jugadores a los cuatro rivales de arriba. Ahora observo al Tottenham que entrena Mauricio Pochettino, un técnico fenomenal, y sería el momento idóneo para que el club se la jugara. Tienen una plantilla fuerte, están cerca de la cima: deben mantener el núcleo unido y partir de eso. ¿Por qué no ir a ganar la Premier?»

«A pesar de todo, aún me gusta el fútbol inglés. Uno de mis primeros recuerdos, de cuando era un chico de doce años, fue la Copa del Mundo de 1966: recuerdo una selección inglesa potente y hábil que levantó el trofeo. Siempre estaré agradecido a la afición de los Spurs. En España, lo único que preocupa a los seguidores es ganar o perder; los sentimientos y emociones apenas tienen cabida. La Premier League es única. Los hinchas llevan sus equipos dentro del corazón, domina sus vidas por completo. Es mucho mejor, porque si el equipo pasa apuros o pierde, los aficionados siguen estando a su lado. No se enfadan contigo de la misma forma. Jamás tuve la sensación de que los hinchas la tomaran conmigo, pese a los malos resultados.»

A veces resulta tentador preguntarse si los entrenadores extranjeros no se pierden siempre en tópicos insulsos, pero existe una coherencia en esa teoría. Hacia el final de su primera temporada en el fútbol inglés, Pep Guardiola protagonizó un momento de infrecuente humildad al expresar su gratitud a los aficionados del Manchester City. Había sido su peor campaña como entrenador. Por primera vez, estuvo seis partidos sin ganar, cuando el City se encalló entre septiembre y octubre de 2016. Cayó eliminado de la Champions League en los octavos de final por primera vez en su trayectoria como técnico, y perdió más partidos en una sola temporada que nunca.

En abril, en las entrañas del St Mary's Stadium de Southampton, Guardiola respiró. El City había cuajado una de sus actuaciones más destacadas de la campaña al ganar por 0-3. Pep se sinceró: «Nos quedamos fuera de la Champions League en Mónaco y jugamos tres partidos duros contra Liverpool, Arsenal y Chelsea. Empatamos dos y perdimos uno, y luego nos enfrentamos al Hull City en casa. Yo estaba un poco preocupado, pero, cuando salí, nuestra afición nos aplaudió y nos apoyó. En Italia, Alemania y España, esto no sucede. Por eso estoy tan contento de los hinchas que tenemos, porque es la primera vez en mi vida que he experimentado algo así».

Por desgracia, parece ser que Ramos perdió la confianza de sus jugadores. El centrocampista Jermaine Jenas, hablando en Radio 5 Live, recordaba el último día de Juande en el cargo: «Estábamos en el campo de entrenamiento. Atravesábamos por un bache, segundos de la liga por la cola. Para los Spurs, aquello era una catástrofe. Ramos estaba organizando la formación del equipo y puso a Tom Huddlestone en la banda izquierda. Nos quedamos pensando: "¿Qué pasa aquí?". Miramos al ayudante, Gus Poyet, y él nos devolvió la mirada como diciendo: "No sé qué deciros". Abandonamos el campo desconcertados. Más tarde, a las once de la noche, Alan Hutton llamó a la puerta de mi habitación de hotel para anunciar que había una reunión. Creímos que debía de ser una broma de uno de los chicos. Cuando bajamos, el presidente dijo que Juande había sido relegado de sus funciones y que Harry Redknapp se haría cargo a partir del día siguiente».

El capitán Ledley King es de la teoría de que Ramos tuvo dificultades con la intensidad de la vida en la Premier League. «No sé si se dio cuenta de lo dura que era la liga —declaró King a *FourFourTwo*—. Quizás en España había algunos equipos a los que casi puedes ganar sin despeinarte, pero en la Premier League debes estar muy atento cada jornada. No nos preparábamos de la misma forma para los equipos inferiores que como lo hacíamos para enfrentarnos a los equipos grandes; por eso pasamos apuros en esos partidos. No hablaba bien inglés, así que la traducción era un problema. Tenía a Poyet para ayudarle, pero no creo que ambos compartieran las mismas ideas sobre cómo debía jugar el equipo. Obviamente, la situación empeoró en aquellos últimos meses, pero no fue por falta de esfuerzo. Si acaso, cuanto más nos esforzábamos, peor parecían ir las cosas. A las órdenes de Ramos, todo era muy estricto: el entrenamiento, la dieta. Harry reordenó las cosas y nos dijo que disfrutáramos.»

Después del Tottenham, Ramos regresó a España y se hizo cargo del Real Madrid unos meses, antes de pasar por Rusia, Ucrania y de nuevo España con el Málaga. Así pues, al cabo de una carrera de veintiséis años como entrenador, ¿cuál es el mejor jugador al que ha dirigido? «Bueno, en el Madrid, dirigí estrellas. No puedo dar nombres. Si me dejo alguno, seguro que alguien se ofende.» ¿Qué me dices de David Bentley? Sonríe. «¡Vas a meterme en un lío!»

10

Hombres mágicos

*U*na mañana, durante la etapa del defensa Chico Flores en el Swansea City, los inspectores *antidoping* llegaron a la ciudad deportiva del club. Sin embargo, un error administrativo hizo que llegaran el día equivocado, cuando los únicos jugadores que se hallaban en el complejo estaban lesionados y afrontaban su proceso de recuperación. Los jugadores sanos y disponibles tenían permiso ese día. Los inspectores pensaron que habían recorrido un buen trecho hasta Gales, así que lo mínimo que podían hacer era un rápido test a los futbolistas en recuperación. Flores fue uno de ellos.

El procedimiento le obligaba a esperar durante un par de horas, pero había un problema: Flores tenía planes para irse de compras. Su reacción fue explosiva y rápidamente declaró su intención de vengarse. Los inspectores necesitaban una muestra de orina. Así que, a modo de castigo, Flores, que tenía un monito llamado Willy al que habitualmente vestía con una camiseta del Swansea, se propuso retener a los inspectores en Swansea todo el tiempo que le fuera posible. Se negó a ir al servicio como protesta. Lo retuvo todo dentro, desde media mañana hasta cerca de medianoche.

Llamó a su esposa para pedirle que le llevara una almohada y un edredón a la ciudad deportiva (no se puede abandonar el recinto durante las pruebas) y encargó comida para llevar para ambos, antes de ponerse a ver una película. Finalmente, bien entrada la noche, suministró su muestra de orina, informó tranquilamente a los inspectores que habían perdido los últimos trenes que salían de Swansea y les dijo que ahora ya sabían qué se sentía.

El Swansea ha tenido influencia española durante buena parte de la última década. Las más de las veces, ha sido una experiencia mucho más placentera y sencilla que aquel día con Flores. Entre 2007 y 2009, Roberto Martínez introdujo un estilo de juego más expresivo y entrenadores valientes como Paolo Sousa, Brendan Rodgers y Michael Laudrup le siguieron. Mientras Laudrup estaba en el club, el Swansea decidió mejorar su escuela. Principalmente debido a la labor de proselitismo de Martínez, el Swansea se mantuvo en cabeza y fue escalando divisiones desde la League One en 2007 hasta la Premier League en 2011. El periodista español Pablo Gómez incluso escribió un libro, titulado *Los cisnes*, que refleja la ascensión del club bajo la dirección de Martínez y los años posteriores.

El Swansea estaba un poco más adelantado en sus métodos, pero la mayor parte de su desarrollo coincide con el influjo más profundo del talento español en Inglaterra. Una vez que España ganó la Eurocopa bajo la dirección de Luis Aragonés, en 2008, los clubes ingleses empezaron a observar el mercado ibérico con mayor atención. En la era de la Premier League, ciento veinticinco españoles habían participado en ella hasta noviembre de 2017; menos de cuarenta de esos jugadores llegaron antes del triunfo de la selección nacional en 2008.

Estamos viviendo el reinado de España. En la escena internacional, España ganó tres torneos consecutivos entre 2008 y 2012. Tras el triunfo del Real Madrid en la Champions League de 2017, los principales clubes españoles han conquistado once de las últimas dieciocho coronas de la Europa League o la Champions League. España ganó la Eurocopa sub-21 en 2011 y 2013, y alcanzó la final en 2017. España ha conseguido tres de las siete últimas Eurocopas sub-17. Esta hegemonía ha dado lugar a un estereotipo romántico del futbolista español. Los modernos futbolistas hispanos que iluminan el juego inglés suelen ser profesionales ungidos con técnica e inventiva, no pocas veces los metrónomos en el medio campo que siempre piden el balón y poseen la suprema inteligencia futbolística para saber qué hacer con él.

Sin embargo, no es solo su capacidad futbolística lo que tanto impresiona. A menudo, destaca su humildad y su amor por el deporte. A su llegada a Inglaterra en los últimos años, David Silva, Juan Mata, Santi Cazorla, Xabi Alonso, Cesc Fàbregas y compañía han cautivado la imaginación de los seguidores y han inspirado a una generación para ver el juego de una forma fantasiosa, más creativa y, sobre todo, más divertida. En la temporada 2016-17, la Premier League contó con treinta y seis españoles, una cifra más alta que la de cualquier otra nacionalidad (exceptuando los jugadores ingleses). Había tres veces más españoles que alemanes, más del doble que galeses o escoceses, y doce veces más que holandeses o belgas. Los franceses eran terceros con veintiocho representantes. La tendencia española se ha filtrado por las ligas; al inicio de la temporada 2017-18, Thomas Christiansen comenzó la campaña al frente del Leeds United. Por su parte, Pep Clotet es el entrenador del Oxford United en la League One.

Con todo, la identidad es un tema complejo. El fútbol español ha cambiado radicalmente en los últimos años. El periodista francés Henri Desgrange acuñó el término «la furia roja» para describir a la selección española durante los Juegos Olímpicos de 1920. Durante el franquismo, el término adquirió un sesgo político. En el periodo que siguió a la guerra civil, el periódico falangista *Arriba* escribió: «En el deporte, como mejor se manifiesta la furia es en el fútbol, un juego en el que la virilidad de la raza española puede expresarse plenamente, por lo general imponiéndose, en competición internacional, sobre los equipos extranjeros más técnicos, pero menos agresivos».

En nuestro tiempo, eso se parece más a la descripción de un equipo de Tony Pulis que a una selección española vibrante y ofensiva. La actual España es la del tiquitaca. Se prefiere el cerebro al músculo, la sutileza a la fuerza. Sin embargo, deberíamos abstenernos de concluir que España es una cultura homogénea de virtuosos, en la que los niños gozan de unas condiciones idílicas, jugando un rondo detrás de otro antes de montarse en bicicleta.

El defensa del Chelsea César Azpilicueta no encaja en ese estereotipo. Es un defensa moderno no exento de finura con el balón en los pies. Pero es, ante todo, un defensa que defiende. «Todo el mundo habla de Alonso, Cazorla, Mata, Fàbregas, y con razón —dice—. Y, ¡oh, Dios mío…, esas sesiones de entrenamiento! Uno ve ciertas cosas y piensa: "¿Cómo diablos ha hecho eso?". Yo disfruto de ellos. Pero piénsalo. Rafa Benítez y Quique Sánchez Flores son técnicos muy distintos a Pep Guardiola. A menudo se olvida que un testarazo de Carles Puyol decidió el pase de España contra Alemania en la semifinal del Mundial de 2010. Él era un verdadero guerrero.»

«Nuestros mejores equipos han reunido tanto carácter como sutileza. Toda identidad requiere variedad. Es cierto que en el último par de torneos internacionales la selección no ha estado perfecta. Hemos vivido una transición de jugadores, pero no vamos a renunciar en absoluto a la idea de lo que somos. Conservaremos y mejoraremos nuestro estilo de juego.»

Como apunta Azpilicueta, a veces puede haber algo de puritanismo cuando se habla del tiquitaca y de la visión española del fútbol. Por ejemplo, pensemos que, a los catorce años, David Silva, ahora en el Manchester City, se presentó a unas pruebas con el Real Madrid. El venerado ojeador Sixto Alonso había identificado el talento de Silva en Gran Canaria. «Le llevé dos veces al Real Madrid y dos veces le rechazaron —declaró Alonso a los medios españoles—. El chico les gustaba, pero dijeron que no tenía la constitución física adecuada. Era pequeño y delgado. Tres meses después, tras someterse a un intenso trabajo en el gimnasio, volvió para someterse a más pruebas. Nuevamente dijeron que no. Durante esas pruebas, jugó en un torneo contra el Valencia, que lo fichó.»

En el Valencia, admiraban el talento de Silva como adolescente, pero creían que necesitaba endurecerse un poco. La solución fue cederlo al Eibar, un equipo vasco con un estadio con seis mil trescientos asientos en una ciudad de veintisiete mil habitantes. El objetivo era que se forjara un carácter y ganara en consistencia. Es necesario. Independientemente de si un jugador ha nacido en Salamanca o en Stockport. «Fue un aprendizaje para él —dice José Luis Mendilíbar, quien entrenó a Silva en el Eibar—. Era fútbol competitivo, más físico. De hecho, era una buena preparación para Inglaterra. David aún no tenía carné de conducir, así que solía llevarlo yo a los entrenamientos. Mantenemos una estrecha relación. Cuando visité el Manchester City para observar las sesiones de Manuel Pellegrini y aprender un poco de inglés, David me hospedó en su habitación de invitados.»

En verdad, el culto por la fuerza física y la altura solo se cuestionó después del extraordinario éxito del Barcelona y de España. Sentado en la terraza de un restaurante de Oviedo, Julio Lamuño se enciende un puro. En Asturias, la bebida habitual es la sidra. Las raciones de comida son abundantes, con la fabada asturiana como el más típico de los platos locales. Cuando los camareros sirven sidra en los bares y restaurantes, la escancian levantando la botella por encima de sus cabezas. En el club local Covadonga, Lamuño fue uno de los primeros entrenadores de Santi Cazorla.

«Siempre fue canijo —dijo Lamuño—. Entonces todo el mundo veía a los chicos pequeños con recelo. Pep Guardiola ha alterado esa idea. Me parece que vosotros los ingleses llegáis de vuestro país creyendo que hemos sido siempre unos iluminados. Hace veinte años, nosotros estábamos igual que en Inglaterra. Guardiola lo transformó todo con Xavi, Iniesta y Messi. En Asturias llueve a menudo, así que olvídate de la idea de que los terrenos de juego están impecables. Tonterías. Cuando Santi jugaba aquí, el tiempo podía ser tan malo que perdía las botas en el campo embarrado. Había días en que el terreno de juego tenía tanta arena como una playa. Hace poco, los Ayuntamientos han hecho grandes inversiones. Ahora tenemos más campos de hierba sintética. Pero si eres entrenador de jóvenes y llueve, has de ser fuerte porque la tentación es levantar el balón del suelo.»

Las lesiones graves han diezmado la trayectoria de Cazorla en los últimos años, pero, en su mejor forma, es un magnífico centrocampista: hábil con ambas piernas y único en su capacidad de controlar el *tempo* de un partido. Durante su niñez en Lugo de Llanera, en el noroeste español, Cazorla jugó básicamente a fútbol-sala hasta los trece años, lo que explica su exquisito control del balón y su forma de engañar a los rivales. En cierta ocasión, el defensa ganador de un Mundial con España Joan Capdevila dijo de Cazorla: «Jugué con él durante cinco años y todavía no sé si es diestro o zurdo, ni siquiera cuando lanza saques de esquina y tiros libres. Es alucinante».

Lamuño sonríe: «Hace poco, Santi me vio por la calle y se me acercó corriendo: "¿Todavía dices a los chicos que utilicen las dos piernas?". Siempre he estado obsesionado con hacer que nuestros jóvenes dominen la diestra y la zurda. Me molesta cuando veo profesionales que solo confían en una pierna. Es un fundamento que los entrenadores deberían enseñar a los niños e insistir absolutamente en ello. En la vida real, ¿empleamos una sola pierna o las dos para andar? Entonces ¿por qué ha de ser distinto para jugar al fútbol? No es ingeniería espacial ni hay ningún gran secreto en ese método. Él hacía cosas como chutar el balón repetidamente contra la pared usando ambas piernas. Hacíamos ejercicios, controlando la pelota con el pie más débil y pasándola con el más fuerte. Así se consigue la posición corporal y el equilibrio más rápidamente. Requiere mucha dedicación. Si a un chico le gusta mucho el fútbol, lo hará. Algunos no podían asimilar mi estilo exigente. Es mi trabajo. Explicaba a los padres y a los abuelos cómo trabajaba y les decía que, si no les gustaba, podían llevar a sus niños a otra parte. La familia de Santi era algo increíble. Normalmente, a los partidos solo vienen los papás. Pero en el caso de Santi estaban el papá, la mamá, la tía, el tío, la abuela…, todos. Su padre, que desgraciadamente falleció hace unos años, era amigo mío. El secreto del éxito para un jugador joven es el talento, la dedicación y el rodearse de la gente adecuada. Esto es igual en Inglaterra y en España».

Con Juan Mata, natural de Burgos, sucedió algo parecido. Está muy unido a su padre, Juan, que ha abierto un restaurante de tapas en Mánchester. Él y su novia, la osteópata Evelina Kamph, pusieron en marcha el proyecto Common Goal en 2017, con el que Mata se convirtió en el primer futbolista en comprometerse a donar el uno por ciento de su sueldo a causas benéficas. Desde entonces, muchos más han seguido su ejemplo, entre ellos el defensa alemán Mats Hummels y el italiano Giorgio Chiellini.

«Mi padre era futbolista y mi abuelo se dedicaba a llevarme a todas partes —dice Mata—. Desde niño, siempre tuve un balón en las manos. Mi abuelo me transportaba, a cualquier hora, a cualquier distancia: nada era un impedimento para ver jugar al fútbol a su nieto. Cuando tenía quince años, me fui del Real Oviedo al Real Madrid: fue la primera vez que se encendía una luz sobre lo que podía llegar a conseguir. Mi abuelo recorría a veces los novecientos kilómetros de ida y de vuelta entre Oviedo y Madrid para ver mis partidos. Por desgracia, falleció en 2017, solo uno o dos días antes de nuestra final de la EFL Cup contra el Southampton. Siempre se sintió muy orgulloso de mí. Cuando marqué dos goles en Anfield, uno de ellos de chilena, salió de su casa y pasó por los bares diciendo a todo el mundo: "¿Habéis visto lo que ha hecho hoy mi nieto?".»

En la escuela del Real Madrid, Mata hizo progresos, pero competía con los «galácticos» por un puesto en el primer equipo. «No existían garantías y yo no estaba seguro. Pasé del Real Madrid Castilla al Real Madrid B cuando tenía dieciocho años; fue entonces cuando lo sentí muy cerca. La decisión más difícil de mi vida fue dejar Oviedo a los quince años para ir al Real Madrid. Todos los grandes clubes españoles llamaron a mi puerta. A mis padres les gustaba el programa de escolarización y educación que ofrecía el Madrid y decidimos que era la mejor opción. Mis padres insistieron mucho en que continuara mis estudios. Me lo jugué todo a esa carta. Al principio, resultaba muy difícil. Oviedo es un lugar muy particular y dejé atrás familiares y amigos. Todos los chicos nos alojábamos juntos en la residencia escolar del Real

Madrid, con jugadores como José Callejón y Álvaro Negredo, y mis padres y mi hermana venían a verme a menudo.»

Mata ha cursado dos titulaciones universitarias, una en ciencia del deporte y otra en marketing, en la Universidad Camilo José Cela de Madrid. Su gran personalidad ha cautivado a los aficionados ingleses al fútbol. «Me encantaron los dos años y medio que pasé en Londres, personal y deportivamente. Llegué a dominar el idioma, descubrí la ciudad. Creía que sabía hablar un poco, pero fui allí y comprendí enseguida que debía trabajar en ello. Recibí clases en la escuela. Londres es como mil ciudades pequeñas, todas ellas emplazadas en un lugar maravilloso. Mis días libres eran aventuras. Iba a Camden a curiosear las tiendas de discos viejos. Iba a pasear junto a Primrose Hill, visitaba los cafés del Soho, practicaba la fotografía en Regent's Park. Mánchester es distinto, pero tiene el Northern Quarter, que me encanta, además de unos museos estupendos.»

Mata dejó Madrid a los diecinueve años para vincularse al Valencia, donde marcó cuarenta y seis goles y dio cincuenta y dos asistencias en ciento setenta y seis partidos. «Cuando estás en la escuela del Real Madrid, siempre sueñas con llegar al primer equipo. Sin embargo, a medida que te vas acercando, ves una plantilla muy competitiva y grandes fichajes cada verano, especialmente en las posiciones de ataque. Es dificilísimo entrar ahí. El Barcelona tiene una identidad muy definida y la puerta del primer equipo parece siempre abierta. No obstante, el Real Madrid ha generado un buen número de futbolistas para la primera división en España y también para la Premier League, así que no deberíamos criticarlo.»

«¡Una vez entrené con el primer equipo! Viajé a un partido de la Champions League en Ucrania para jugar contra el Dinamo de Kíev, pero no jugué. Fabio Capello era el míster. Fue increíble. Yo tenía dieciocho años; cinco o seis jóvenes hicimos aquel desplazamiento. Me senté en el vestuario, mirando boquiabierto a los Raúl, Ronaldo, Casillas, Beckham, Figo, Roberto Carlos. Eran los nombres más ilustres, los tipos a los que había observado e imitado cuando crecía. Recuerdo que Ruud van Nistelrooy puso mucho empeño conmigo. Mantuvimos una larga conversación en el vuelo de regreso y se mostró increíblemente humilde y deseoso de ayudar a los jóvenes.»

«A los diecinueve, estaba jugando en el Valencia a las órdenes de Ronald Koeman y luego de Quique Sánchez Flores. Aquello fue un máster, un verdadero final de los estudios para mí. Cuando llegué a Inglaterra, la gente de España decía que sería demasiado tosco, que me resultaría duro, todo eso. Gracias a los éxitos de la selección nacional, la visión española del juego se ha trasplantado a Inglaterra. Ahora apreciamos los valores y los principios del fútbol español. Eso es lo esencial. Tenemos talento, pero también la mentalidad para adaptarnos.»

Así pues, ¿cómo lo ha logrado España? ¿Cómo han creado esa cohorte de talento? El excapitán del Real Madrid Fernando Hierro fue el director deportivo de la Federación Española de Fútbol entre 2007 y 2011. «Las escuelas son excepcionales —señala—. Valencia, Real Zaragoza, Barcelona, Athletic de Bilbao, Villarreal, Sporting de Gijón, Celta, Deportivo y Espanyol. Hablemos claro: el Barcelona ha definido una era de jugadores españoles con su forma de entender el fútbol y de cómo jugarlo. La calidad de su juego ha impregnado la selección nacional. Se está haciendo una labor extraordinaria.»

«¿Qué hacemos de manera distinta? ¿Qué es lo más importante? Formamos a los entrenadores como es debido. La formación que reciben los técnicos es superior a la de cualquier otra parte. La estructura de competición a través de las categorías inferiores es ahora excelente en cada región del país. Tenemos pautas claras. Hay cabida para la diversidad, pero está controlada. Salen muchos entrenadores jóvenes, que ahora trabajan por todo el mundo. Veo que, en Inglaterra, la gente está obsesionada con formar futbolistas. Pero ¿qué hay de formar a las personas que forman a los futbolistas? Si se hace eso, entonces se obtiene una mayor coherencia.»

La Football Association de Inglaterra tiene constancia de

esa crítica. En parte, eso está detrás del proyecto del St George's Park. Los datos de la UEFA en 2013 demostraban que Inglaterra solo tenía 1190 licencias A de entrenador en comparación con las 13.070 en España, y tan solo 205 licencias Pro frente a las 2.353 en España.

Durante una visita a la ciudad deportiva del Sporting de Gijón, el entrenador de su equipo filial, José Alberto, me explica: «La gente dice que Pep Guardiola es el mejor técnico de la historia. Es muy bueno, pero el oro se encuentra en las escuelas. He observado todos los clubes asturianos. He estado en el Real Madrid, el Atlético, el Villarreal, el Espanyol, el Barcelona, el Athletic de Bilbao y el Celta de Vigo. Ahora hay unidad de criterio desde la categoría más baja hasta la cúspide».

En el Milton Keynes Dons, Eduardo Rubio es uno de esos técnicos españoles altamente cualificados. Es el primer entrenador de los equipos sub-23 y sub-18, así como el responsable de la transición entre el fútbol base y el primer equipo. Trabajó en el Valencia durante la etapa de Rafa Benítez en el club; anteriormente había ejercido diversas funciones técnicas en la Football Association y en la escuela del Chelsea. Llegó a Inglaterra por primera vez como estudiante de Erasmus, a la Universidad de Roehampton. En 2004, tomó la valiente decisión de renunciar a un trabajo seguro.

«Tenía veintitrés años. La gente creía que me había vuelto loco por dejar el Valencia. Abandoné un trabajo bien remunerado en una buena escuela para entrenar a un club de base, el Hampton Rangers, dos veces a la semana por treinta libras esterlinas [treinta y cinco euros]. Una de las diferencias entre entrenar en España y en Inglaterra es el respeto público por la profesión. En España, la profesión va ligada a un título de Ciencia del Deporte o lo que llamamos Magisterio. Ciencia del Deporte es una titulación de cuatro años; Magisterio, de tres. Esta última te cualifica para ejercer de maestro en una escuela o en un instituto. Suministra una gran cantidad de gente cualificada a la formación deportiva. El fútbol es popular, aproximadamente el cincuenta por ciento llega a él por esa vía, pero muchos acceden a natación, tenis, jiu-jitsu, balonmano y baloncesto.»

«Las bases se sentaron en los Juegos Olímpicos de Barcelona 1992. A partir de finales de la década de los ochenta, hubo un enorme auge en lo que se refiere a inversión en deportes e interés por la ciencia del deporte. En España se reconoció como una titulación con un nivel de respeto comparable al del derecho y la medicina. Los profesores optaron por entrar ahí; ya no era solo gente chiflada por el deporte o padres demasiado ansiosos por entrenar a sus hijos los domingos por la mañana.»

«No tengo la misma impresión en Inglaterra. Quizá los Juegos Olímpicos todavía no han dejado el mismo legado. La Football Association poco a poco está haciendo las cosas mejor. En España, necesitabas un título de entrenador, pero también requieres una titulación en Ciencia del Deporte y Magisterio. Da un perfil distinto; esas personas han invertido tres años en la universidad y lo quieren de verdad.»

En el marco de la modernización del fútbol inglés, algunos entrenadores jóvenes han empezado a insistir más en la participación que en el éxito, centrándose en cuidar y pulir el talento en vez de los resultados. Rubio afirma que los españoles no comparten este enfoque. Explica: «España fue influenciada por Rinus Michels y luego por Johan Cruyff. Si nos remontamos a justo antes de 2008, cuando Luis Aragonés se hizo cargo de la selección, la esencia estaba ahí, pero no había prosperado. Ese fue el punto de inflexión para decir que sabemos quiénes somos y cómo expresarlo. El modelo español es claro: fútbol basado en la posesión, la técnica y la inteligencia, en lugar de la agresividad. Es: "¿Eres lo bastante listo para ver ese espacio?" y "¿Eres lo bastante listo para romper líneas?". Los entrenadores deben prepararse para enseñar a nuestros jugadores cómo hacer esas cosas, pero también debemos conservar nuestro carácter».

«Hace poco pasamos aquí un fin de semana estupendo. Convencimos al Barcelona de que trajera a su equipo sub-15 para jugar un partido de escuelas. Conozco al director de su escuela, les enviamos algunos clips y pudieron ver nuestro juego de posesión. Organizamos un taller con sus técnicos y habilitamos una sala de juegos para que los futbolistas del

Barça y los nuestros se mezclaran y aprendieran algo del idioma del otro. Eso es crucial. Hablamos con ellos sobre métodos de entrenamiento, pero también sobre mentalidad. Para distinguir la Inglaterra moderna de los considerados "malos tiempos del pasado", la gente recalca que ganar y perder no es importante. Es su manera de distanciarse del pasado.»

«Es cierto que quiero que nuestros equipos juveniles del MK Dons salgan jugando desde atrás, aprovechen los espacios, utilicen las bandas y tengan un juego basado en la posesión. Eso es innegociable. Pero también aplicamos una ventaja competitiva. En Inglaterra, existe una brecha que divide a los entrenadores entre ganadores y educadores. Si eres un educador al que le gusta ganar, no se te considera un verdadero educador. Y si eres un ganador, entonces no educas. Yo quiero ser ambas cosas. No deberíamos acomplejarnos de querer ganar. El jefe del primer equipo no quiere un perdedor. Sin embargo, no se trata de ganar a cualquier precio o perjudicando a un joven.»

Rubio dice que los métodos ingleses están cambiando, pero que todavía hay momentos que le hacen estremecerse. «Acabo de llegar de un partido, y bueno… —Hincha las mejillas—. En los últimos veinte minutos, los adversarios se aferraban al resultado despejando balones fuera. Y pienso: "¿En serio?". En esta categoría, en el fútbol moderno, la mejor forma de defender es manteniendo la posesión. Me enfado mucho cuando pienso que esos chicos solo tienen diecisiete años y les están haciendo entender el fútbol tal como lo hacíamos cincuenta años atrás. Todavía sucede con determinados equipos y en ligas inferiores. Pero las cosas están mejorando. Inglaterra está más abierta a ideas nuevas.»

La prueba de los progresos de Inglaterra llegó durante un glorioso verano y otoño de 2017, cuando la selección inglesa levantó la Copa del Mundo sub-20 tras batir a Venezuela; después ganó el Mundial sub-17 al derrotar en la final a España por 5-2. Solo Brasil había conquistado anteriormente dos Mundiales de fútbol base en un mismo año natural. Inglaterra también ganó la Eurocopa sub-19 en 2017. Por primera vez en mucho tiempo, brotaban signos prometedores de verdad. Pero fijémonos en la estadística: en el fin de semana de octubre que Inglaterra ganó el Mundial sub-17, solo quince de los doscientos cuarenta y cinco jugadores que participaron en la Premier League eran ingleses y tenían veintiún años o menos. A la semana siguiente, esa cifra bajó a trece.

Cuanto más miramos, más preocupantes resultan los números. Después de que la selección inglesa impresionara en la Eurocopa sub-21 de 2017, era de esperar que surgieran oportunidades para el talento hecho en casa. Pero el 3 de octubre, un estudio de la BBC detallaba el número de minutos jugados por los miembros de los planteles de los cuatro semifinalistas. Determinaron de cuántos minutos de calidad dispusieron los jugadores de las plantillas de Inglaterra, Alemania, España e Italia en los dos primeros meses de la temporada 2017-18. El estudio comprobó que los futbolistas ingleses, con solo 4462 minutos a las espaldas, habían disputado un cuarenta y nueve por ciento del total de minutos de calidad de sus rivales españoles, un cincuenta y ocho por ciento de los alemanes y un sesenta y siete por ciento de los italianos.

Ahora comparemos esto con la investigación llevada a cabo por el director de servicios futbolísticos del Manchester City, Brian Marwood. En una entrevista con el sitio web del club, Marwood reveló: «El pasado año descubrimos que en los últimos diez años el ochenta y tres por ciento de los jugadores que participaron en los cuartos de final de la Champions League habían jugado al fútbol en el primer equipo a los diecisiete años». Esto subraya lo importante que es este tema. Puede que los problemas de formación o de talento de Inglaterra se hayan rectificado en gran medida, pero ahora los jugadores se ven inhibidos por la falta de oportunidades.

El problema se agrava a medida que los clubes recorren el mundo en busca de talento en los equipos de fútbol base. Eric García, un defensa central, fue miembro del plantel de la selección española sub-17 que disputó la Copa del Mundo de 2017 y ya figura en los anales del Manchester City. José

Alberto, el entrenador del filial del Sporting de Gijón, admite que su club debe lidiar ahora con las miradas curiosas no solo de otras partes de España, sino también de fuera. «Recibimos mucho interés de los principales clubes españoles, y es difícil retener el mejor talento. En los últimos diez años, hemos visto que los clubes ingleses son muy fuertes y agresivos. Yo diría que se fijan en nuestros talentos a partir de los trece o catorce años. Antes, era imposible que un jugador de esa edad supiera siquiera qué es un agente. Ahora todos lo tienen. He visto a chicos de once años con agentes. Hemos accedido a un mercado en el que los agentes quieren llevarse jugadores y cobrar. Es difícil en el Sporting. Tenemos la suerte de que nos parecemos un poco al Athletic de Bilbao. Aquí los jóvenes sienten mucha afinidad con la región y con el club.»

El interés inglés por el joven talento español surgió cuando el Arsenal dejó anonadado al Barcelona birlándole a Cesc Fàbregas. Se fijaron en él a los quince años, cuando España venció a Inglaterra en un partido de juveniles en Darlington. Fàbregas había ganado el premio al mejor jugador y la Bota de Oro del Mundial sub-17 de 2003. El ojeador del Arsenal Francis Cagigao organizó una reunión entre los padres de Fàbregas y el cazatalentos jefe Steve Rowley. El club sacó el máximo partido de una laguna jurídica que impedía a los clubes españoles ofrecer contratos profesionales a jugadores menores de dieciocho años, mientras que los clubes ingleses, según las normativas de la Unión Europea y de la FIFA, podían contratarlos a los dieciséis años.

Para los catalanes, esto era impensable. Fàbregas se crio en el seno de una familia de forofos del Barcelona; su abuelo le llevó a ver su primer partido en el Camp Nou cuando solo tenía nueve meses. De niño, en la Masia, dormía en un dormitorio que daba al terreno de juego. El Barcelona confiaba en que un día Fàbregas sería el heredero de Pep Guardiola en el medio campo, y la indignación era palpable. Johan Cruyff dijo: «El fútbol europeo está convirtiendo el engaño en un arte. De acuerdo, desconozco todos los detalles de la marcha de Fàbregas al Arsenal, pero lo que sí sé es que el comportamiento del club inglés me parece algo turbio».

Con todo, Fàbregas saboreó su oportunidad y llegó a convertirse en el goleador más joven del primer equipo del Arsenal, así como en el jugador más joven de la era de la Premier League. También fue el debutante más joven en la selección española en los últimos ochenta años, cuando jugó contra Costa de Marfil en 2006. La parroquia de Highbury recibía a Cesc con el cántico: «Solo tiene diecisiete, es mejor que Roy Keane». Los clubes rivales se esforzaban por dar con el siguiente Fàbregas, quien acudía a clases de inglés tres veces a la semana y disfrutaba del reto físico.

Cuando tenía dieciocho años, declaró al *Sunday Times*: «Aunque el adversario sea Roy Keane, y he estado viéndole por televisión desde que tenía catorce años y sé que entra fuerte, yo quiero eso. Nunca tengo miedo. No he entrenado nunca con el primer equipo del Barcelona, pero he hablado con Lionel Messi, que sí entrena con ellos. Él afirma que si haces algo malo, todo el mundo dice: "Es joven, no pasa nada". Aquí no es lo mismo. En mi primera sesión, Kolo Touré me dio una patada. Fue una entrada terrible. Él sabía que solo tenía dieciséis años, pero aun así… ¡bam! Bienvenido a Inglaterra».

Los clubes de la Premier League desarrollaron sistemas estratégicos para tentar a los mejores del mundo a la edad más temprana y por el mínimo dinero posible. Pero esto rara vez ha funcionado. El Arsenal encontró oro nuevamente cuando fichó a Héctor Bellerín del Barcelona, pero es una excepción. El Manchester United se adelantó a Arsenal y Chelsea para firmar a Gerard Piqué, del Barcelona, a los diecisiete años; pero, a pesar de madurar en Inglaterra, no pudo romper el baluarte formado por Rio Ferdinand y Nemanja Vidic. Regresó al Barça para erigirse en un icono global del club y de su país.

La historia reciente de la Premier League abunda en jóvenes españoles que llegaron pronto a Inglaterra y no pudieron abrirse camino. Suso, Dani Pacheco y Daniel Ayala pueden arrepentirse de su temprana marcha al Liverpool, mientras que Fran Mérida y Jon Toral tal vez pensarán que habría sido mejor quedarse en el Barcelona que emprender una aventura en el Arsenal. No obstante, los adolescentes extranjeros siguen siendo minoría en las categorías inferiores de los principales clubes. Cuando me reuní con Patrick Vieira y Jason Wilcox en la gira de pretemporada del Manchester City en Croacia, con sus equipos sub-21 y sub-18, en 2014, fue estimulante oír que más del noventa por ciento de los jugadores del City menores de dieciocho años eran ingleses. El problema, por consiguiente, parece estar en la cúspide, donde los entrenadores que se enfrentan a las exigencias de resultados inmediatos temen arriesgar su reputación y su trayectoria apostando por el talento local.

«Es muy difícil —opina Roberto Martínez—. Ahora mismo no existe ninguna solución. Habría que cambiar la estructura del fútbol inglés. La evolución de un futbolista entre los nueve y los dieciocho años es extraordinaria. La zona en la que se pierden jugadores es la que va de los diecinueve a los veintiuno. Depende del entrenador de un club, y a menudo se les presiona para obtener resultados inmediatos. En España, hay equipos filiales en la segunda división, y los jugadores mejoran sus conocimientos tácticos. Esos tres años marcan la diferencia entre la progresión de los futbolistas españoles y los ingleses.»

«La Premier League sub-23 es buena para los jugadores durante unos meses, tanto técnicamente como en cuanto a los equipos con los que juegan. Pero no tiene nada de competitiva. Luego están los cedidos, que son imprevisibles. Unas veces están excelentemente preparados; otras veces son una pérdida de tiempo. ¿Cuál es la solución? Introducir los equipos filiales, pero el fútbol británico está demasiado bien organizado para eso. Tenemos noventa y dos clubes bien respaldados en la Premier League y la Football League. Y fuera de eso, muchos más, así que no resulta fácil. Estuve a punto de llegar a un acuerdo con un equipo escocés para prestarles siete u ocho jugadores durante una temporada. Los jugadores ingleses están en desventaja. En el Wigan y el Everton tuvimos posibilidades de desarrollar jugadores, pero no es la norma. En el Swansea, Joe Allen jugaba a mis órdenes con dieciséis años. Callum McManaman hizo enormes progresos en el Wigan. Necesitan programas personalizados para obtener resultados.»

Guardiola comparte el punto de vista de Martínez. Cuando se le preguntó por qué había concedido tan pocas oportunidades a los jóvenes talentos durante su primera temporada en el Manchester City, respondió en una rueda de prensa: «En España, los segundos equipos, del Barcelona o el Real Madrid, juegan delante de cuarenta mil personas y todas las semanas en la segunda división. En Italia o Alemania son tan duros, tan exigentes, que juegan con tipos que tienen veintiocho, veintinueve o treinta años, y esa es la mejor forma de progresar, no entrenando con el primer equipo de vez en cuando».

Martínez sigue diciendo: «El otro problema es que hemos creado un clima que no es nada realista. ¿Quién tiene la culpa? Todos nosotros. Todos somos cómplices. Hay jóvenes jugadores muy lejos de los primeros equipos con sueldos increíbles. Se ha creado un colectivo en ese intervalo de edad en el que tienen demasiado y demasiado pronto, y ahora es muy complicado. Ya no es solo fútbol. Se ha producido un cambio social; más jugadores están mejor educados, y eso es bueno, pero no se esfuerzan igual. Pongamos el caso de los jugadores sudamericanos; se dejan la vida para llegar allí donde están. Hacer realidad sus sueños puede ser algo descomunal para sus familias».

Rubio estaba en el MK Dons cuando Dele Alli se dio a conocer, y anteriormente entrenó al equipo sub-15 del Chelsea. La escuela del Chelsea ha recibido duras críticas debido a la incapacidad del club para subir talentos hechos en casa al primer equipo y por una supuesta acumulación de joven talento. «Yo no me sentí frustrado en el Chelsea —dice Rubio—. Uno solo se frustra cuando sus expectativas no son realistas. El Chelsea tiene un programa de formación muy bueno, pero es importante contratar al entrenador ideal que dé un valor añadido a esa cultura. Si tienes muchos jóvenes, pero el entrenador no cuenta con el apoyo del club y carece del espíritu para invertir en ello, ¿de qué sirve entonces tener una escuela con mucho éxito? Desde luego, era una frustración en cierto modo, pero sabías que sus expectativas no eran que jugaran con el primer equipo, porque no se había dispuesto así. De manera que, como entrenador, las expectativas cambian.»

¿Creen los jugadores introducidos en el sistema que podrán llegar al primer equipo? Rubio explica: «Yo decía a los jugadores: "Mira, voy a ayudarte para que te conviertas en futbolista profesional. Puede que te cedan a otro club, y tú sabes que Nathan Ake y Dom Solanke, con los que trabajé, han forjado su carrera en otra parte". ¿Cuál es mi misión? Formar jugadores profesionales. Si un club no dispone del método o el preparador adecuados para llegar al primer equipo, eso solo significa que harán carrera en otra parte».

¿Es mejor entonces que los jugadores elijan con más cuidado y vayan a un club como el MK Dons, en cuyo primer equipo estaba Dele Alli a los diecisiete años? «No existe ningún método ideal. Lo que yo creo es que uno debe enfrentarse a determinados retos y experiencias que facilitan la adaptación. Debemos desarrollar capacidad de recuperación y flexibilidad. A veces, escuelas inferiores con menos recursos pueden ofrecer mejores retos. Los terrenos de juego que no están en perfectas condiciones o son de distinto tamaño pueden aportar una experiencia real de lo que aguarda más adelante en el fútbol profesional. Proporcionamos flexibilidad pidiendo a los jugadores que entrenen con una categoría superior o inferior, lo que suministra una velocidad de juego distinta. A veces organizamos un torneo internacional; otras veces jugamos amistosos contra equipos de la base. En el desarrollo, hay que enfrentarse a cosas distintas, y eso no existe en determinadas escuelas.»

A pesar de sus excelentes instalaciones, algunas de las escuelas más grandes de la Premier League han adoptado prácticas a la vieja usanza para hacer que sus chicos vuelvan a la realidad, como, por ejemplo, obligar a los jugadores de los equipos de fútbol base a utilizar solo botas negras hasta que lleguen al primer equipo. «No creo que usar botas negras sea un reto —opina Rubio—. También conozco algunos entrenadores que creen que hacen sesiones exigentes porque hay muchas reglas. Lo bonito del fútbol es la sencillez. Si pones demasiadas reglas, acabarán jugando a las reglas y no al fútbol. Botas negras, botas rojas, da lo mismo. El mismo juego, los mismos principios, pero vete a jugar contra una escuadra de fuera de las ligas de arriba o un equipo de fútbol base, entrena con el primer equipo, juega un partido contra una selección de Francia o Grecia. Empareja un delantero con un defensa distinto. Esos son retos auténticos, no superficiales.»

La mentalidad ganadora de España también llegó a otros deportes. Rafael Nadal es una estrella del Grand Slam; Garbiñe Muguruza conquistó Roland Garros en 2016 y Wimbledon en 2017. Entre 2006 y 2009, hubo en el Tour de Francia tres vencedores españoles distintos, y Alberto Contador se vio desposeído de su triunfo en 2010 después de que el Tribunal de Arbitraje Deportivo le declarara culpable de dopaje. El carismático Sergio García cautivó al mundo cuando por fin ganó el Masters de Augusta y se adjudicó su primer gran triunfo en abril de 2017. Anteriormente, García había terminado segundo en dos ocasiones y en el *top ten* en veintidós ocasiones durante los últimos dieciocho años. Fernando Alonso ganó treinta y dos grandes premios como piloto de Fórmula 1.

Lo irónico de los éxitos deportivos internacionales de España es que la mayor parte de su desbocada alegría ha llegado en la década más vulnerable de la era post-Franco, cuando la cuestión de la identidad española se torna cada vez más compleja. El 1 de octubre de 2017, el Gobierno catalán, encabezado por Carles Puigdemont, celebró un referéndum de independencia, que los tribunales españoles declararon ilegal e inconstitucional. La mayoría de los que acudieron a las urnas votaron a favor de separarse de España. La posterior cadena de acontecimientos trajo protestas multitudinarias, actos de violencia policial aprobados por el Estado, una declaración de independencia de Cataluña y la detención de los cabecillas catalanes. El rey Felipe VI hizo un discurso televisado de excepción en el que criticó a los líderes catalanes por dividir España y advirtió de que la democracia española afrontaba «momentos muy difíciles».

El nacionalismo catalán aporta, para mucha gente, una visión de cambio seductora y optimista. Desde fuera, resulta fácil simpatizar con él. Asociamos Cataluña con los cuadros de Picasso, la obra de Salvador Dalí, la destreza culinaria de Ferran Adrià, la arquitectura de Antoni Gaudí y, por supuesto, el fútbol de Pep Guardiola. Cataluña es sinónimo de un alto grado de expresión cultural. El Barcelona, como club, ha dado muestras de un mayor compromiso político en los últimos tiempos. En 2012, presentó una segunda equipación con las franjas rojas y amarillas de la «senyera», la bandera catalana. El club anunció con orgullo que las ventas de su camiseta catalana superaron las de la camiseta azulgrana un año después. Durante los partidos de casa, muchos aficionados cantan a favor de la independencia en el minuto 17 y 14 segundos (1714 fue cuando Barcelona cayó ante las tropas del rey Borbón Felipe V en la Guerra de Sucesión Española).

Guardiola, figura icónica catalana, rara vez ha ocultado su opinión personal sobre la independencia y participó en una manifestación de cuarenta mil personas en Montjuïc a principios de 2017. Tras la violencia del referéndum, dijo: «Las imágenes no mienten, hubo gente que quiso votar y fue atacada. Hay más de setecientos heridos, personas que iban a votar, no a atracar un banco. España intentará esconder la realidad, pero los medios de comunicación del resto del mundo la mostrarán. Las imágenes son claras y todo el mundo sabe lo que ha ocurrido». Pero, curiosamente, solo un par de semanas antes admitió en una entrevista de la BBC con Gary Lineker que algún día le gustaría dirigir la selección española.

De modo que la búsqueda de la identidad en España sigue en curso. Una tarde de otoño. Hora punta en el centro urbano de Oxford. Pep Clotet, el nuevo entrenador de su club de fútbol, se detiene en una gasolinera. «¿Quieres algo de la tienda? —pregunta—. Ja, ja, ja, los ingleses siempre estáis preguntando eso, ¿verdad? No se lo había oído decir nunca a nadie hasta que vine aquí. En España, si alguien quiere algo, sale a buscarlo mientras echamos gasolina. —Vuelve a subirse al coche—. Adam —dice, y hace una pausa—. Cuando piensas en mí, ¿me consideras británico, español, catalán o europeo?»

Clotet es un caso digno de estudio. La conclusión tentadora de un Pep catalán trabajando en el tercer escalón del fútbol inglés es sospechar que el Oxford guarda las apariencias. Pero Clotet tiene una identidad poliédrica. Tras sufrir una lesión que amenazaba su carrera cuando tenía poco más de veinte años, decidió hacerse entrenador. En diversas ocasiones se ha planteado dejar el fútbol. «Sí, siempre —dice—. Siempre tengo la sensación de que le doy mucho al fútbol, pero es porque me encanta. Es un estilo de vida. Ha habido veces en que me he sorprendido, ya que se requiere una gran autodisciplina y concentración para lidiar con el fútbol actual. No tengo ni idea de qué haría si lo dejara. No hay nada que me dé el mismo impulso.»

Después de completar su formación como entrenador y sacarse la licencia Pro de la UEFA a los veintiséis años, Clotet empezó a trabajar en Cataluña, localmente. Estudió Pedagogía en la universidad. Ya próximo a la treintena, dirigía al equipo sub-19 y al filial del Espanyol. Formó parte de la estructura técnica de los periquitos durante la etapa de Mauricio Pochettino al frente del primer equipo. Clotet dice: «Ascendimos a segunda B y colocamos a muchos jugadores en el primer equipo. Contó con más veinte jóvenes en distintas fases. Ya entonces se podía ver la confianza y la fe que depositaba en el talento joven, que posteriormente reprodujo en el Southampton y en el Tottenham. Yo llevaba cinco años allí y sentía que había alcanzado cierto grado de madurez.»

«Siempre había viajado para aprender de jugadores y entrenadores. Creía que Escandinavia era un buen punto de referencia. A finales de la década de 1990 y principios de los 2000, estaba fascinado por aquella parte del mundo. Quería entender cómo era posible que países pequeños tuvieran equipos fuertes como el Helsinborg o el Rosenborg, y unas selecciones nacionales tan buenas. ¿Qué estaban haciendo? Quise averiguarlo. Era el momento de desplegar mis alas. Así que fui a Malmoe como ayudante de Roland Nilsson: conquistamos el título en 2010. Luego trabajé como entrenador en el equipo noruego Halmstad y más tarde en el Viking, donde alquilé la misma propiedad que Roy Hodgson utilizó durante su estancia en Noruega.»

Mucha gente del fútbol se jacta de su entrega a este deporte, pero pocos han demostrado el compromiso de Clotet. Cuando Louis van Gaal dirigía el Barcelona, Clotet adoptó una rutina diaria. Todas las mañanas se dirigía a la ciudad deportiva del club, donde había localizado una pequeña abertura en la valla. Las sesiones de Van Gaal no estaban abiertas a los medios de comunicación ni a los aficionados, pero Clotet no se desanimó. «Efectué ese ritual cerca de doscientas veces. La mayoría de las sesiones de entrenamiento eran a puerta cerrada. Di con un orificio por el que podía espiar. Allí estaba todas las mañanas, tomando notas y aprendiendo durante un año entero. ¡Era un clandestino! Él no llegó a descubrirlo mientras estuvo allí.»

«Cuando Van Gaal se marchó al club holandés AZ Alkmaar, me dejaron entrar y les conté lo que había estado haciendo. Van Gaal es una gran influencia porque fue el primero en tomar lo que Cruyff hacía y empezó a hablar del juego de posición y cómo exponer el líbero durante la posesión. Fue una influencia enorme para el fútbol de Guardiola. También dio forma a mi estilo ofensivo. Marcelo Bielsa es influyente por su planteamiento de desarrollo individual del jugador. Su juego ofensivo es más agresivo, sobre todo su forma de desarrollar al individuo para que se imponga sobre el adversario. Pude seguir sus sesiones de preparación cuando dirigía Argentina y entrenaban en Barcelona.»

«He perdido la cuenta de la gente a la que he visto entrenar. Cuando Ottmar Hitzfeld estaba en el Bayern de Múnich, pasé tres meses viviendo en una cabaña porque no podía permitirme un hotel. Era en 2002. Me dejó entrar para verlo y se portó estupendamente conmigo. Vi a Claudio Ranieri y a Rafa Benítez en el Valencia, a Jupp Heynckes; vi a Marcelino, que ahora es el entrenador del Valencia, cuando estuvo en el Gijón y en el Villarreal. Vi a Unai Emery en el Sevilla, en un viaje con Garry Monk.»

«Nunca vine a Inglaterra porque en aquel tiempo recorría

Europa por carretera. Apenas habría podido permitirme el billete de avión. Puse todo mi dinero en aprender. Fui por toda Cataluña y vi a los mejores entrenadores locales. Se convirtió en mi forma de vivir. Mantengo contacto con muchos de ellos. Cuando estuve en el Swansea y en el Leeds, hice muchas llamadas a gente conocida para recabar información sobre un jugador.»

Clotet regresó a España con el Málaga, donde preparó a jóvenes jugadores para Manuel Pellegrini, quien recalaría en el Manchester City. Entonces le llamaron desde Inglaterra. «Michael Laudrup me telefoneó un viernes por la tarde, cuando me encontraba en Málaga. Dijo que quería conocerme. Era la primera vez que hablábamos. Él fue el ídolo de mi juventud, un jugador fantástico. Dijo: "Mañana estaremos en Londres, encontrémonos allí". Reservé los vuelos enseguida y me reuní con el señor Jenkins [el presidente del Swansea] y Laudrup. El objetivo era intentar hacer pasar la escuela del nivel dos al nivel uno. Me propusieron cambiar la estructura. Era una buena manera de aterrizar en el fútbol inglés y aprender cómo son las cosas, en vez de derribar la casa de un plumazo. Laudrup tenía un modo de entrenar español; además, Paulo Sousa y Roberto Martínez habían estado allí antes»

Cuando destituyeron a Laudrup al febrero siguiente, Clotet fue ascendido a ayudante de Monk en un nuevo cuerpo técnico. La pareja salvó al Swansea del descenso y luego condujo el club hasta el octavo puesto de la Premier League en 2014-15. Lo más satisfactorio: el Swansea ganó tres partidos consecutivos de la Premier contra el Manchester United de Van Gaal y se impuso en el feudo del Arsenal. Monk recibió grandes elogios por darle al Swansea un estilo diferente, capaz de competir y obtener resultados. Era, en ciertos aspectos, un reconocimiento de que el «Swansealona» tal vez había ido demasiado lejos.

Clotet explica: «Buscábamos un tipo distinto de jugadores, al mismo tiempo que intentábamos mantener nuestro enfoque táctico y nuestra velocidad. Era un equipo que estaba mucho más preparado para adaptarse al contrincante que en la etapa de Brendan o de Roberto. Éramos muy pragmáticos y teníamos los pies en el suelo. Queríamos aguantar cada partido. Nos centrábamos intensamente en entrenamiento defensivo y en la transición. Subrayábamos formas de atacar que nos ayudaran a defender. El equipo mejoró enormemente. Analizábamos vídeos, veíamos por lo menos diez partidos de los equipos contrarios para detectar tendencias en sus puntos fuertes y errores en ataque y defensa».

Un mal comienzo en su segunda temporada completa le costó el puesto a Monk, seguido de Clotet. Se fueron al Leeds United, donde una campaña muy prometedora se esfumó hacia el final; al club se le escaparon por un pelo las plazas de *play-off*. Cuando Monk se marchó al Middlesbrough, Clotet decidió seguir por su cuenta.

«Hablé con Garry, él jugo aquí en el Oxford y fue muy comprensivo. Ahora ya he pasado muchos años en Inglaterra. Garry ayudó a amoldar mi fútbol al estilo inglés y yo le introduje algunas ideas foráneas. No me molestó bajar a la League One. Anteriormente rechacé otras ofertas en una división más alta. El proyecto y el plan eran más importantes para mí. Tenemos que jugar como es debido. La diferencia es que cuanta más alta es la categoría en la que juegas, menos errores individuales detectas y menos incidencia tienen. En esta liga hay equipos que aprovechan los errores del adversario, pero esto resulta más difícil en la segunda división y es imposible en la Premier League.»

¿Acaso sacar provecho de los fallos del contrincante no es el modelo de Mourinho? «¡No, no! Los equipos de Mourinho fuerzan los fallos del contrario; no ocurren por sí solos. Sus equipos se esfuerzan por identificar puntos débiles y explotarlos. Además, tienen grandes virtudes de las que el adversario debe preocuparse.»

Ahora, en el Oxford, Clotet está preocupado por la identidad. No es ningún predicador. No quiere que le consideren un exótico o un visionario del tiquitaca. Habla mucho sobre sumergirse de lleno en la cultura de la ciudad. Su palabra fetiche es «humildad». Su inglés es excelente; reúne los requisitos para enseñar el idioma en su España natal. Al unirse al Oxford, era realista sobre los recursos económicos del club. No hubo peticiones de divo para contar con un cuerpo técnico amplio. En su lugar, respetó el hecho de que el Oxford está en trayectoria ascendente después de subir de la League Two. Así pues, vino solo. Enseguida habló con el personal del club y les dijo que deseaba aprender de ellos y que esperaba que ellos le correspondieran. «Trabajaron mucho y muy duro. Creí que debía ser humilde y respetarlo. Me da la oportunidad de conocerlos a todos y demostrarles que los valoro.»

Observó que el club mantenía una estrecha relación con las instalaciones militares de Gibraltar Barracks, en Surrey. Anteriormente, la selección femenina inglesa de rugby había estado allí de visita. El estereotipo de unos jugadores yendo a un campo de entrenamiento para ponerse en forma a las órdenes de instructores militares podría hacer que más de un entrenador español se estremeciera, pero Clotet adoptó la tradición. «Fue una buena experiencia para todos nosotros. El Oxford tiene muchos vínculos con el Ejército; llevan años haciendo así las cosas. Investigué mucho. Fui de visita y los conocí. El Ejército británico tiene las cosas claras: servir al pueblo, trabajo en equipo y sentido del deber. Pensé que tales cosas eran importantes para un equipo de fútbol. Nos alojamos en los barracones y utilizamos sus fantásticas instalaciones. Empleamos sus técnicas de recuperación, y la piscina era excelente.»

«Los militares organizaron ejercicios de liderazgo de equipo. Formamos grupos reducidos de resolución de problemas; luego los futbolistas quisieron jugar a ser soldados por un día. Así pues, una tarde les dejamos participar en una competición de tiro. En un tono más serio, los soldados impartieron charlas sobre sus experiencias. Todos ellos sirvieron en Afganistán y compartieron sus impactantes vivencias. Hablaron del trabajo en equipo, de hacer frente a situaciones estresantes, de gestionar situaciones nuevas en la adversidad y de adaptarse. Hay una diferencia en clave de gravedad, pero los principios presentan similitudes con el fútbol.»

Clotet es inteligente y aprende rápido. Sabe que en Oxford hay que referirse a Cambridge como «el otro sitio». Acudió a varias visitas guiadas a la ciudad universitaria y accedió de buen grado a participar en una cena de gala en el histórico Saint John's College. «Nuestro directivo Lionel trabaja en el Departamento de Ingeniería de la Universidad de Oxford. He estado en el Saint John's College dos veces. ¡Me dijeron que tiene más de cuatrocientos sesenta años de antigüedad! La cena fue muy formal, se bendijo la mesa antes de sentarnos. Yo iba vestido de punta en blanco y no sabía muy bien cuándo debía sentarme y cuándo levantarme. Pero ¡qué experiencia! En España, todo el mundo crece oyendo hablar de Oxford, y estoy completamente impresionado con la universidad, con los colegios universitarios y con la cultura que están preservando. Para Inglaterra, tener la Universidad de Oxford es un activo extraordinario.»

Puede que Clotet sea un tradicionalista, pero es también de lo más progresista. Después de viajar por toda Europa y sumergirse en el fútbol inglés, admite que no sabe cómo definirse. Sin embargo, sus métodos comparten muchos rasgos con los de los entrenadores españoles. Hace mucho hincapié en la nutrición y en la preparación. Como Guardiola, insiste en que los jugadores desayunen y almuercen juntos en la ciudad deportiva todos los días. Habla de la «ventana metabólica», donde el glucógeno debe restablecerse en los músculos en un periodo determinado. «Comer forma parte del entrenamiento. Cuando se entrena, es muy importante recargarse. Es un ciclo físico. Sabemos que el entrenamiento se ha completado cuando comen, así que comer juntos no es solo una actividad social para los jugadores.»

«Tenemos a Jasmine Campbell, una dietista. Proporciona conocimientos al jugador sobre qué es bueno y qué es malo comer. Preparamos dos clases de cocina, especialmente para los jugadores más jóvenes. Creíamos que una docena de ellos se beneficiarían. Les enseñamos a preparar comida saludable. Luego Jasmine se los llevó al supermercado para mostrarles qué es bueno y qué es malo. Eso los ayudará a largo plazo en su carrera. En este nivel, los jugadores suelen tener un contrato por un año, pero tenemos la obligación de transmitirles nuestros conocimientos y mejorarlos todo lo posible. Queremos que entrenen y jueguen bien, pero que mejoren toda su carrera.»

«No llego a ser obsesivo. Soy respetuoso con la vida del jugador. Intento que haya confianza. Dejo que las personas regulen su entorno. Los jugadores han propuesto sus propias reglas y su sistema de multas. Es una forma de autodisciplina. Como entrenador, es importante no prohibir cosas. Prefiero educar personas y respetarlas.»

Así pues, Pep, ¿cómo te definirías? «Fui director del Colegio Catalán de Entrenadores de Fútbol. Allí estudié y me saqué el título, pero también fue donde cometí la mayor parte de mis errores. Los errores configuran tu fútbol. De modo que si tuviera que hacer un gráfico circular de identidad, la influencia catalana todavía sería la porción más grande, pero estoy abierto al mundo.»

11

David contra Goliat

*D*avid de Gea está sentado, con la mirada fija en una pantalla de ordenador, en una salita de la ciudad deportiva de la selección española en Las Rozas. Está mirando un vídeo de su primer partido en la Premier League. Su nuevo equipo, el Manchester United, ganó el encuentro por 1-2 en The Hawthorns [West Bromwich], pero, para un muchacho de veinte años, aquella fue una experiencia turbadora y desmoralizante. Un tiro blando de Shane Long le pasó por debajo del cuerpo. Era el principio de su carrera en la Premier League, y los hinchas rivales ya se burlaban de él y le gritaban que era un coladero.

En su papel de comentarista de Sky Sports, el excentrocampista del Liverpool Jamie Redknapp comentó sobre De Gea que «parece que esto le viene grande», y pocas veces un segmento de análisis en televisión ha resultado más exacto. «Oh, Dios mío —se lamenta De Gea, poniendo los ojos en blanco—. Salí en los titulares. Tuve un mal inicio. Jugamos en West Bromwich y se fijaron en aquel chico español en la portería. Así que hicieron lo más sensato: lanzar pelotas por alto y balones largos, y desafiarme físicamente. La verdad es que fue un comienzo brutal.»

«Fueron momentos difíciles y supe que tenía que mejorar rápidamente. Sabía los cambios que debía hacer, pero necesitaba tiempo y experiencia. Fue durísimo. Llegas a un país nuevo, a un vestuario en el que no conocía a nadie, y con un idioma del que prácticamente no hablaba ni media palabra. Era un reto descomunal. Además, todavía era muy joven. La mayoría de los chicos están empezando la universidad y yo estaba en un vestuario de gente que esperaba ganar todos los partidos. Teníamos una defensa muy experimentada, plagada de iconos como Rio Ferdinand, Nemanja Vidic y Patrice Evra. Querían ganar no solo todos los partidos, sino también los partidillos de entrenamiento. Eran muy exigentes conmigo. Recuerdo que Rio y Paddy me dijeron: "Vale, muy bien, eres joven, pero esto es el Manchester United. Solo aceptamos a los mejores".»

«Ferguson asumió un riesgo enorme conmigo. Yo era muy joven y él tuvo el valor de darme aquella camiseta. Fue sincero y directo. Me dijo que tenía que adaptarme; iba a ser duro y habría baches en el camino. No me engañó. Dejó meridianamente claro que jugar en la Premier League sería muy distinto a hacerlo en la Liga. Recuerdo que leí acerca del interés del United, y al principio ni me lo creí. Andaban buscando un sustituto para Edwin van der Sar, que tenía muchísima experiencia, y ahí estaba yo, un niño. Sabíamos que habría retos.»

Los retos se presentaron a cada paso. Después de firmar en el verano de 2011, siguieron algunos fallos en la Community Shield contra el Manchester City y una victoria sobre el Arsenal. La inseguridad impregnó su juego. Era un guardameta que sentía pavor a los centros. Un peculiar episodio en un supermercado llevó al periódico *Sun* a dedicarle la portada: «Portero del United sorprendido afanando un donut Tesco de 1,19 libras». El 20 de agosto de su primera temporada, *The Times* publicaba una entrevista con el fracasado portero del Manchester United Massimo Taibi, quien reveló al mundo que podía ver paralelismos entre él y De Gea.

No obstante, para cuando nos encontramos, en septiembre de 2016, la transformación de De Gea es total. Ahora figura entre los mejores porteros del mundo. Fue el jugador del año del United durante tres años consecutivos, 2014-2016. Se le ha incluido en el equipo del año de la Asociación de Futbolistas Profesionales inglesa cuatro veces en cinco años, entre 2013 y 2017. De Gea es un raro ejemplo de un futbolista español que ha superado los problemas de adaptación en Inglaterra para convertirse en una estrella mundial.

Así, David, ¿ahora eres el mejor del mundo? «No soy yo quien debe decirlo», responde, sonriendo diplomáticamente. Le apunto que no muchos porteros llegan a ser jugador del año en un club como el United durante tres temporadas seguidas. «Eso es cierto. Estoy jugando bien, tengo confianza, pero debo mantenerla. Y, fundamentalmente, tengo que ganar trofeos. Eso es lo que hacen los jugadores de clase mundial.»

El United eligió a De Gea sobre algunos de los mejores guardametas del planeta, entre ellos el francés Hugo Lloris, el holandés Maarten Stekelenburg, el alemán Manuel Neuer, el portugués Rui Patrício y el argentino Sergio Romero. El preparador de porteros de Ferguson, Eric Steele, lo había recomendado después de descubrir a De Gea cuando tenía dieciséis años. «Yo estaba en el Manchester City cuando lo vi por primera vez —dijo Steele—. En realidad, no buscaba un portero porque teníamos a Joe Hart y a Kasper Schmeichel».

«Acudí a la Eurocopa sub-17 y vi las semifinales y la final. España batió a Inglaterra por 1-0, y David hizo tales cosas en ese partido que anoté su nombre. Me convenció para redactar un informe para archivarlo. Destacaba por su envergadura. Me llamó la atención, antes que nada, por la manera de jugar de España. Él encajaba en el sistema; su trato del balón era excelente. Su serenidad y su seguridad me dejaron asombrado. En cualquier situación en la que se encontraba, mantenía la calma. Fue eso lo que señalé en su informe y con lo que me quedé. Cuando iniciamos la búsqueda del sustituto de Edwin van der Sar, fue uno de los que señalé enseguida.»

El proceso de seguimiento del United fue exhaustivo. «Oh, ya lo creo —exclama Steele—. Yo fui a verlo no menos de veinte veces. Teníamos ojeadores europeos siguiendo sus partidos de la liga española; asistí a encuentros en directo contra el Barcelona y el Valencia. Le seguí en los torneos sub-21. Me pasaba los días entre semana viajando para observar sus actuaciones. La gente olvida que llegó al Atlético de Madrid con solo dieciocho años, algo extraordinario.

Una vez que hubo debutado, pudimos marcar la casilla y decir: "Vaya, un portero joven jugando en la Liga en uno de los cuatro grandes".»

«Entonces cotejamos todos los datos y la información, y se tomó la decisión. El cazatalentos jefe, Jim Lawlor, le observó, y luego sus ojeadores europeos hicieron lo propio. Nos reunimos para presentar todos los datos a sir Alex y le dijimos: "Ahora necesitamos que usted le vea jugar". Vio todas las imágenes de DVD y leyó los informes detenidamente. Le vio en directo, lo mismo que Mike Phelan. El factor edad no era ninguna preocupación, porque siempre ha sido un entrenador que da oportunidades a los jóvenes. En ningún momento se planteó que fuese un problema contratarlo siendo un adolescente.»

«No llegó con poca experiencia. Había ganado la Eurocopa sub-21 y la Europa League con el Atlético. Le vimos en una semifinal contra el Liverpool en Anfield. Todo el estadio era rojiblanco, inestable y hostil. Nadie hubiera creído que estábamos ante un muchacho de diecinueve años. Por supuesto, sabíamos que los jugadores veteranos le mirarían con lupa. Cuando llegó, la gente decía: "Bueno, es alto pero no muy corpulento". El único modo de convencer a esos jugadores es demostrando tu capacidad; eso llevaría tiempo, pero entró después de batir al Inter de Milán en la Supercopa de Europa y parar un penalti. No era un advenedizo. Había jugado en los derbis madrileños y contra el Barcelona. Aunque sabíamos que podía ser un proceso lento.»

A medida que el United encajaba goles y se exponía a perder terreno con respecto a sus vecinos del Manchester City, los observadores se preguntaron si Ferguson se mantendría fiel a su joven guardameta. Anteriormente, el entrenador del United ya había consentido problemas iniciales con jugadores de campo jóvenes, como Cristiano Ronaldo y Wayne Rooney, pero ¿demostraría la misma paciencia con un portero, con alguien que jugaba en una demarcación en la que cualquier error puede acarrear consecuencias graves? A fin de cuentas, De Gea ocupó el marco el día que el United perdió en casa frente al Manchester City por 1-6, en octubre de 2011.

De Gea puede presumir de dos puntos de inflexión. En su primera temporada, Ferguson relegó a su portero al banquillo tras un fallo en casa contra el Blackburn en diciembre. Lo sustituyó Anders Lindegaard; posteriormente el guardameta danés se lesionó y De Gea tuvo que hacer frente a la competencia de la promesa de la cantera del United Ben Amos. En la previa de un desplazamiento a Chelsea en febrero de 2012, las columnas periodísticas plantearon un debate acerca de si Ferguson podía permitirse el riesgo de volver a poner al español en la portería en lugar de Amos (quien comenzó la temporada 2017-18 cedido por el Bolton al Charlton Athletic, de la tercera división).

De Gea fue titular. Aunque el partido terminó 3-3, su imagen salió reforzada al negarle un gol con una extraordinaria parada a Juan Mata, quien más tarde sería compañero suyo en Old Trafford. Ya en el tiempo añadido, Mata no habría podido colocar mejor, ni con mayor potencia, su falta directa desde treinta metros: directa a la escuadra izquierda del marco de De Gea. Pero este voló y consiguió desviar el balón junto al poste y a mano cambiada. «Lo he visto mil veces... —Se ríe, haciendo clic en YouTube—. Ese pudo haber sido el momento decisivo de mi carrera en el United. La semana anterior, el tercer portero, Amos, estaba por delante de mí en el equipo. A partir de entonces, las cosas fueron mejorando. Juan todavía está fastidiado por aquella jugada.»

«El segundo gran momento se produjo hacia la mitad de mi segunda temporada. Ferguson se portó muy bien conmigo. Yo había estado bajo presión después de un partido en el campo del Tottenham, en el que Gary Neville me criticó en Sky Sports. Cometí un fallo hacia el final, pero había hecho un montón de paradas brillantes ese día. Eso no me molesta. Neville tenía razón. Nevaba y medí mal un centro. No mucho tiempo después, jugamos contra el Real Madrid fuera de casa. Ferguson me llevó a la rueda de prensa en el Bernabéu. Lo contó todo. Delante de los medios de comunicación británicos y españoles, dijo que yo tenía un talento especial. Recuerdo exactamente lo que dijo. Me comparó con un niño pequeño que da los primeros pasos. Se tambalea, se levanta, se tambalea, se levanta otra vez hasta que sabe andar. Ferguson concluyó aquella rueda de prensa diciendo: "Ahora el chico ya anda". Estaba sentado a mi lado y reveló al mundo hasta qué punto creía en mí. Aquello me dio mucha fuerza.»

Fue una metáfora excelente. De Gea respondió con una de las actuaciones más impresionantes de su joven carrera, dando un recital de paradas a remates de los jugadores del Real Madrid y ayudando al United a arrancar un valioso empate a uno. Empezaba a notar las ventajas de su intenso trabajo en el gimnasio. En España, los porteros se centran en conocimientos técnicos y desarrollo. En edad escolar, De Gea jugó al fútbol sala. «En la escuela, jugué de delantero hasta los catorce años, aproximadamente. Los sábados, ocupaba la portería de un equipo infantil filial de la escuela del Atlético desde los ocho años. El fútbol sala es una parte muy importante de mi desarrollo. Jugaba fuera de la portería, en espacios reducidos y cerrados, a uno o dos toques, y tenían que ser pases rápidos y precisos. Me hizo técnicamente más fuerte, seguro con el balón en los pies: en los tiempos que corren para los porteros, eso es fundamental.»

En el colegio Castilla de Toledo, De Gea jugó al fútbol, al baloncesto y al tenis. Manuela Infante, su maestra de preescolar, recuerda: «Parecía dominar cualquier deporte que probaba. Su madre, Mariví, siempre estaba encima de él. Llamaba todas las semanas, tres o cuatro veces, diciendo: "Estoy muy preocupada por David". Todavía mantenemos relación. También tenía inquietudes sobre el equilibrio entre sus estudios y su actividad deportiva. Cuando salía a participar en torneos con la selección española, David se perdía muchas clases, y llegó un momento en el que tuvo que elegir entre dar prioridad al fútbol o a estudiar».

«Por supuesto, la opción siempre estuvo muy clara. Iba a campeonatos de Europa y del mundo. Yo siempre lo comparaba con Peter Schmeichel, por su pelo rubio, su agilidad y su estatura. En clase, los chicos redactaban sus sueños de futuro y David escribía: "Quiero ser como Peter Schmeichel".»

De Gea ha imitado a Schmeichel en la portería del United, aunque los métodos de ambos jugadores son muy distintos. Las estiradas de Schmeichel eran más convencionales que la técnica de De Gea: las piernas telescópicas del español suelen acudir en su ayuda. Sonríe cuando menciono su propensión única a hacer paradas con los pies. Hay numerosos ejemplos, ninguno más vistoso que una intervención en octubre de 2017 para impedir un tanto de Joel Matip en Anfield. El defensor del Liverpool chutó el balón desde siete metros; se calculó la velocidad del disparo en noventa y tres kilómetros por hora. El tiempo de reacción de De Gea fue de 0,28 segundos: estiró una pierna para efectuar una parada asombrosa.

Steele inculcó esa habilidad en el United: «Edwin [van der Sar] era muy bueno parando con los pies. David tenía una técnica distinta que modificamos ligeramente. Edwin tenía una gran frase: "Con la velocidad del balón, cuanto más se acerca el delantero a la portería, menos sacamos los pies". Edwin, con sus metro noventa y ocho, era increíble parando con el pie. Ahora David emplea la misma filosofía. Antes usaba los pies cuando podía haber utilizado las manos, y era un aspecto técnico en el que trabajamos. Ahora posee el equilibrio para hacer eso. No importa qué parte del cuerpo utilices, siempre y cuando saques el balón. Con la velocidad actual de este, si no puedes ir abajo en esa fracción de segundo, entonces dos pies son una barrera fantástica para interceptar los remates».

De Gea añade: «Si el balón vuela hacia mí, reacciono de esa forma. Es algo innato y muy útil. Algunos entrenadores, no diré nombres, han intentado hacerme cambiar, pero no funciona. Me gusta; es como tener una marca personal. Si te llega un balón, a veces es más rápido usar los pies y las piernas. No puedo cambiarlo».

Sin embargo, hubo ciertas cosas que el United sí pudo cambiar. La dieta y la condición física se volvieron prioritarias. Durante las dos primeras temporadas, De Gea estaba en el gimnasio a las nueve y media de la mañana tres veces por semana. Al comienzo de la semana, se centraba en fuerza principal utilizando bandas TRX con propiocepción. En los dos días previos a un partido, trabajaba velocidad y potencia, mediante saltos en cajoneta y con cuerda. Dos veces por semana, había sesiones también por la tarde. Además, estaban los entrenamientos normales con el equipo y las clases intensivas de inglés. El preparador de porteros Steele aprendió algo de español para acelerar el desarrollo de De Gea.

De Gea dice: «Chicharito me ayudó muchísimo con el idioma. Yo aprendía expresiones para la defensa como *my ball*, *push out*, las más básicas. Y luego tenía que intentar comprender el acento de Ferguson..., no era fácil. Ese fuerte acento escocés me costaba trabajo, pero al final lo conseguí».

Steele agrega: «Había muchas cosas nuevas para él. No sabía nada acerca de ir al campo del Stoke y cómo lidiar con los saques de banda largos de Rory Delap, pero eso era cosa mía. ¿Qué dijo? Puso su expresión habitual. Levantó las cejas, hinchó los mofletes varias veces haciendo "Uf, uf", y masculló algo en español. Le dije: "¿Puedes traducir eso en inglés?", a lo que él repitió "Uf, uf", volvió a hinchar los mofletes y sonrió».

Curiosamente, Steele veía ventajas hasta en los momentos más oscuros de De Gea, como aquella primera tarde en West Bromwich. «No me quedo con las cosas negativas. Cometió un fallo en el gol y, luego, en la segunda parte, como era de esperar, el contrincante detectó vulnerabilidad e intentó aprovecharse. Le enseñé el gol y dije: "Eso no es propio de ti, técnicamente". Era un tiro sencillo y rutinario que se le escapó entre las manos. Ganamos el partido y dije: "No pasa nada, pero acuérdate de esto". Le hablé de un momento posterior durante el encuentro y le suministré una imagen fija que aún conserva. A doce minutos del final, salió a por un centro y se elevó por encima de dos de los jugadores que le habían zurrado. Levantó las rodillas y lo atajó. Dijimos: "Eso es lo que debes hacer, eso exige valor, sigue así".»

Me pregunto si hubo un momento en el que De Gea temió, durante aquellos primeros meses, que la cosa no llegara a buen puerto. David vacila y frunce el ceño: «Hum..., no lo sé, puede. La verdad es que siempre tuve mucha fe en mí mismo, y es cierto que se puso a prueba. Sabía que mi mejor momento llegaría».

En el Atlético de Madrid, su mentor fue el técnico Emilio Álvarez Blanco, que llegó a hacerse amigo íntimo de De Gea y de su padre, José, quien tuvo también una trayectoria profesional como portero. Cuando David empezó a jugar en el primer equipo del Atleti, buscaba con la mirada a Álvarez en el área técnica, reclamando que su entrenador le hiciera una señal con el dedo cada vez que hacía una parada. Álvarez dijo: «Recuerdo que le advertí: "No podemos hacer eso delante de todas las cámaras, la gente creerá que estamos locos". A lo que él repuso: "Pero así es perfecto". No era una vez a lo largo de un partido, era constante, después de cada ocasión. Le expliqué a David que teníamos que ir eliminándolo paulatinamente».

Álvarez formó parte del cuadro técnico de Quique Sánchez Flores, que llegó en el verano de 2009. Durante el verano anterior, De Gea había estado a punto de ir cedido al Numancia o Las Palmas. También el Wigan de Roberto Martínez se mostró interesado, pero a sus dieciocho años De Gea quiso quedarse en el Atlético. Álvarez explica: «De Gea era el tercer portero, detrás de Sergio Asenjo, comprado al Valladolid por cinco millones de euros, y otro llamado Roberto, que era mayor y más experimentado. El primer día de entrenamiento en el Atlético (el equipo no estaba en su mejor momento), Quique me pidió información sobre los porteros. Mis primeras palabras fueron: "El mejor de los tres es el niño". Quique repuso: "¿Lo dices en serio? Parece un chiquillo". Pero tenía algo distinto. Así que Quique le preparó, le hizo trabajar duro durante un mes para ponerlo a punto para jugar. Colocamos a un chico de dieciocho años en la portería de un Atlético de Madrid muy distinto al actual de Diego Simeone. Cada partido sometía a David a una enorme presión».

Flores explica: «Necesitábamos la frescura que él nos daba, su personalidad y sangre fría. Asenjo estaba nervioso, abrumado por su precio y bajo presión. Le costaba trabajo sobrellevar la atención de la prensa. Al cabo de unos partidos, tomé la decisión. El análisis dejaba claro que De Gea tenía que ser mi primer portero. Dominaba el área, paraba mucho y era alto, atlético, ágil y rápido. En menos de un mes, pasó a ser del tercer guardameta del equipo a ser el primero, con diecinueve años. Se llevaba muy bien con el Kun Agüero. Eran las dos estrellas emergentes. Compartían habitación en los desplazamientos, jugaban juntos con la PlayStation; trabajábamos mucho con ambos en los movimientos de Agüero. Cuando David atajaba un centro, su primer instinto era dar un pase para hacer correr al Kun. Cada semana crecía a pasos de gigante y recibía más reconocimiento de los medios de comunicación y de los aficionados».

Cuando se hizo cargo del Manchester United, una de las primeras medidas de Jose Mourinho fue incorporar a Álvarez a su cuerpo técnico, por recomendación de De Gea. Uno de los métodos que empleó para mejorar los reflejos del portero consistía en hacerle ponerse una venda sobre los ojos y responder a tiros cercanos. Me encontré con él en el otoño de 2014 para hacerle una entrevista para el *Daily Mail* y me facilitó un análisis esclarecedor: «Mantengo una relación personal con David y su familia que es muy especial. No es normal. Por lo general, cuando dos partes se separan, se dice: "Buena suerte, espero que volvamos a vernos". Ayudé mucho a David durante su etapa en el Atlético y sigo haciéndolo. Hablaba con él y analizábamos las cosas juntos. Su familia siempre acudía a mí. "Emilio, ayúdanos con esto… David tuvo dos años estupendos trabajando contigo, ahora no le va tan bien." Les expliqué que es algo normal, con el cambio de entorno, con lo de mudarse a Mánchester. Estilo de vida, idioma, comida y clima… Todo distinto. Y en un club tan grande como el United».

«Old Trafford, el Manchester United, sir Alex Ferguson, es otra cosa. Cuando uno es tan joven, resulta duro. David se sentía solo y no pasó por su mejor momento durante los dos primeros años en el United. Realizó paradas asombrosas, algún que otro partido brillante, pero no eran más que destellos de su potencial. David demostró su clase, pero en el Atlético brillaba casi todas las semanas. David sufrió un *shock* cuando se trasladó, igual que su familia. Tenían un núcleo cerrado de amigos y parientes, y lo dejaron atrás para irse a Mánchester. Es otro mundo.»

«Sus padres le han ayudado desde siempre. Una gente increíble. Su padre es su mejor entrenador, pues es muy exigente con él. En el Atlético de Madrid, estaba en todos los partidos, naturalmente, pero también en todas las sesiones de entrenamiento, con lluvia o nieve. Esto se tolera en España, pero no podía hacerlo en el United. Incluso cuando De Gea estaba con la selección, venían a verle a los entrenamientos y a recogerlo. Después de la sesión, en el coche, mantenían una conversación y David le preguntaba: "¿Qué te ha parecido esa parada?". Mantienen una relación estrecha y especial, eso es superimportante. Incluso ahora, cuando David es una superestrella internacional, el mejor portero del mundo, Mariví le dice: "Oh, te has olvidado las botas o los guantes, voy a buscarlos".»

De Gea admite que su padre sigue siendo su crítico más feroz. «Ahora mis padres viven en Madrid, pero al principio se mudaron conmigo a Mánchester. Eran mi servicio de taxi personal cuando era niño. Los padres son los padres. Sin él, yo no sería portero. Todavía me da consejos después de cada partido. Cuando yo era un poco más joven, era muy sincero conmigo. Sabía que me decía las cosas tal como eran. Ahora es más indulgente, aunque eso se debe a que soy bastante bueno, para ser justos. Pero sigue siendo bastante crítico. Se fija en cada detalle, en cada pequeño error. Me ha entrenado siempre, desde niño. He aprendido mucho de él. Es algo especial que puedas tener ese vínculo con tu padre.»

De Gea solo pasó dos años a las órdenes de Ferguson. Su mejor estado llegó con el tiempo, con David Moyes, Louis van Gaal y Jose Mourinho. Tras la marcha de Ferguson, nubes negras se cernieron sobre Old Trafford. De Gea ha sido la rara excepción de un jugador que ha mejorado y destacado. Moyes duró una temporada en la que el United pasó de ser el campeón a acabar en el séptimo puesto de la Premier League. Con Louis van Gaal, el United terminó cuarto y quinto.

A medida que De Gea ascendía, el United empeoraba. Pese a la brillantez de David, no resulta un síntoma particularmente saludable de la trayectoria de un club que un guardameta sea su faro durante tres temporadas consecutivas. En el verano de 2015, después de la primera campaña de Van Gaal en el club, la situación alcanzó un punto crítico. El Real Madrid persiguió a De Gea, para llevarlo de nuevo a la capital de España. Fue un culebrón veraniego que se frustró el día que se cerraba el mercado de fichajes. Concluyó de forma calamitosa, con De Gea esperando noticias con su familia en Madrid mientras se acercaba el plazo fijado; la operación fracasó una vez pasada la medianoche. Los dos clubes se intercambiaron reproches, culpándose entre sí de aquel traspaso que fracasó.

Irónicamente, cuando nos encontramos, ha pasado justo un año. «Esta vez ha sido un verano normal —suspira—. La gente habla mucho. ¿Escribías sobre eso? —Asiento. Él frunce el ceño—. Es duro, creo yo —murmura—. En la era digital, se escriben literalmente miles de cosas sobre uno. Todos los días salía "De Gea esto, De Gea lo otro".»

Durante aquel mes de agosto, De Gea sufrió una crisis de imagen en Mánchester. Van Gaal dudó de su profesionalidad. Dijo que, en una reunión entre De Gea y el preparador de porteros Frans Hoek, el español advirtió que no quería ir convocado a los dos primeros partidos ligueros de la temporada 2015-16 del United, contra el Tottenham Hotspur y el Aston Villa. Cuando el Manchester se desplazó al Villa Park, De Gea tuvo que entrenar con el equipo filial, ya que Van Gaal lo separó de la primera plantilla. David siempre ha rechazado tal cosa; insiste en que le dijo a Hoek que estaría encantado de jugar si el cuadro técnico le convocaba.

Una vez frustrado el traspaso, volvió al equipo. «Mi primer partido de vuelta fue en Old Trafford contra el Liverpool. Obviamente, Louis había dicho lo que dijo. La verdad es que yo no sabía cómo reaccionaría Old Trafford conmigo. Cuando salí al terreno de juego, estaba nervioso. Siempre me han apoyado, pero ese día tenía mis dudas. Finalmente, estuvieron fantásticos, mejor que nunca. Todo el mundo coreaba mi nombre. Fue importante para mí.»

Nos reencontramos a las pocas semanas del nuevo reinado de Jose Mourinho como entrenador del United. De Gea disfruta trabajando con el técnico portugués. Nota un cambio de mentalidad. No le ha gustado que últimamente el objetivo fuera luchar por el cuarto puesto. Cree que con Mourinho se podrá aspirar a ganar títulos, aunque tal vez se necesiten una o dos temporadas para lograrlo. «Sí, era raro. Para mí, terminar tercero o cuarto no basta. Quiero ganar. Queremos llegar a lo más alto posible. Obviamente. Tiene que ser más. Como profesional, quiero ganar títulos. Es algo grande para los jugadores y para el club. Tenemos que devolver al United a su mejor sitio, a la Champions League, a la condición de campeón de Inglaterra, a la cima.»

«Si estás en el Manchester United, necesitas un entrenador con una mentalidad ganadora. Lo tuvimos con Ferguson. Mourinho es ese hombre. Mourinho quiere ganar todos los partidos y lo transmite al equipo. Hablamos durante la Eurocopa y me dijo que me quería con él y que quería ganar trofeos. Hemos pasado por un momento difícil desde la retirada de Ferguson; cuesta trabajo diagnosticar qué ha ocurrido. Pero queremos ganar la Premier League. Por supuesto.»

Cuando De Gea llegó a Old Trafford en el verano de 2011, era el único español. En los años siguientes, a medida que el United exploraba con mayor atención el mercado hispano, se le unieron sus compatriotas Ander Herrera y Juan Mata, además de los latinoamericanos Sergio Romero, Radamel Falcao, Ángel Di Maria y Marcos Rojo. En los barrios residenciales de Cheshire, sus amigos Bojan Krkic, Joselu y Marc Muniesa también vivían cerca, cuando el Stoke City reclutó talento español. Mata llegó en enero de la única temporada de David Moyes al frente del United. Junto con De Gea, ha presenciado los altibajos de la era post-Ferguson.

Hablo con Mata cuando ya llevamos unos meses de la primera temporada de Mourinho. El equipo ha mejorado, pero empata demasiados partidos. «Cuando llegué al United, era un momento muy complicado para el club. Era un periodo de reestructuración. Ganamos la FA Cup. Creo que estamos jugando muy bien a las órdenes de Jose Mourinho. Los resultados no han sido perfectos, pero todo el mundo está unido y los aficionados pueden ver los progresos. Los hinchas del Manchester United me han asombrado durante los últimos años. A veces, ha habido muchos altibajos, pero el apoyo ha sido incondicional. Puedo pensar en la última temporada, cuando terminamos fuera de las plazas de Champions League y la afición siguió animándonos. No creo que se pueda encontrar esto en ningún otro lugar.»

«Hubo demasiados momentos en los que las cosas no iban bien. Tuvimos una buena racha hacia el final de la primera temporada de Louis van Gaal en la que nos clasificamos para la Champions League y después ganamos la FA Cup, pero fueron dos años malos. Los medios de comunicación fueron muy duros con Van Gaal y nos resultó difícil. Louis era un hombre honesto y admiro lo que consiguió.»

Mata admite que tener siempre el foco puesto sobre ellos influye: «Es una de las cosas que me han llamado la atención. Cada pequeño detalle se agiganta cuando se trata del United. El nivel de escrutinio es más alto aquí que en cualquier otro equipo de Inglaterra. Los artículos de prensa, la radio, los exjugadores que cometan la situación… Es todo muy intenso. Los jugadores debemos afrontarlo, aceptarlo e incluso tomarlo como un cumplido: es señal de lo fantástico que es el club en el que estamos. Es algo muy emocional. La gente se ilusiona o se desespera demasiado con el United. Se va de un extremo al otro».

En el caso de Herrera, el interés del United puede remontarse al reinado de sir Alex Ferguson. En la temporada 2011-12, el Manchester recibió al Athletic de Bilbao en la Europa League. El Athletic de Marcelo Bielsa estuvo sensacional: desarboló al United con una velocidad brutal. El marcador fue de 2-3: solo la genial actuación de De Gea en el marco del United salvó al equipo de Ferguson de recibir una humillación. «Parece que aquel partido fuera ayer. Justo en la otra orilla.» Herrera sonríe, señalando a través de la ventana el hotel Football de Gary Neville y mirando hacia el estadio del Manchester United. «No puedo recordar otro equipo que haya venido alguna vez a Old Trafford y haya sido protagonista de ese modo. Vapuleamos al United. No solo al United, sino al United de Ferguson.»

«Creo que sir Alex Ferguson fue el primero que intentó

ficharme. Me imagino que aquellos dos partidos fueron claves. Ganamos la vuelta en Bilbao por 2-1. Ahí se decidió mi salida. La víspera del partido de ida, me lesioné. Sentí un dolor terrible, pero cuando desperté al día siguiente el dolor había desaparecido. Algo ahí fuera quería que yo jugase. El equipo estuvo genial. Creo que viajaron doce mil personas desde Bilbao. Merecimos ganar por cuatro o cinco goles. Jamás olvidaré ese partido. He oído decir a los aficionados del Athletic que fue la mejor actuación en la historia del club.»

En el fútbol, todo el mundo se declara obsesionado por el juego, pero Herrera es único tanto por su fervor como por su grado de conocimiento. Es una compañía simpática y locuaz. «Hablaba un poquito de inglés antes de llegar —dice en perfecto inglés, tras insistir en hacer la entrevista en su segunda lengua—. Aprendí rápido porque no puedo estar callado. Una vez, Antonio Valencia me preguntó si mi familia no me dejaba hablar en casa, porque no paro de charlar en el trabajo, en las sesiones de entrenamiento y en el vestuario. No entiendo a los jugadores que están malhumorados o se sienten desdichados. Tenemos una vida con la que todo el mundo sueña; deberíamos estar agradecidos por esto cada día. Por otra parte ¿de qué sirve? Si no sonríes, deberías estar haciendo otra cosa.»

«Tenemos la mejor profesión del mundo. Hablo mucho con Juan Mata de esto. Hablamos mucho de la vida, del sentido que tiene todo esto. Yo le digo: "¿Qué hacemos con nuestra vida si estamos tristes porque no hemos ganado un partido o porque calentamos banquillo?". Tenemos la mejor vida, disponemos de una libertad enorme y estamos absurdamente bien pagados. Podemos ayudar a nuestras familias y amigos. El fútbol es lo mejor que hay y quiero alegrar el día a todo el mundo. Por supuesto, cada cual tiene sus problemas, y los futbolistas no son inmunes a eso, pero trato de hacer de cada día un día mejor.»

Cuando Herrera firmó por el Manchester United, sir Bobby Charlton le recibió en el complejo de entrenamiento de Carrington. El español todavía conserva en su teléfono móvil una foto de los dos juntos.

Herrera destacó por primera vez en el Real Zaragoza, donde su padre había jugado; después trabajó como director deportivo del equipo maño, del que sigue siendo un acérrimo seguidor. «Zaragoza es la ciudad donde crecí, donde aprendí. El Zaragoza es mi club; soy aficionado, pero eso no significa que no considere el Athletic como algo especial. Pero... sigo siendo del Zaragoza. Puedes cambiar de vida (aunque espero que eso no me ocurra a mí), puedes cambiar de coche, de peinado, de casa..., pero las dos cosas que no puedes cambiar nunca son tus padres y tu club de fútbol.»

Con todo, Herrera ha asimilado rápidamente los ideales del United. «Cuando pienso en el Manchester United, lo primero que me viene a la mente es esa leyenda, esa generación de la Class of 92. Ryan Giggs, Paul Scholes, Nicky Butt, Gary Neville, Phil Neville..., el otro..., ¡David Beckham! ¿Cómo puedo olvidarme de Beckham? El United es un club enorme y tiene que conservar esa filosofía. Necesitas una buena mezcla. Yo siempre digo que, si un jugador extranjero llega aquí, debe aceptar que hay futbolistas hechos aquí que darían la vida por este club. Lo conocen y entienden todo; sé que puedo hacer preguntas a Ryan sobre la historia [Giggs era entonces el segundo entrenador del United], puedo aprender de ellos.»

«Cuando llegué, Tom Cleverley, Danny Welbeck y Ryan Giggs estaban aquí. Es una sensación especial, distinta. Ahora tenemos al valiente Marcus Rashford y a un súper, como Jesse Lingard, que se está abriendo paso. La Premier League tiene cuatro o cinco equipos muy fuertes, pero para mí el United siempre será el más especial. Es el club legendario; me siento muy afortunado de jugar en el club más grande del país. Lo cierto es que yo era feliz en Bilbao. Antes de que el United viniera a por mí, tuve una conversación con mi agente. Extendí la mano y dije que solo hay cinco clubes en el mundo por los que dejaría el Athletic. De otro modo, me habría quedado mucho tiempo. Si el United no hubiese venido a buscarme, aún seguiría allí.»

El United se interesó por primera vez por Herrera en el verano de 2013, cuando David Moyes intentó reforzar el centro del campo al final del mercado. Se había resistido a fichar a Thiago Alcántara del Barcelona, quien optó por irse al Bayern de Múnich. En ese momento, el United no estaba preparado para abonar la cláusula de rescisión de Herrera, que era de treinta y seis millones de euros. «Yo no sabía qué iba a ocurrir. Me quedé esperando, al igual que los seguidores. Estaba muy contento con el Athletic. Jugué muy bien la temporada anterior; estuvimos en la Europa League. Quería que el Athletic quedara contento con el traspaso. Bajé la cabeza cuando se cerró el plazo. Sabía que aún me observaban y que algo ocurriría. Entonces Louis van Gaal se convirtió en su entrenador. El verano siguiente, tres o cuatro días antes de que sucediera, me dijeron que el United pagaría la cláusula de rescisión. Por supuesto, fue una alegría. No me arrepiento. Soy jugador del United; me encanta jugar en este club y siento que lo mejor aún está por llegar.»

Old Trafford no fue siempre un campamento feliz con Van Gaal al mando. Se creyó que el holandés había contenido el instinto ofensivo del United. Herrera rara vez recibió vía libre en el equipo. No deja de ser interesante que fuese titular más partidos en la primera temporada de Jose Mourinho que en las dos campañas de Van Gaal. Herrera no fue el único jugador de vocación ofensiva reprimido por la rigidez del holandés. En la temporada 2015-16, la segunda de Van Gaal, el United no logró marcar en la primera parte de veinticinco partidos en casa. Habían dejado de parecerse a un equipo del Manchester United, renunciando al espíritu desenfadado imbuido en el club por sir Matt Busby y sir Alex Ferguson.

De Gea dice que Van Gaal es un «pesado», en varios sentidos. En su interpretación más extrema, se refiere a que es un pelmazo. Una lectura más positiva sería la de un hombre concienzudo, esmerado, meticuloso. Su excesiva atención al detalle era incompatible con los jugadores modernos. Los reproches que hacía durante las sesiones de análisis de vídeo pospartido menguaban la confianza de los jugadores. Michael Carrick y Wayne Rooney incluso fueron al despacho del míster para pedirle que aflojara.

Conocí a Herrera cuando Van Gaal todavía era el entrenador del United, poco después de que el club ganara el primer y único trofeo de su reinado derrotando al Crystal Palace en Wembley en la final de la FA Cup. Al comienzo de su trayectoria en el United, Herrera había expresado su admiración por el estilo de juego de Van Gaal. Destacó que el holandés insiste en «mucha, mucha, mucha posesión». Dieciocho meses después, continúa hablando bien de él, pero explica por qué le resultó particularmente difícil la transición táctica decretada por Van Gaal.

«En el Athletic de Bilbao había jugado a las órdenes de Marcelo Bielsa. Es un loco formidable, un gran tipo. No debería dejar de entrenar nunca. Es una influencia positiva en el fútbol. Hoy en día, muchos entrenadores pensarán: "Veamos cómo nos van a jugar, y luego, dependiendo de cómo nos jueguen, lo abordaremos de una determinada manera". Bielsa es todo lo contrario. Le importa un cuerno cómo juegue el adversario. Él tiene sus propias creencias, sus metodologías, quiere dictar las condiciones de juego. Ya sea el Athletic contra el Real Madrid o el Barcelona, ya sea el Athletic de Bilbao contra el Levante, da lo mismo. Es muy bueno para el fútbol. Es el entrenador más singular que he tenido.»

«A veces, resultaba muy duro trabajar con él. Los entrenamientos podían ser muy largos. Duraban lo que fuese necesario hasta que quedaba satisfecho. Podían ser dos horas ensayando y repitiendo lo mismo. Pero cuando sales al terreno de juego y se traduce en una actuación estelar, todo queda justificado. Bielsa toma notas de cada partido de fútbol que ve. Así, por ejemplo, está viendo al United y Wayne Rooney y Anthony Martial se complementan de una determinada manera… Pues entonces Bielsa toma nota y luego lo aplica a su sistema. Lo practicarás una y otra vez. Durante el entrenamiento, te dices: "Siempre lo mismo, siempre lo mismo". Pero luego llega el partido y tu equipo sabe qué hacer.»

«El fútbol le necesita. Van Gaal y Bielsa son entrenadores completamente distintos. Lo que diré es que ambos son técnicos ofensivos. Ambos quieren ganar con el balón. Eso me favorece; pero difieren de cómo hacerlo. Bielsa cree que debes moverte para encontrar el balón. Van Gaal cree que el balón tiene que encontrarte a ti. Así pues, con Van Gaal juegas mucho más rígido y fijado en tu posición. Bielsa quiere que seas flexible, que te ofrezcas y pidas la pelota, que te muevas, que asumas riesgos en tu juego. No quiere esperar el balón; quiere que tú seas el protagonista. Era una mentalidad totalmente distinta para mí. He hablado con Van Gaal sobre esto varias veces.»

Con Van Gaal, Herrera jugaba formando parte de un medio campo de tres hombres; de vez en cuando, se colocaba por detrás de la delantera. Jose Mourinho ha reinventado al jugador español: lo ha retrasado unos metros en el terreno de juego; su misión ahora es cortar el juego del contrario, recuperar la posesión rápidamente y lanzar al United al ataque. La forma de Herrera impresionó hasta el punto de que se ganó su primera convocatoria con la selección española absoluta a los veintiséis años. Declaró al apreciado periodista español Rodrigo Errasti: «El trabajo diario de Mourinho me ha impresionado. Lo disfruto muchísimo. Junto con Ernesto Valverde y Luis Milla, es probablemente el entrenador cuya forma de trabajar suscribo más claramente. Mourinho plantea sesiones de entrenamiento muy dinámicas; varían enormemente entre lo táctico, lo técnico y lo competitivo. Esto implica que no tienes ejercicios muy largos en los que podrías perder la concentración. Nos mantiene despiertos».

Herrera se erigió en el mariscal de Mourinho en el campo. Hacia finales de la temporada 2016-17, el portugués pidió a Herrera que efectuara un marcaje individual específico sobre Eden Hazard, del Chelsea, cuando el equipo de Antonio Conte visitó Old Trafford. Ander cubrió hasta la última brizna de hierba persiguiendo al belga y anulando el peligro, además de dar una asistencia a Marcus Rashford y marcar un gol para obtener un triunfo por 2-0.

Cuando era joven y jugaba en el Zaragoza, había división de opiniones sobre su mejor posición. Su antiguo entrenador José Aurelio Gay dijo que podría llegar a ser el próximo Xavi Hernández. El ayudante de Gay, el excentrocampista del Tottenham Nayim, todavía cree que Herrera podría tener un papel más relevante. «Le conocía de chico porque su padre era el director deportivo del Zaragoza. Recuerdo que mantuve una charla con Guardiola después de un partido contra el Barcelona. Pep no podía dejar de hablar sobre Ander. Le encantaba, y habría podido ficharle de haberse quedado allí. Dijo: "Ese chico tiene todo lo que busco en un jugador del Barcelona; usa la cabeza cuando tiene el balón, toma las decisiones correctas, se anticipa al juego y piensa por adelantado". Jugó muy bien en el Athletic de Bilbao. Además, como persona, es increíble. Creo que es un diez. Tal vez le falta físico para ser un cuatro, para competir por cada balón. Como diez, es uno de los mejores del mundo. Su último pase es excelente; sabe chutar con las dos piernas.»

Las influencias centrocampistas de Herrera se remontan a la infancia, cuando veía al Zaragoza desde las gradas. «Gus Poyet: no era un prodigio creando ocasiones, pero sabía dónde debía estar en el momento oportuno; llegaba justo a tiempo e iba muy bien de cabeza. Paul Scholes es, para mí, el jugador al que aspiramos: el más alto nivel. Sabía marcar goles desde medio campo; era muy oportuno, sabía pasar en corto, pasar en largo… Scholes es quizás el mejor de la historia del United. También me gustaba Pablo Aimar, era un jugador fantástico. Por desgracia, llegó al Zaragoza y tuvo lesiones, de modo que no pudo alcanzar el nivel exhibido en el Valencia.»

En el United, Herrera ha confundido a sus primeros críticos, hasta el punto de que los hinchas empezaron a apoyar al español para que fuera el siguiente capitán del club a finales de la primera temporada de Jose Mourinho. Sería una historia de superación notable, como en el caso de su gran amigo De Gea. «¿Qué puedo decir sobre David? —exclama Herrera, encogiéndose de hombros—. De otros jugadores, puedo decir que son currantes, se quedan después de entrenar, trabajan duro. En el caso de David, tiene algo especial. Nació con un don. Desde luego, entrena bien, pero posee un talento especial. En el entrenamiento, hay momentos en los que chuto y digo dentro de mi cabeza "¡Gol, gol, gol, gol!" como los comentaristas españoles, y entonces su mano felina aparece de la nada y saca el balón. Sacudo la cabeza, me río y disfruto de él.»

«En algunos partidos, ha realizado paradas que me han hecho frenar en seco y decirme: "¡Joder! ¡Qué bueno es ese tío!". Lo alucinante es que hace una parada y todo el mundo corea su nombre, la televisión muestra seis repeticiones desde distintos ángulos, Twitter se vuelve loco... Y él se levanta como si fuese lo más fácil y natural del mundo. Es su trabajo. Antes de los partidos, en el vestuario, estoy un poco chiflado. Me tenso y me pongo muy nervioso. Tengo que sacudirme, bailar y moverme constantemente antes de jugar. David me da unos golpecitos en la espalda, se encoge de hombros y dice: "No, Ander, tranquilo, no te preocupes, no puede salir mal. Si chutan, no pueden marcar porque en la portería estoy yo".»

«Él está muy tranquilo. Como si nada. En la semifinal de la FA Cup contra el Everton en 2016, detuvo un penalti y después del partido estaba en plan: "Bueno, se acabó. ¿Qué te apetece hacer mañana por la tarde?". Es como un alumno que entrega un trabajo y pasa al siguiente. Eso es grandeza. Para mí, es el mejor.»

12

El entrenador español moderno

*E*n una sala de reuniones en penumbra, solo iluminada por el resplandor de una pizarra digital, Aitor Karanka exalta el dolor y el placer de la gestión futbolística. Juanjo Vila, el analista jefe del equipo, que se incorporó a raíz del ascenso del Middlesbrough desde la segunda división, mira fijamente un ordenador portátil junto a Karanka. En el Bolton, Sam Allardyce llamaba a su sala equivalente la «Universidad de Oxford del fútbol». La de Karanka parece una sala forense.

Nos encontramos a finales de febrero de 2017, cuando el antiguo entusiasmo por el ascenso ha dado paso a cierta agitación a medida que se acrecientan los temores de un regreso inmediato a la segunda división. El Boro lleva ocho partidos de la Premier League sin ganar y solo ha marcado en tres de ellos durante esa racha. Los aficionados empiezan a sentirse frustrados por la ineficacia del equipo delante de puerta. El mercado de traspasos de enero ha sido una calamidad. Se ha pasado de un lista de deseos de lujo que incluía a Bojan Krkic, Robert Snodgrass, Gerard Deulofeu y Jesé Rodríguez a una retahíla de fichajes muy diferentes: Rudy Gestede, del Aston Villa, y Patrick Bamford, del Chelsea.

A medida que el mercado de invierno avanzaba, Karanka no se contuvo: «Debemos mejorar el equipo. El club sabía hace un mes y medio los jugadores que yo quería. Siempre he dicho que el objetivo del mercado de invierno es mejorar la plantilla. Por el momento, no lo hemos hecho. Será una decepción si no llega nadie más, pero he hecho lo que he podido. Equipos en nuestra situación están firmando jugadores por catorce millones de libras esterlinas [16,25 millones de euros]; nosotros estamos firmando jugadores que no estuvieron en segunda división [Gestede]. Patrick no ha jugado durante casi dieciocho meses, así que no creo que sea una mejora impresionante».

Más adelante precisó: «No criticaba a la junta ni al club, tan solo manifestaba mi frustración. No puedo venir aquí a decir que estoy muy contento cuando tenía tres objetivos [Snodgrass, Rodríguez y Bojan] y los he perdido. No soy esa clase de persona. Si estoy frustrado, no puedo ocultarlo».

Es la tercera ocasión que estoy con Karanka durante esta temporada. Me sorprende que siga animado. Me ha pedido que llegue a la ciudad deportiva de Rockliffe a las 7.15. Llego al frondoso campo de Darlington y compruebo que él lleva allí quince minutos. Todavía falta media hora para que salga el sol y el entrenamiento no empieza hasta las 10.30, pero Karanka tiene la cabeza en el ordenador. Pasa de largo por los vestuarios. En la pared hay grabada una cita del conferencista motivacional estadounidense Robert H. Schuller: «Los tiempos difíciles no perduran; las personas fuertes sí».

Karanka suele ser el primero en entrar, junto con Avril Chilton, la supervisora de la limpieza, que ya tiene sesenta y nueve años. Como siempre, son los primeros en llegar; entre ellos ha nacido un vínculo similar. Ella pasa por el despacho a saludar. El entrenador la recibe con una sonrisa y un abrazo. Karanka todavía disfruta de la vida de la Premier League. Afirma que es un concepto erróneo que acuse la presión. Me recuerda que, como ayudante de Jose Mourinho en el Real Madrid, solía dar él las ruedas de prensa, una vez que el portugués rompió relaciones con los medios de españoles. Se siente tranquilo después de que el presidente, Steve Gibson, tomó la medida excepcional de reunir a jugadores y cuerpo técnico para comer, unas semanas antes. Aquello fue una muestra de la unidad del equipo.

Encima de un taburete de su despacho, tiene los programas de todos los días de partido de la temporada. Sobre su mesa hay tarjetas de cumpleaños de sus hijos y las correspondientes fotografías anuales de la escuela. Durante las vacaciones escolares, su hijo adolescente le acompaña a la ciudad deportiva y hace las veces de mensajero para su padre desde la banda. Fotos enmarcadas adornan las paredes detrás de la mesa de Karanka. Hay una caricatura del exdefensa del Real Madrid, regalo de alguno de sus amigos íntimos por su cuadragésimo cumpleaños. Tiene un calendario de Jose Mourinho, que fue un obsequio de su mentor durante la etapa que la pareja estuvo en el Madrid. Mourinho contrató a Karanka como ayudante. Aitor conservó el calendario porque incluía una cita de Mou: «Un entrenador puede perder muchos partidos, pero no debería perder nunca su dignidad».

Dentro de otro marco hay un recordatorio de dónde empezó todo. Pasa una mano sobre la alineación, el programa y la entrada de su primer partido en casa con el Middlesbrough en segunda división. Los locales ganaron por 1-0 contra el Bolton Wanderers. Más conmovedor aún, a la derecha de una minipizarra digital, hay una fotografía de Karanka con Alastair Brownlee, el comentarista de la BBC en Teesside que falleció en febrero de 2016 después de luchar contra el cáncer.

El carácter de Karanka se forjó en el País Vasco, donde descolló en el Athletic de Bilbao antes de incorporarse al Real Madrid, club con el que ganó tres títulos de Champions League. Aitor explica: «Ser vasco conlleva muchas connotaciones. Ser noble, trabajador, abnegado y luchador. Hay una imagen mítica del vasco, pero me gusta. Mi madre es de Valencia. Mi padre es vasco. Desde niño, me inculcaron lo que significaba ser vasco. Percibo semejanzas entre aquella región y Teesside. Me di cuenta de ello muy pronto. La gente trabaja mucho, apoya a su equipo, sienten orgullo regional. Para el Middlesbrough, aquello fue algo más que un ascenso. La región lo necesitaba. Los aficionados del Athletic tienen un sentido de la propiedad hacia su equipo; aquí ocurre lo mismo: se sienten parte del club y nunca podemos perder eso».

«El presidente, Steve Gibson, es un lugareño que ostenta el cargo desde hace mucho tiempo. No se trata de ganar o perder: es la sensación de que el club pertenece a los aficionados. Lo vi tan pronto como llegué aquí; dos años y medio después, esa sensación es todavía más intensa. Cuando ganamos en casa del Manchester United en la EFL Cup la temporada pasada, todos los seguidores encendieron sus móviles al mismo tiempo. Fue una demostración de apoyo al sector metalúrgico de aquí, que ha quedado diezmado. Tenemos una responsabilidad social. Esta región lo está pasando mal. Se han perdido empleos, y nosotros somos su vía de escape para desconectar durante noventa minutos de un sábado. Proporciona más motivación. Aquí perdimos a un periodista, Ali [Brownlee], que era muy respetado. El club mantuvo una larga relación con él; me hice muy amigo suyo. Tan pronto como llegué, él me acogió bajo su protección. Amaba el club y yo disfrutaba pasando tiempo con él. Sabías que se preocupaba. Su espíritu me impulsó. Los aficionados coreaban su nombre.»

Durante su primera rueda de prensa en el club, Karanka declaró su ambición de ascender a la Premier League. La suya había sido una designación sorprendente. Anteriormente, Karanka había desempeñado funciones de entrenador en la selección española juvenil, contribuyendo al desarrollo de jugadores como David de Gea, Bojan Krkic, Álvaro Morata y Thiago Alcántara. Luego fue ayudante de Mourinho durante tres años. Nunca antes el Middlesbrough había contratado a un técnico extranjero, una tradición que se remontaba hasta Jack Robson en 1899.

En invierno de 2013, el club pasaba sus horas más bajas. Estaba en los últimos puestos de la segunda división y necesitaba un cambio radical. El presidente Steve Gibdon declaró al *Independent*: «Hablé con Peter Kenyon, un antiguo ejecutivo del Manchester United y el Chelsea, que es íntimo amigo mío desde hace muchos años. Pete tiene unos contactos increíbles. Le dije: "Ayúdame. Esto tiene que arreglarse". Preparamos una lista y destacó un nombre: el de Aitor. Dije: "Conozcámosle, vayamos a Madrid a verle". Pete repuso: "Espera un momento, le llamaré". Pete volvió a la habitación y anunció: "Estará aquí mañana". Aitor vino. Fue como si nos conociéramos desde hacía años. Desarrollo de los jóvenes, ética... Mucha gente defiende de boquilla todo esto, pero, sin que se lo pidiéramos, Aitor nos hizo una presentación. Al terminar, dije: "No tengo preguntas porque acabas de responder a todas". Encendió todas las mechas».

Cuando nos encontramos en agosto de 2016, Karanka se mostró igual de efusivo con respecto a su presidente. Al enterarse del interés del Boro, habló con Mourinho, quien consultó al exportero del Middlesbrough Mark Schwarzer para recabar más información sobre el club. «Es el mejor presidente que me podría imaginar. Era el sitio adecuado, el proyecto adecuado, me convenció completamente. No hablamos de dinero ni una sola vez durante la entrevista. No me interesaba. El dinero no era importante en mi carrera. Es lo último en lo que pienso, la última cuestión. Primero, el presidente; segundo, el club; después, allí donde mi familia sea feliz; luego, asegurarme de que mi cuerpo técnico tenga los contratos adecuados. Finalmente, mi dinero.»

El Boro estaba en peligro cuando llegó Karanka. Durante unas semanas, se preguntó si no se habría equivocado. Su equipo perdió por 0-1 en casa contra el Brighton en diciembre de 2013, una gélida noche en el Riverside en presencia de solo 13.635 espectadores. En mayo de 2016, 33.806 seguidores pasaron por los tornos para asistir al empate con el Brighton que sellaba el ascenso. «Nunca había entrenado a un club y nunca había trabajado fuera de España. Eran una cultura y una lengua completamente distintas. Esta vez no iba a trabajar con chicos españoles. Intenté observar cómo eran las cosas y qué había que cambiar. Nunca habían tenido un entrenador no británico.»

«El momento crucial fue una conversación con Roberto Martínez. Me llamó después de que los primeros partidos no hubieran ido bien. Me estaba dejando llevar por el pánico. No conocía la cultura, el club, el idioma, y estaba algo preocupado. Aquella conversación me dio mucha confianza. Miedo es una palabra fuerte. Era una sensación de incertidumbre, de inseguridad ante lo desconocido. Ganamos un partido de cinco; además, al comienzo, el idioma también era un problema. No sabía si sería capaz de transmitir mis ideas. Siempre tienes esa inseguridad.»

«Steve Gibson estuvo espectacular. Después de cinco partidos sin ganar en España, el presidente te hace la maleta y te pone de patitas en la calle. Steve fue lo contrario. Un hombre asombroso. El equipo iba mejorando, era un proyecto a largo plazo; el club estaba evolucionando. El presidente me dio una confianza enorme. Comprendí que debía combinar mis principios traídos desde España con la ideología y la filosofía de los jugadores ingleses. No podía cambiarlo todo de la noche al día.»

Martínez se ha convertido en un mentor para los entrenadores españoles que aterrizan en Inglaterra. Es, de común acuerdo, más accesible que Rafa Benítez. «No es ninguna obligación —explica Martínez—. Entiendo que, cuando uno llega al fútbol británico, es como una formación de diez años de la noche a la mañana. Sin tener a nadie en quien apoyarse, puede resultar muy duro. Ya desde el principio, habrá tres o cuatro momentos al día en los que deberás tomar una decisión que puede determinar tu mandato. El margen entre esas decisiones es mínimo, pero las consecuencias pueden ser graves.»

«Si puedo echar una mano a alguien de mi país y ayudarle a entender la cultura, ¿por qué no? No es que yo lo sepa todo, pero he cometido errores y puedo evitar que otros hagan lo mismo. Dejar España para ir al Middlesbrough fue una decisión muy valiente; tomó una decisión que no debía. Hace poco he aprendido la frase en inglés *learning on your feet* [literalmente, "aprender de pie"]. Lo resume todo; un instinto que hay que tener. Se aprende una lengua, una cultura, y se retira la mantita.»

Al principio, Karanka llegó solo a Inglaterra y se puso a buscar escuelas para sus hijos y un hogar para su familia. Se pasaba tres horas diarias mejorando su inglés. El equipo cogió la forma, terminó la campaña con seis victorias en ocho partidos y sentó las bases para la temporada siguiente. En 2014-15, el equipo acabó cuarto, a solo cuatro puntos de las plazas de ascenso directo. Accedieron a los *play-off*. Les aguardaba una final contra el Norwich. Un mes antes, los habían derrotado por 0-1. En Wembley, sin embargo, se rompieron los corazones. Aitor sacude la cabeza. «Aquí, en mi despacho, tengo una pizarra digital en la que pego notas de *post-it* para cada encuentro. El verano después de aquella derrota en Wembley, probablemente viví mi peor momento como entrenador del Middlesbrough. Entré en este despacho al comienzo de la pretemporada y tuve que pegar otros cuarenta y seis encuentros en segunda división. Fue una sensación terrible. No pretendo ser irrespetuoso con ese campeonato, pero queremos estar en la Premier League. Estoy decidido.»

El Middlesbrough encauzó la desesperación de la derrota y logró el ascenso en la temporada 2015-16. Hubo complicaciones. En marzo, Karanka no estuvo en el banquillo en la derrota por 2-0 contra el Charlton. Un alarmante bajón de forma: el Boro solo había ganado tres de sus diez partidos anteriores. Se habló de una bronca entre jugadores y técnicos en la reunión previa al encuentro. El lunes, Karanka regresó al trabajo. Fue sin duda uno de los episodios más peculiares del fútbol inglés. «La prensa y las redes sociales enloquecieron —dice Aitor—. Mantuve conversaciones con el presidente. En ningún momento quise marcharme. Se habló de mi relación con los jugadores, pero después de eso estuvimos invictos las diez últimas jornadas y logramos el ascenso. ¡Menudo entrenador el que no tiene relación con sus jugadores, pero es capaz de hacer eso! Jamás se me pasó por la cabeza marcharme. Puedo entender la reacción, desde luego. La relación que tengo con Steve es diferente. Lo más importante es que todo quedó claro. Al final no pasó nada. Vi el partido con mi familia desde casa.»

El ascenso se confirmó el último día de la temporada con el empate a uno en casa ante el Brighton. Karanka dijo después del encuentro que «solo quería acostarme en la cama y llorar». Muestra una sonrisa de arrepentimiento. «No podía acostarme en la cama y llorar porque teníamos que celebrarlo. Pero es cierto. Estaba emocionado. Mis hijos, mi esposa y mis padres estaban allí. Era algo importante para mí. Era mi primer cometido como entrenador y había llevado a un equipo de eludir el descenso a la Premier League. El año anterior, habíamos disputado cuarenta y seis partidos y perdido la final: un palo. Era emocionante para los jugadores, para Ali Brownlee. Los futbolistas estaban pensando en la comida y la celebración. Para mí, se trataba de alcanzar nuestro objetivo. En mi primera rueda de prensa, había dicho que lo conseguiría y la gente estuvo a punto de caerse de la silla.»

«Ser entrenador es un oficio muy solitario. Cuesta trabajo imaginarse lo solitario que puede llegar a ser. Lo aprendí con Jose. Cuando ganas, todo el mundo se atribuye el mérito y tienes muchos amigos. El delantero que ha marcado el gol, la defensa que ha mantenido la puerta a cero, todo el mundo quiere un pedazo del pastel. Cuando pierdes, hay un hombre al que echarle la culpa. Cuando las cosas van mal, es el entrenador quien se lleva las críticas. También estaba contento por mi familia, habían hecho muchos sacrificios. Yo intento desconectar en casa, pero mi mujer no lo ve así. Puede resultar difícil para la familia. El fútbol se vive las veinticuatro horas. Trato de mejorarlo, pero debo esmerarme más.»

Mourinho llamó para felicitar a su amigo. «Aprendí mucho de él. Quizá no estaba seguro de cuál es el mejor modo de gestionar personas. Jose me enseñó que tienes que ser honesto con la gente. Él le dice a la gente con total sinceridad, en su cara, lo que piensa y por qué ha hecho lo que ha hecho. No es algo que les apetezca oír. Debes ser capaz de mostrárselo exactamente y mirarlos a los ojos. También me enseñó que ningún jugador es más grande que el equipo. De acuerdo, están Lionel Messi y Cristiano Ronaldo, pero aquí no tengo un delantero que marque setenta goles por temporada. Con una plantilla como la nuestra, el equipo tiene que ser lo primero y los jugadores deben entenderlo.»

«Jupp Heynckes también fue fundamental para mí. Me subió al primer equipo del Athletic de Bilbao, me fichó para el Real Madrid cuando tenía veintitrés años y más tarde me devolvió al Athletic. Me siento orgulloso de haber jugado y trabajado para un entrenador como él. Sus métodos siguen vigentes, dieciséis años después de cuando jugué a sus órdenes. Por supuesto, las sesiones de entrenamiento han evolucionado, pero Mourinho empleaba la misma disciplina y organización que Jupp. Los principios de puntualidad, respeto y horario de las comidas no cambian.»

«En Inglaterra existe un maravilloso respeto entre los entrenadores. Jugamos contra el Hull en la FA Cup en la temporada 2013-14 y Steve Bruce me invitó a su despacho. Esto me sorprendió. Me habló de igual a igual. Lo había admirado mucho como jugador. Arsène Wenger nos dejó utilizar la ciudad deportiva del Arsenal antes de un partido en Wembley y me atendió al teléfono. Brendan Rodgers estaba en contacto en el Liverpool. Roberto Martínez, en el Everton, me aportó un consuelo fundamental. En España, esta cultura no existe. Esa copa de vino después de un partido se hace difícil cuando has perdido. A veces solo te apetece subir al autobús y evitarlo todo. Puedes eludir hablar sobre el partido, pero, para mí, es increíble escuchar a esos tipos y aprender de ellos.»

Ya en la Premier League, Karanka tuvo un estreno brillante. Su equipo había ganado al Manchester City y al Manchester United en competiciones de Copa cuando militaba en la segunda división, y siguieron importunando a la élite después del ascenso. El Boro obtuvo sendos empates contra el City de Pep Guardiola y el Arsenal de Wenger lejos de casa. Resulta difícil criticar su nivel de preparación. El Middlesbrough usa un *software* llamado 3D Fútbol Táctico Coach. Vila creó esta aplicación a finales de 2014; posteriormente, Pep Guardiola la empleó en el Bayern de Múnich y Vicente del Bosque hizo lo propio en la selección española; también la Federación Española de Fútbol en los equipos juveniles y José Antonio Camacho como seleccionador de Gabón. Antes de cada partido, Karanka recibe un dosier de ochenta páginas de Vila y sus tres ayudantes. Se destina la misma intensidad de trabajo a un partido contra el Accrington Stanley o el Oxford United que a un partido de la Premier League.

El equipo de Vila visiona hasta siete partidos previos de sus contrincantes, desde tres ángulos distintos: la cámara de televisión, la cámara táctica y desde detrás de la portería.

Luego vierten la información en el dosier. Este contiene las cuatro formaciones anteriores utilizadas por el adversario, cómo aprovechar las deficiencias y cómo asfixiar al rival. Incluye todos los movimientos colectivos que ha usado el adversario y un análisis individual de cada jugador del equipo contrario. Llega hasta analizar la personalidad de los jugadores contrarios, incluidos sus puntos fuertes y sus puntos débiles. Detalla si se les puede inquietar y da ejemplos de tácticas utilizadas previamente para sacarlos de sus casillas.

Una vez que Karanka ha revisado ese dosier, todo se condensa en una presentación en vídeo de catorce minutos para el equipo. Los jueves y los viernes, cada jugador pasa doce minutos con el equipo de análisis para prepararse para su adversario directo. El delantero Álvaro Negredo, por ejemplo, visionaba clips específicos sobre el portero rival, para saber cómo afrontar las situaciones de uno contra uno. El guardameta Víctor Valdés revisaba los tiros desde los once metros ejecutados durante los últimos cinco años por el probable lanzador de penaltis. Los gráficos contemplan posibilidades como si la pena máxima se lanzó cuando estaban ganando, perdiendo o empatando.

«Es una tendencia —explica Vila—. Los jugadores necesitan la presión. Pero no queremos que se vuelvan locos en sus casas. Algunos jugadores piden demasiada información. George Friend podría ser uno de ellos. A veces es contraproducente. Es un perfeccionista. Si el equipo contrario hace un cambio, él estará pendiente de si quien entra es diestro o zurdo.»

Karanka sonríe: «Cuando yo era jugador, teníamos un reproductor de vídeo VHS y veíamos el último partido del contrincante. Esto no es demasiado. Lo que cuenta es cómo se aplica la información. No solo les facilitamos la situación. Les damos las soluciones».

Algunos jugadores necesitan orientación adicional por parte de Karanka. Aitor fichó al joven extremo español Adama Traoré del Aston Villa como opción comodín en el verano de 2016. Traoré es superveloz, pero no tiene sentido táctico del juego. Resulta particularmente curioso si se tiene en cuenta que se formó en la Masia del Barcelona. «Adama y yo mantenemos sesiones de vídeo individuales en mi despacho —confiesa Karanka—. Dice que antes no había recibido orientación táctica adecuada en el Aston Villa ni en el Barcelona. Pero todavía le dejo jugar solamente por la banda junto a mi banquillo, para poder dirigirle. A la afición le encanta y pone a los defensas en apuros. El problema es que no ha marcado un solo gol ni ha dado asistencia alguna. Cristhian Stuani, que es menos popular entre los seguidores, entra y mete un gol. Le muestro vídeos a Adama. A veces, atacamos y él no está dentro del área. Le digo: "Adama, si estás a treinta metros del área, quizá también podrías estar en la grada con un perrito caliente y una cerveza". Se ríe y sabe dónde debe estar. Se va acercando, pero todavía quedan cosas pendientes. En la FA Cup, la semana pasada, jugamos contra el Oxford. Íbamos ganando por 2-0 y él se desconectó por completo. Tuve que cambiarle para salvar al equipo. La cosa se puso 2-2 y marcamos el gol de la victoria en los últimos minutos.»

Mientras reflexiona sobre la temporada, puede precisar exactamente los días en que la preparación dio resultado. Coge su *smartpen* y explica el plan de juego que arrancó un empate en el campo del Arsenal. El clip muestra al Boro con la mayoría de sus jugadores detrás del balón, mientras el Arsenal controla la posesión. «¿Y qué ocurre cuando nosotros estamos bien ordenados y el Arsenal pierde el balón?» Dibuja sombras sobre Héctor Bellerín y Nacho Monreal, y con grandes franjas de espacio detrás de ellos. «Lo aprovechamos. Entrenamos toda la semana para preparar un modo de defender que permitiera a Traoré descuidar sus obligaciones defensivas y quedarse arriba, en la banda. Nos daba una salida limpia y veloz al espacio en el contraataque. Su velocidad fue una pesadilla para el Arsenal; la verdad, merecimos ganar. La clave para hacer daño al Arsenal es el primer pase en la contra. Si lo haces bien, estás en el corazón de su defensa en una fracción de segundo.»

Por cada éxito, hay una frustración. La planificación y la preparación no tienen garantías. Contra el Arsenal en casa, por ejemplo, Karanka se pasó la semana enseñando cómo evitar que el equipo de Pochettino saliera jugando desde el portero Hugo Lloris. Los jugadores vieron los vídeos y recrearon la formación del Tottenham en ejercicios de entrenamiento de once contra once. Para demostrar este punto, Karanka me enseña la sesión en la que caminaba, hablaba y colocaba a sus jugadores en su sitio. Después del ascenso, empezó a filmar cada sesión mientras el club modernizaba su infraestructura. A los ochenta segundos de empezar el partido, el Boro concede una ocasión clara de gol a partir de la misma situación en la que han trabajado toda la semana. A los siete minutos, ha ocurrido lo mismo. Ya pierden 0-1.

«Entro en el vestuario en el descanso y digo: "¿Podéis explicarme esto?". Como entrenador, has hecho todo lo que has podido. No puedes explicarlo. Buena parte de ello depende de la concentración y la fe. En esa situación, como entrenador, sacudes la cabeza y te ríes. Cuando tú haces todo eso y los jugadores hacen otra cosa… En el medio tiempo, no iba a entrar y destrozar el plan. ¡Les ordené que siguieran el plan! No dije nada sobre cambios tácticos. Lo mismo contra el Manchester City. Empezó el partido y los jugadores mostraron demasiado respeto. Hablamos en el descanso y les recordé cómo presionar al equipo de Guardiola.»

Me muestra dos clips más, del minuto cuarenta y seis y del sesenta y dos: la mejora es evidente. El Middlesbrough se llevó un punto gracias a un gol de cabeza de Marten de Roon en las postrimerías del partido. El vídeo ayuda a los jugadores. «Si un futbolista llama a mi puerta, siempre se la encontrará abierta. Tengo mil vídeos que mostrarle. Es algo que sorprende a los jugadores. No se imaginan que uno dispone de tanta información, de tantos porqués. No es que creas algo. Es que lo sabes.»

Nos dirigimos hacia el césped para entrenar. Karanka delega en el inglés Adam Kerr para que someta el equipo a sus ejercicios físicos. Aitor ha tratado de conservar influencias locales, entre las cuales mantener al exentrenador de la escuela del club Steve Agnew como ayudante. El Departamento Médico y de Preparación Física lo supervisa gente inglesa, pero con clara influencia española. En 2016, el equipo del Boro de diez personas (ocho británicos y dos españoles) fue nombrado Equipo Médico y Científico del año por la Football Medical Association, pues el club obtuvo el mejor índice de lesiones de la liga.

En el comedor, Karanka saluda al cocinero británico del club, Howard Archer. El bufé de desayuno es una selección de huevos revueltos, tostadas (de pan blanco o moreno), muesli, yogur, fruta fresca y café de la máquina que Aitor eligió personalmente. Se preparan batidos de fruta por encargo. El almuerzo consiste en dorada a la plancha, estofado de carne de cordero, pollo a la plancha y un surtido de ensaladas. Archer recibe pautas nutricionales, pero hay espacio para la creatividad. Toma en cuenta la alergia a las nueces de Antonio Barragán y sirve carne halal para los tres jugadores musulmanes de la plantilla del Boro. Ha estado experimentando con platos españoles, introduciendo una paella a la hora del almuerzo, y utiliza un proveedor de comida española para las carnes ibéricas.

Karanka no ha impuesto normas estrictas para que los jugadores desayunen o almuercen juntos. El personal del club, el primer equipo y el equipo juvenil comen todos en el mismo comedor. Nadie es mejor que nadie. Mauricio Pochettino adopta el mismo enfoque. Ambos se sacaron el título de entrenador juntos, en la misma promoción que el antiguo compañero de Karanka en el Real Madrid Fernando Hierro. El extécnico del West Bromwich Pepe Mel fue uno de los mentores en las clases. En el comedor es fácil encontrar kétchup, mayonesa y salsa marrón. Karanka no cree en las amenazas. «Son adultos. Si les dices: "No, no, no", los tratas como si fueran niños. ¡No tomes café! ¡No te pongas kétchup! Unos cuantos resultados malos y se molestarían, se irían a casa y echarían kétchup a toda su comida. Aquí tuvimos a Lee Tomlin. Perdió nueve kilos jugando a mis órdenes. No le prohibí nada.»

«Es muy sencillo. Los jugadores quieren jugar. Si quieres jugar, tienes que entrenar como es debido. Para entrenar así, has de estar en forma. Es como el vestuario un día de partido.

Cuando yo jugaba, aquello parecía un templo. Silencio. Concentración. Ahora algunos mandan mensajes de texto, la música suena a todo volumen como en una disco. La gente dice: "Estás loco, tienen la cabeza en otra parte". No me importa. Si hacen fotos tontas y las cuelgan en las redes sociales antes de un partido, me enfado. Pero no hacen eso. Si tu hija te llama durante cinco minutos y un jugador quiere oír "Buena suerte, papá", ¿por qué no permitirlo?»

No se puede pasar por alto la hispanización del club. En el equipo hay ocho jugadores españoles y sudamericanos: los españoles Víctor Valdés, Antonio Barragán, Dani Ayala, Adama Traoré y Álvaro Negredo, el colombiano Bernardo Espinosa y los uruguayos Gastón Ramírez y Cristhian Stuani. Cuando los jugadores desayunan y almuerzan juntos, el contingente de habla española se muestra visiblemente unido. En el campo de entrenamiento, Karanka usa palabras en castellano como «bueno», «eso es», «vamos»… Han pasado a formar parte de la lengua vernácula del equipo. Dentro del comedor se oyen varios idiomas.

En la planta baja de la ciudad deportiva, otro español supervisa los fichajes del club. Víctor Orta llegó a Middlesbrough en diciembre de 2015 con el objetivo de mejorar el tratamiento del mercado internacional del Boro. Anteriormente había trabajado en el Sevilla, el Valladolid y el Elche; su puesto más reciente había sido en el Zenit de San Petersburgo. Orta es un personaje vivaracho y entusiasta. Cariñosamente hablando, es el más friki de todos los obsesos del fútbol. Su despacho está repleto de pensamientos, garabatos y, sobre todo, de periódicos y revistas.

«Seguramente tengo más de cinco mil en casa. Lo guardo todo: soy un acaparador. Tengo todos los números de *Don Balón* de España. Tengo todos los números de *El Gráfico* de Argentina, casi todos los *Placar* de Brasil, todas las revistas *FourFourTwo* del Reino Unido. Estudié Química. Estaba loco por el fútbol y por el Real Madrid. Era un niño enamorado del fútbol. Todos los días compraba el *Marca* y el *As*. Debía de resultar muy extraño ver un niño de nueve años en la escuela con un fajo de periódicos. Lo leí todo antes de la Copa del Mundo de 1986. Tenía dos hermanos mayores, mis padres trabajaban todo el tiempo y me traían a casa cromos de las colecciones previas al torneo. Memorizaba los nombres de todos los jugadores de todos los países en todas las posiciones. Leía y escuchaba todo lo que decía el comentarista Julio Maldonado en Canal+.»

«Recuerdo que compré el primer *Championship Manager* y me dediqué a saciar aquella desmedida sed de conocimientos. En Valencia, empecé a colaborar con un programa de radio. Trabajaba de camarero y estudiaba en la universidad; tres meses después, tuve un programa radiofónico durante el Mundial de 2002. A la gente le gustaba. Teníamos mucha audiencia; todos los estudiantes lo escuchaban. Entonces me contrató *Marca*. Era un trabajo duro. Trabajé con el excelente periodista Nacho Silván, que ahora coordina la gestión de la comunicación de David de Gea, Juan Mata y César Azpilicueta. Cuando entras en un periódico, resulta difícil ganarte la aceptación de la vieja guardia. No siempre te tratan bien. La gente cree que te meterás con ellos o que intentarás echarles. Hay mucha política de despachos. No fue fácil. Nacho estaba en Málaga y luego en Madrid. Desde el primer momento, me ayudó mucho. Me dijo que era bueno, además de joven. Era difícil, pero había que perseverar. Poco a poco, me hice un nombre.»

Entonces se hizo ojeador. «Empecé a trabajar en una agencia, con jugadores de baloncesto y luego futbolistas. Cuando tenía veintiséis años, el presidente del Valladolid se puso en contacto conmigo y me ofreció un cargo en la segunda división. Salió bien. En 2006, Monchi, del Sevilla, me llamó. Juande Ramos era su entrenador en aquel momento. Acababan de ganar la Copa de la UEFA. Era un club mucho más grande y había más presión para que las cosas funcionaran. Monchi fue uno de mis mejores mentores. Él fue la génesis del puesto de director deportivo. Durante más de una década en el Sevilla, se ha mantenido en el cargo, mientras los entrenadores iban y venían. Bajo sus órdenes, el club ha conquistado cinco títulos de la Copa de la UEFA / Europa League.»

«Cuando estuve allí, nuestro gran fichaje fue Iván Rakitić. Monchi sabía y tenía una libreta de contactos increíble. Hicimos más viajes y dedicamos más horas a ese jugador que a cualquier otro. Firmamos a Rakitić en el mercado de invierno. Le fichamos por poco más de un millón de libras esterlinas; de hecho, su estado de forma antes de que se cerrara el mercado invernal no era el mejor. Entonces estaba a las órdenes de Felix Magath en el Schalke alemán. Pero llevábamos tres años siguiéndole, así que sabíamos qué estaba pasando. Iván no estaba motivado. Tenía un contrato pequeño. Sin embargo, nosotros le habíamos visto durante más de dos años y podíamos mirar más allá de su puntual estado de forma. Con nosotros se salió. Después lo fichó el Barcelona por un dineral. Es un buen ejemplo de la estrategia del club.»

«Otro de mis héroes es Ramón Martínez, que trabajó en el Real Valladolid, el Barcelona y el Real Madrid. Fue la primera persona que introdujo el análisis en vídeo y que comenzó a viajar a Sudamérica, allá por los años ochenta. Era un ídolo.»

En Middlesbrough, Orta ha supervisado la internacionalización de la política de contrataciones del club. «Tenemos a Gary Gill, que es el director de detección de talentos ingleses. Además, aquí dentro hay un equipo de cuatro personas conmigo. Tenemos un cazatalentos internacional, David Ruiz, un periodista que ha trabajado en Canal+. Vive en Bruselas. Además, tenemos dos ojeadores en España. Realizan una doble labor: trabajo de vídeo (visionando tres o cuatro partidos al día) y desplazamientos para ver encuentros los fines de semana. En nuestro equipo, tenemos a doce o trece personas. ¡El Manchester United o el City tienen cincuenta o más!»

«Una de las cosas en las que me estoy centrando es en alimentar mi mente para poder entender claramente qué hace que un jugador sea bueno para la Premier League. El año pasado realizamos un informe sobre los veinte futbolista con más éxito de la Premier. Incluimos características claras: estatura, cuántos años han pasado en la Premier League, dónde se escolarizaron de niños. Queremos un modelo de futbolista que pueda conocer el éxito en la máxima competición inglesa. No son exactamente matemáticas, pero no se aleja demasiado. Tal vez sea mi mente de químico. Muchos de mis amigos me preguntan: "¿No te cansas de tanto fútbol?". Iré a un torneo sub-20 en Venezuela y veré tres partidos seguidos. Aún conservo la pasión de un aficionado. Con el paso del tiempo, la mayoría de la gente pierde ese entusiasmo por el deporte en sí. Tengo a mi esposa, a mis padres, a mis hijos…, pero lo considero todo en relación con el fútbol.»

El mejor fichaje del Boro antes de su campaña en la Premier League fue el de Marten de Roon, un centrocampista de doce millones de libras esterlinas [catorce millones de euros] procedente del Atalanta. «Llevábamos viéndole más de un año. Había demostrado cualidades en Holanda, pero, desde la perspectiva de un traspaso inmediato, no era adecuado. Sin embargo, tomó sus cualidades técnicas y tácticas, y las combinó con el espíritu competitivo de Italia en muy poco tiempo. Nos hizo levantarnos y exclamar: "¡Joder! Tenemos que fichar a ese chico". Tratamos de firmarle en enero; finalmente, vino en julio.»

«En enero de 2016, teníamos dos líneas de pensamiento. Si nos quedábamos en segunda división, necesitaríamos menos extranjeros y más jugadores que conocieran la categoría desde dentro. Si subíamos, De Roon nos vendría de perlas. A partir de febrero presenciamos cada uno de sus partidos en directo en el estadio. Todos estuvimos de acuerdo en que era adecuado. Tengo que estar muy seguro de que es el jugador adecuado antes de pasar su nombre al entrenador. No puedo llevarle veinte nombres. Solo tres o cuatro, y expresaré mi preferencia. Entonces comienza el proceso de investigar posibilidades. Yo conocía al agente de Maxi Morález, un exjugador del Atalanta, de modo que pude preguntar a Maxi cómo era ese chico en el vestuario y fuera del terreno de juego. Me dijo que era un líder. Leí todas las entrevistas que había concedido, todos sus posts en las redes sociales. ¿Cuántas tarjetas amarillas y rojas? Ha de tener el carácter correcto.»

Algunos fichajes dependen menos de la investigación y más de las credenciales del entrenador. «Firmamos a Víctor Valdés con la carta de libertad y a Álvaro Negredo cedido. Los jugadores simplemente querían jugar a las órdenes de Aitor. Valdés había soportado una etapa terrible en su trayectoria en el Manchester United y Negredo necesitaba un cambio. Había sido muy criticado en el Valencia y se imponía un cambio de aires. El Valencia es un club difícil en el que jugar, con toda su inestabilidad y presión mediática.»

Por su parte, Víctor Valdés fue una revelación, aunque hubo algunos problemas de adaptación al principio en los que sintió la necesidad de recordarles a sus compañeros de equipo que él había ganado la Champions League con el Barcelona en varias ocasiones. No obstante, se integró rápidamente; fue uno de los porteros con mejor rendimiento de la categoría, después de aceptar un recorte considerable de sus ingresos y redescubrir su devoción por el fútbol.

La semana que nos conocemos es la víspera de un enfrentamiento crucial de seis puntos contra el Crystal Palace. El Boro perdió el partido por 1-0. Después el equipo de Karanka se rindió dócilmente en casa del Stoke. Sería su último encuentro en la Premier League. Circularon rumores de peleas en el campo de entrenamiento con el veterano extremo del Boro Stewart Downing. El exjugador del Liverpool había quedado fuera del equipo que se enfrentó al Stoke y la decisión le había sentado a cuerno quemado. Ya hacía tiempo que las relaciones entre Karanka y Downing eran frías. Aitor se había abierto a la posibilidad de vender el jugador una vez conseguido el ascenso, y pudo haberle autorizado a irse en enero. En las semanas previas a su marcha, Karanka había intentado que la plantilla se uniera.

«Antes del partido contra el Everton, en febrero, mantuvimos una larga charla. Fuimos a Benidorm, despejamos un poco la cabeza. Les dije que teníamos que jugar más, meter más gente en el área, que jugábamos en casa y debíamos hacer más. Habíamos empatado con el West Bromwich y habíamos perdido con el Tottenham. Lo estaban regalando todo. Me molestaba que tuviéramos que ir por detrás en el marcador para arrancar. Contra el West Ham, marcamos un gran gol del empate y jugamos un fútbol fluido. Ante el Manchester City, lo mismo. ¿Por qué tenemos que conceder un gol para poneros en marcha? Te planteas qué más se puede hacer. Piensas en qué más pueden dar.

El principal problema del Middlesbrough estaba en el Riverside, donde habían ganado solo tres de trece partidos en casa. Solamente habían marcado once goles. Un primer aviso llegó con la derrota por 0-1 frente al Watford en octubre. «Me afectó, por supuesto. Después del partido, me fui a mi despacho, dentro del estadio. Me encontraba mal; sabía que estaba enfermo. Pero como líder no puedes mostrarlo delante de los jugadores. Si lo haces, estás jodido. A la mañana siguiente, entré en mi despacho después de entrenar y empecé a buscar cómo encajar a Adama Traoré en nuestro equipo para el partido del Arsenal.»

«Al término de los encuentros, más de un entrenador se me ha acercado, ha hinchado las mejillas y me ha dicho: "Menudo equipo, se nota tu preparación". Ronald Koeman estaba radiante. Tras la derrota en el campo del Manchester United, el ayudante de Mourinho, Rui Faria, estaba furioso conmigo: "Pesados, pesados". Nuestra organización frustra a los contrarios, pero la respetan. Saben que están en un juego. Antonio Conte nos ganó por 1-0 con el Chelsea y dijo lo mismo. Entiendo la frustración porque a mí también me gusta ganar cada partido por 5-0. Si dirigiera a Cristiano Ronaldo, Lionel Messi y Dele Alli, tal vez lo haríamos. Aprovechamos los puntos fuertes de nuestra plantilla.»

En última instancia, resultó evidente que los jugadores ya no respondían. En la actualidad, es raro que un entrenador sobreviva más de tres años en un club inglés. Karanka había sido perfectamente consciente de las deficiencias de su equipo. Por eso buscaba desesperadamente centrocampistas creativos en enero. También había querido un central experimentado para hacerle jugar al lado del joven defensor inglés Ben Gibson. De este dijo: «Este chico tiene personalidad, clase con el balón. Sería perfecto con alguien un poco mayor a su lado. Cuando empecé a jugar en el Real Madrid, corría por todas partes porque Roberto Carlos subía la banda; Fernando Hierro se volvía loco, diciendo: "Quédate aquí, mantén tu posición". Recuerdo un episodio en la Copa del Mundo sub-17 en Nigeria. Yo entrenaba al defensa del Swansea Jordi Amat en un partidillo de cinco contra cinco y jugaba a su lado. Le dije: "No te muevas a menos que yo te lo diga: tengo treinta y siete años y no puedo mover ni un músculo". Ganamos ese partidillo sin encajar un solo gol».

En la sesión de entrenamiento que observo, ha diseñado un ejercicio de contraataque para que la transición del equipo sea más contundente. La sesión incluye una batalla en un centro del campo atestado de gente; luego situaciones de tres contra tres cuando el balón sale del medio campo. Cuando Gastón Ramírez marra una ocasión, Karanka hace sonar su silbato. «Tenemos que marcar. Cuando disponemos de una oportunidad, tenemos que marcar... ¡Vamos! Debemos aprovechar las ocasiones.»

Se estaba planteando nuevas técnicas motivacionales, pero admite que el jugador moderno puede resultar difícil de controlar. En el Real Madrid, Karanka había visto excesos. Declaró al *Daily Mail* en una entrevista en 2014: «Yo tenía un Jeep Cherokee. A veces mis hijos me preguntan: "Papá, ¿por qué no tenías también un Ferrari?". Pero ese nunca fue mi estilo. Prefería invertir ese dinero en un apartamento. Cuando llegué allí, fue una época curiosa para mí. Yo era de Vitoria. Vasco. Prefería mantenerme en un segundo plano. Era muy distinto entrar en aquel vestuario con Roberto Carlos, Hierro, Raúl, Morientes. Futbolistas muy buenos. Pero me impresionó la humildad de los jugadores. Sí, había Ferraris fuera y muchos Versace y Armani dentro. Pero aquellos tipos siempre me apoyaron y nos hicimos grandes amigos. Cuando conocí a Jose, me dijo: "Tienes muy buenos amigos". Le pregunté por qué. Respondió que había preguntado a Mijatovic, Figo y Seedorf, y todos ellos habían hablado muy bien de mí. Por eso me eligió».

Entonces Karanka me dice: «El problema hoy en día es la cantidad de gente que rodea a los jugadores. Agente, redes sociales, *marketing*, el ayudante del agente... Y el hermano es un agente, su padre es un agente, el padrastro es un agente, su novia... Todo eso complica la vida. Yo puedo explicar y justificar mis decisiones delante de un jugador. A él puede parecerle bien. Entonces llega a casa y su papá le dice: "¡Tú eres el mejor del equipo!". El agente le dice: "Cogeré tu dinero y buscaré un equipo"».

«Los chicos son buena gente. Necesitas que crean en el proyecto. La mayor parte de la técnica motivacional es delicada. Sé que Pep Guardiola pasó un vídeo de los jugadores del Barcelona simulando ser gladiadores antes de una final de la Champions League. Antes del partido contra el Norwich en segunda división, que ganamos por 1-0, pedí a nuestro equipo de comunicación que nos hiciera un vídeo. Puse la música de *Rocky* y de los Foo Fighters como acompañamiento. Recogía nuestros mejores momentos de la temporada, los mejores goles, las mejores entradas, las mejores paradas: todos intervenían.»

«Voy a decirte algo que tú ya sabes. El mundo no es todo alegría y color. Es un lugar horrible. Y, por muy duro que seas, es capaz de arrodillarte a golpes y tenerte sometido permanentemente si no se lo impides. Ni tú, ni yo, ni nadie golpea más fuerte que la vida. ero no importa lo fuerte que golpeas, sino lo fuerte que pueden golpearte. Y lo aguantas mientras avanzas. Hay que soportar sin dejar de avanzar. ¡Así es como se gana! Si tú sabes lo que vales, ve y consigue lo que mereces. Pero tendrás que soportar los golpes. Y no puedes estar diciendo que no estás donde querías llegar por culpa de él, de ella, ni de nadie. ¡Eso lo hacen los cobardes, y tú no lo eres. ¡Tú eres capz de todo!»

Sonríe mientras vuelve a ver el vídeo. Tres semanas después, se había ido. La separación fue amistosa; ambas partes convinieron que era necesario que sus caminos s separaran. El presidente Gibson declaró a *The Times*: «Aitor está cansado, ha trabajado muy duro para nuestro club durante los últimos tres años y medio, y la tensión del final de la pasada temporada habría hecho mella en cualquiera. Entonces tuvimos un verano muy ajetreado. Él se ha esforzado de lo lindo para intentar traer jugadores; en realidad, no ha tenido ni un respiro desde que llegó aquí. La conclusión a la que llegamos, él y yo, fue que tal vez no era el hombre adecuado en este momento para propiciar ese cambio. Sé que la gente es cínica cuando uno dice que ha sido un acuerdo mutuo, pero no le hemos echado. Se ha sacrificado. Está bien de ánimo. Creo que se siente aliviado. Su contribución a nuestro club ha sido enorme».

El minirregimiento español de Karanka, incluidos Juanjo Vila, el preparador físico Carlos Cachada y el preparador de porteros Marcos Abad, se fue con él. El ayudante de Karanka, Agnew, un tipo de Yorkshire, tomó las riendas. Incorporó a Jonathan Woodgate y al viejo socio de Harry Redknapp, Joe Jordan, a su cuadro técnico. Orta tampoco tardó en marcharse, con destino al Leeds United, donde podría empezar de nuevo con el entrenador español Thomas Christiansen. El experimento Bernabéu del Boro había concluido.

13

Preparando el camino para Pep

Solo siete semanas antes, Joe Thompson estaba ingresado en una habitación privada del Christie Hospital de Mánchester. Por segunda vez en cuatro años, el centrocampista del Rochdale afrontaba una lucha por la vida, después de que se le hubiera diagnosticado la enfermedad de Hodgkin por primera vez en 2013. Ya combatió en aquella ocasión, y recibió el alta en 2014. Sin embargo, la víspera de Navidad de 2016 se sometió a un chequeo. La noticia cayó como un mazazo: el cáncer había vuelto.

Pero Thompson no se dio por vencido. Siguió jugando durante cuatro meses, aun cuando las células cancerígenas estaban activas, propagándose desde el centro de su pecho hacia los ganglios linfáticos de las axilas. Le sometieron a dos rondas de sesiones de quimioterapia de cinco días y luego pasó dieciocho días en aislamiento para tratamiento con células madre. Los profesionales médicos habían advertido que esa terapia solía implicar una estancia de seis semanas en el hospital. Thompson salió al cabo de tres semanas, aunque había perdido cerca de trece kilos de peso. Poco después, fue invitado a acudir al centro de alto rendimiento del Manchester City.

En otros tiempos más felices, Thompson había entrenado con el Manchester United. Conoció a sir Alex Ferguson cuando era un adolescente. De hecho, después de su primer diagnóstico, el United le invitó a presenciar un partido desde un palco de Old Trafford. El excapitán del United y también superviviente de cáncer Bryan Robson le mandó un mensaje de texto. Wayne Rooney le regaló una camiseta firmada. Sus antiguos compañeros de equipo en la escuela de formación Danny Welbeck, Tom Cleverley y Danny Simpson fueron amigos que le prestaron apoyo. Deberíamos recordar, pese a todos los titulares espeluznantes que este deporte genera, que la flor y nata del fútbol es maravillosamente solidaria.

De pie delante del despacho de Pep Guardiola, Thompson reconocía la fuerza de su propia historia. «Pep se me acercó diciendo: "¡Joe! ¿Cómo estás? ¿Vas mejorando?". Decía: "¡Tienes buen aspecto!". Yo sabía que no era verdad. Eso fue delante de su despacho. Yo me sentía como un crío, muy emocionado por que hablase conmigo. Lo único que se me ocurría pensar era que ese hombre ha cambiado el fútbol; imagínate la cantidad de gente con la que se ha topado y que ahora conoce mi historia.»

Visto en el contexto más amplio, ese podría ser un pequeño gesto, pero para Thompson significó el mundo. Guardiola es la realeza del fútbol y su labor ha alterado el panorama de este deporte. Pero, a veces, durante su primera temporada en Inglaterra, parecía que Pep no entendía bien cómo se le veía en Inglaterra. Su historial en el Barcelona, combinado con los éxitos de la selección española, hizo que en las escuelas de fútbol inglesas reconsideraran su visión del juego. Se puso en duda su prioridad por los jugadores altos en vez de fijarse en el talento de los pequeños. Otra vía era posible: la estética del juego se podía imponer o, como mínimo, combinarse con las cualidades atléticas.

Incluso el más tradicional de los clubes británicos dudó. En los despachos del Stoke City, los directivos se dieron cuenta de la nueva tendencia impulsada por el fútbol de Guardiola. Bajo la dirección del técnico galés Tony Pulis, el Stoke consiguió el ascenso a la Premier League en 2008 y se aseguró la supervivencia en la élite durante cinco temporadas consecutivas. Pero el Stoke se convirtió en un burdo estereotipo e incluso en la marca de una falta de sofisticación. Armado con su «tirachinas humano» (como el entrenador del Everton David Moyes definió despectivamente a Rory

Delap), más de la mitad de los primeros trece goles del Stoke en la Premier League vinieron tras largos saques de banda del irlandés. Las frías noches de los martes fuera de casa, en el feudo del Stoke, pasaron a ser un referente de un fútbol desagradable e intimidante.

Las críticas eran duras. En las filas del Stoke, había más talento del que sus detractores creían. Con frecuencia, los que fracasaban eran los más negativos. El equipo de Pulis bajó los humos a quienes se comportaban de un modo pretencioso. Impuso una mentalidad de lucha callejera contra clubes como el Arsenal de Arsène Wenger. Lo mismo podía decirse del Bolton de Sam Allardyce después de que consiguiera llegar a la élite en 2001, o del Crazy Gang del Wimbledon en la década de los ochenta. Gary Lineker dijo en cierta ocasión que la mejor manera de ver al Wimbledon era en el viejo Ceefax [el primer servicio de teletexto del mundo]. Vinnie Jones respondió; dijo que Lineker era «blando como una medusa» y sugirió al presentador de la BBC que bajara al campo de entrenamiento para aclarar el asunto. Atinadamente, Lineker declinó la invitación.

Para el Stoke, la mayor ofensa llegó en 2010, cuando el entrenador del Arsenal, Arsène Wenger, comparó al cuadro de Pulis con un equipo de rugby. Seis años más tarde, el insulto acabó de dar la vuelta cuando el seleccionador de rugby de Inglaterra, Eddie Jones, utilizó el ejemplo del Stoke como un contraste con el juego más sofisticado que quería de los suyos. Jones dijo: «Si queremos jugar como el viejo Stoke City, bueno, ya sabemos lo que hay: lanzar el balón al aire, correr enloquecidamente y recibir el aplauso de todo el mundo. Nosotros no queremos ser temerarios. Pero tampoco queremos ser como el viejo Stoke City».

Los hinchas del Stoke se lo tomaron con humor. Se burlaron de Wenger con el cántico «Dos a cero para el equipo de rugby» durante un encuentro y cantando a pleno pulmón su propia versión de *Swing Low, Sweet Chariot*, que solían entonar los seguidores del combinado inglés de rugby. Sin embargo, pese a todos los progresos a las órdenes de Pulis, el club no terminó en la mitad alta de la Premier League.

Entonces la directiva decidió tomar cartas en el asunto. El fútbol directo y agresivo tenía fecha de caducidad. Se comenzaba a creer que el equipo no tenía el suficiente talento para progresar. Se requería un cambio de estilo para auparse al siguiente peldaño del fútbol de élite.

Sentado a una mesa en su despacho, en el estadio del club, el director general Tony Scholes explica: «Tony [Pulis] tenía su propio estilo. Nuestro mejor puesto al final de campaña fue el undécimo, pero, para crecer más, debíamos cambiar nuestra forma de jugar. Creímos que Mark Hughes podía aportar un estilo más dinámico. Cambió parte del personal para jugar tal como quería».

Mark Hughes había estado en el Barcelona como jugador, aunque no fue una buena experiencia. Con todo, había conservado algunos contactos en España. Además, contaba con una amplia experiencia de la Premier League como entrenador y un historial admirable en el Blackburn Rovers, el Manchester City y el Fulham. Sin embargo, su empleo más reciente había sido una funesta etapa en el Queens Park Rangers. El club londinense gastó mucho dinero sin ton ni son: no ganó ninguno de sus doce primeros encuentros de la temporada en la Premier. Así pues, cuando al término de la campaña 2012-13 el reinado de Pulis tocó a su fin, una dosis de escepticismo acompañó la llegada de Hughes.

«Sí, sí. —Scholes frunce el ceño—. Pero si miramos su historial, lo que había conseguido…, había sacado mucho partido a los recursos disponibles en la mayoría de sus clubes. El error común que veíamos era que la gente se fijaba en los doce partidos de Mark en el Queens Park Rangers hasta que lo echaron. Yo disponía de todas las cifras de su trayectoria. Antes de aquello, había dirigido más de doscientos cincuenta partidos: nos formamos una opinión adecuada y madura sobre él.»

Scholes destaca la capacidad de Hughes para sacar lo máximo de los recursos disponibles. El Stoke quería modificar su estilo de juego, pero, para alcanzar un cambio estético, había que cambiar el personal. No obstante, el gasto anual en salarios del Stoke es de los más bajos de la categoría y no es tan fácil seducir a los jugadores para instalarse en una de las regiones menos elegantes de Inglaterra. A lo largo de su carrera como entrenador, Hughes ha demostrado gran capacidad para mejorar a jugadores encasillados por sus caracteres problemáticos o conflictivos. En el Blackburn, sacó lo mejor de David Bentley, quien llegaría a recalar en el Tottenham y se retiraría del fútbol a los veintinueve años. En el Manchester City, hizo que Stephen Ireland y Craig Bellamy jugaran a muy buen nivel. Había entrenado a ganadores de la Champions League como Roque Santa Cruz y Benni McCarthy, en el Blackburn. Muchos de sus fichajes en el Stoke seguían un patrón similar: jugadores que habían tenido un gran potencial y talento, pero que rara vez lo habían plasmado sobre el césped.

Scholes sigue diciendo: «Uno de nuestros primeros fichajes fue el de Marko Arnautovic, un austriaco con reputación de jugador habilidoso y creativo». Arnautovic había sacado de quicio a Steve McClaren en el Twente y a Jose Mourinho en el Inter de Milán, donde se compinchó con Mario Balotelli. En una ocasión, hasta se las ingenió para llegar tarde a las reuniones de Mourinho tres veces en un mismo día. Antes de firmar a Arnautovic, a Hughes le habían pasado un vídeo del extremo peleándose con su propio capitán cuando jugaba en Alemania. Pero, por dos millones de libras esterlinas [2,3 millones de euros], Hughes vio suficiente potencial en él para probar suerte. Fue generosamente recompensado: con cuatro temporadas de actuaciones portentosas.

Arnautovic, con sus aires y su bravuconería que hacían de él un doble de Ibrahimović, podía exasperar, pero también se dejaba la piel por el equipo. Un miembro del cuerpo técnico del Stoke me explicó que era tan perfeccionista que pedía vídeos complementarios para analizar mejor al rival. Tras un partido, solía pedir varias veces comentar lo que había sucedido. También podía ser divertido: una vez llamó al enlace con los jugadores a altas horas de la noche pidiéndole que le llevara Rentokil, pues había aparecido una araña en su bañera: su aracnofobia le desaconsejaba ocuparse del problema por sí mismo.

El Stoke ingresó por el traspaso del austriaco veinte millones de libras esterlinas [23,2 millones de euros] en el verano de 2017, cuando Arnautovic se marchó al West Ham.

Aquel nuevo patrón, supuso un cambio de rumbo para el Stoke. Con Pulis en el banquillo, el club tuvo un gasto neto de ochenta millones de libras [noventa y tres millones de euros] en cinco temporadas. En la Premier League, solo el Manchester City y el Chelsea estuvieron a la altura durante el mismo periodo. «Hemos insistido siempre en el valor —dice Scholes—. Uno ha de fijarse en la plantilla. Últimamente nos hemos estado fijando más en el valor de una posible reventa, no solo en fichar a los jugadores. La prioridad había sido mantener nuestra situación en la Premier League. Tuvimos que firmar a un par de jugadores en grandes operaciones cuyo valor de reventa era limitado en relación con lo que nos podían aportar en un momento dado. Esto nos aseguró mantenernos en la categoría. Esa continúa siendo nuestra prioridad, pero queremos hacerlo de un modo sostenible. Lo que gastamos con una mano debemos recuperarlo con la otra. El coste y el valor de reventa del jugador es algo que nos ha preocupado.»

A medida que el Stoke ensanchaba sus horizontes, empezó a centrar su atención en Cataluña. «El primero al que contratamos fue a Marc Muniesa, al cabo de menos de cinco semanas desde la llegada de Mark Hughes al club. Era un ganador español de la Champions League con el Barcelona en 2011. Ejemplificaba el cambio que tratábamos de introducir. Podía jugar en varias posiciones: en la defensa, en el lateral, en el centro del campo. Era distinto a los defensas de 1,90 o 1,93 que habíamos tenido anteriormente. Ellos eran físicamente más fuertes, mientras que Marc era mucho más refinado. Fue el primero al que trajimos del Barcelona.»

Hughes conocía los peligros de la revolución e introdujo un cambio progresivo. Es un principio básico para la mayoría de los equipos de la Premier League, pero el técnico tuvo que emplear los primeros meses ejercitando a su equipo intensamente en la ciudad deportiva para separar a los mediocentros y ofrecerse cuando el balón estaba en posesión del portero. Después de veintitrés partidos, el Stoke ocupaba el decimosexto puesto en la tabla de la Premier League, a solo tres puntos de la zona de descenso. Sin embargo, una racha de solo tres derrotas en los últimos quince encuentros permitió al Stoke acelerar el ritmo y concluir la temporada en la novena plaza.

Las números dieron fuerza a la labor de Hughes. En las primeras cinco campañas del Stoke en la Premier League bajo la dirección de Tony Pulis, la media de posesión del equipo se situó en un 39,4 por ciento, promedió doscientos ochenta pases por partido y tuvo más posesión que el contrincante en solo doce de sus ciento noventa encuentros en la Premier. En las cuatro primeras temporadas de Hughes, la posesión media en la Premier League aumentó hasta un 48,2 por ciento, el Stoke promedió cuatrocientos cinco pases por partido y tuvo más el balón que sus adversarios en sesenta y nueve encuentros. La posición final del club en la liga reflejaba su mejora, por cuanto obtuvo tres novenos puestos consecutivos.

En menos de tres años, el Stoke alcanzó el importante hito de que en su plantilla hubiera más ganadores de la Champions League que en cualquier otro equipo de la Premier, ya que a Muniesa se le sumaron Bojan Krkic e Ibrahim Afellay. Arnautovic también consiguió el título en el Inter de Milán, mientras que Xherdan Shaqiri conquistó el trofeo con el Bayern de Múnich. La reinventada posición de «galáctico» del Stoke se confirmó cuando el exdefensor del Barcelona Carles Puyol llegó al modesto complejo de entrenamiento del club en calidad de agente para discutir las condiciones de un nuevo contrato de cinco años para Krkic.

Cuando me encuentro con Scholes en diciembre de 2016, hay más jugadores españoles. El delantero Joselu, que fue compañero de Álvaro Morata en el Real Madrid B y debutó en el primer equipo de la mano de Jose Mourinho, siguió a Muniesa y Krkic. Hay también dos jóvenes promesas: Sergio Molina, un graduado en la escuela del Real Madrid, y el delantero marroquí Moha El Ouriachi, fichado del Barcelona. El exdelantero del Madrid Jesé Rodríguez llegó cedido en 2017.

La transformación en el personal del Stoke fue muy notable. El once inicial de Pulis para la final de la FA Cup que perdieron contra el Manchester City en 2011 presentaba ocho jugadores del Reino Unido o de la República de Irlanda. En cuanto a los tres restantes, el portero danés Thomas Sorensen pasó los trece años anteriores en Inglaterra, el defensa alemán Robert Huth jugó toda su carrera profesional en el fútbol inglés, y el atacante de Trinidad y Tobago Kenwyne Jones dejó atrás su país natal en 2004. A los dos años y medio de que Hughes se hiciera cargo del club, en diciembre de 2015, el Stoke derrotó al City por 2-0: siete de los titulares procedían del extranjero, entre ellos el carrilero izquierdo holandés Erik Pieters, además de Afellay, Bojan, Arnautovic y Shaqiri. Ese día, la BBC definió a la estrella suiza Shaqiri como «el Messi alpino» del Stoke.

La llegada de Bojan es considerada como el principal detonante para el cambio. Bojan fue un niño prodigio en la escuela del Barcelona. En su primera temporada, marcó ciento veinte seis goles. Se convirtió en el mayor anotador de la Masia: novecientos goles. Fue el delantero más destacado de España en los torneos juveniles, logrando cinco tantos en el Mundial sub-17 de Corea del Sur en 2007. El Manchester United lo pretendió con firmeza cuando tenía dieciséis años. Un año después, el director deportivo del Chelsea, Frank Arnesen, voló a Barcelona para mantener conversaciones en torno a un traspaso. Anteriormente, el propio Hughes había intentado firmar al jugador en dos ocasiones, primero para el Manchester City y luego para el Fulham.

Pero, en realidad, Bojan no debió haber acabado en el Stoke. En una época en que talentos como Thierry Henry, Ronaldinho, Lionel Messi, David Villa y Zlatan Ibrahimović jugaban en el Nou Camp, Bojan marcó cuarenta y un goles como profesional antes de cumplir veintiún años. Sin embargo, tras caer en desgracia con Guardiola, las cesiones al Milan, la Roma y el Ajax hicieron que Krkic perdiera el rumbo. Llegó al Stoke en un traspaso a duras penas creíble: ochocientas mil libras esterlinas [930.000 euros]. Los recuerdos de los tiempos gloriosos perduran. En su domicilio en

Cataluña, Bojan conserva gruesos álbumes repletos de recortes de las páginas deportivas españolas. En una habitación de abajo, guarda sus dos medallas de la Champions League y tres de La Liga. También conserva las botas blancas Nike con las que marcó sus primeros goles con el Barça y el balón de la noche que anotó el gol decisivo en unos cuartos de final de la Champions contra el Schalke 04.

Hay alineadas más de cincuenta camisetas. La de Iniesta, intercambiada después de un partido entre el AC Milan y el Barcelona, es la pieza central, y tiene la autobiografía del manchego junto a la cama. La camiseta del Manchester United que llevó Cristiano Ronaldo en la semifinal de la Champions League 2008 disputada en Old Trafford está cerca. En el Stoke, Bojan no podía vivir de glorias pasadas y el preparador físico del club, Andy Davies, le hizo trabajar la fuerza en la parte superior del cuerpo. En el espacio de cinco meses, Krkic acumuló más de tres kilos de músculo. Ahora estaba dotado para la Premier League: se llevó titulares con sus maravillosos goles en las victorias en Tottenham y en casa frente al Arsenal.

Scholes sonríe: «Jugó una primera parte contra el Arsenal, hacia finales de 2014, que fue probablemente una de las mejores actuaciones individuales que hayamos visto nunca aquí. Ganábamos por 3-0 y Bojan dirigía el espectáculo. Dominó el medio campo del Arsenal él solito, y luego marcó un gol magnífico para anotar el 4-0, pero el árbitro decretó fuera de juego por error. Nos hubiéramos puesto 4-0 y, tal como jugaba, habría podido ser cualquier cosa. Finalmente, el marcador se quedó en 3-2, pero Bojan estuvo hipnótico».

«La clave era Muniesa. Bojan podía ver desde fuera cómo tratábamos de evolucionar como club. Además, él estaba muy unido a Muniesa. Marc le explicó a Bojan cómo entrenamos y cuidamos a los jugadores. Le pedimos vehementemente que nos ayudara. Si estás orgulloso de lo que tienes, quieres que tus jugadores hablen bien de ello. A los nuevos fichajes siempre les decimos que deberían hablar con los jugadores que ya están aquí para familiarizarse con el lugar. Ellos les explicarán sinceramente cómo es. Cuando Shaqiri firmó, dijo que había visto nuestros partidos con Bojan y que podía entender lo que estábamos haciendo.»

El Stoke se acostumbró a sentarse a la mesa de negociaciones con los representantes del Barcelona. ¿Fue desalentadora la primera reunión? «No cabe duda de que es difícil tratar con gente nueva. Costó más trabajo negociar con el Barcelona la primera vez que con un club inglés más adelante. Dicho esto, la gente del Barça se portó muy bien con nosotros, y mantenemos una óptima relación de trabajo. Una vez que conseguimos a Muniesa, fue mucho más fácil hacernos con Bojan y Moha. Entonces se convierte en un trato con personas que ya conoces. No tenemos ojeadores permanentes en España. Tenemos un equipo de ojeadores aquí que observan los partidos y confiamos en el conocimiento local hasta cierto punto. Recibimos información sobre todos los encuentros de aquí y podemos ver cualquier partido de Europa. Una cosa nueva para nosotros en los últimos tres o cuatro años ha sido ver y estudiar todos los partidos del Barcelona B. Hacemos lo mismo con el Real Madrid y otros clubes españoles. Nuestros ojeadores irán a observar jugadores concretos.»

El equipo de ojeadores del Stoke está integrado por Mark Cartwright y el director técnico Kevin Cruickshank. Vuelan con regularidad para asistir a los partidos del Barcelona B. A veces facilitan más de una docena de informes sobre un mismo jugador. Además de las innovaciones tácticas, los clubes ingleses que compraban en Europa obtenían también ventajas económicas, en parte debido a la debilidad del euro y la fortaleza de la libra durante la recuperación británica antes del Brexit. «Europa ha sido un buen mercado para los clubes ingleses —explica Scholes—. La Premier League ha tenido muchísimo éxito y nuestro poder adquisitivo aumenta. La libra esterlina se ha mantenido fuerte frente al euro, por lo menos antes del Brexit. Si se compraba en euros, la operación resultaba más ventajosa.»

Scholes hablaba a finales de 2016. En agosto del año siguiente, el euro había subido un trece o catorce por ciento con respecto a la libra, lo que significaba que los clubes tenían que pagar más en el mercado de fichajes de 2017 por sus compras a clubes europeos. Un informe del corresponsal de negocios de Sky News Ian King afirmaba que en agosto de 2017 «antes del referéndum y de la caída de la libra, un jugador de cien mil libras esterlinas por semana, habría valido unos ciento treinta mil euros. Ahora, esa cifra equivale solo a ciento diez mil euros. Es evidente que tratarán de defender sus salarios». No obstante, muchos patrocinadores de la Premier League son de fuera de la eurozona y los acuerdos de derechos televisivos en el extranjero siguen siendo desorbitados, así que la mayoría de los clubes ingleses de la élite pueden dormir tranquilos a corto y medio plazo.

El máximo repunte del Stoke pareció producirse en la temporada 2015-16. Cuando Shaqiri, Arnautovic y Bojan encajaron con óptimos resultados, el Stoke encadenó una racha de nueve victorias en quince partidos, incluidos los triunfos por 2-0 sobre los dos clubes de Mánchester y una espléndida actuación en su victoria por 3-4 en el campo del Everton. El Stoke jugaba con tal iniciativa que el Chelsea llegó a plantearse a Hughes entre los aspirantes a sustituir a Jose Mourinho cuando el entrenador portugués dejó el equipo londinense en 2015. El club alcanzó la semifinal de la EFL Cup, en la que una derrota en casa por 0-1 a manos del Liverpool fue seguida por un excepcional triunfo en Anfield por el mismo resultado, que llevó a la tanda de penaltis. Peter Coates, el presidente de setenta y ocho años, llegó a decir la víspera del partido que ese era el mejor equipo del Stoke que había visto jamás; eclipsaba a la formación con Gordon Banks y Jimmy Greenhoff en sus filas que conquistó la Copa de la Liga en 1972. Merecieron llegar a la final, pues jugaron mejor que el Liverpool durante ciento veinte minutos en Anfield, pero perdieron en la tanda de penaltis.

Cuando empezó la temporada 2016-17, la evolución del Stoke pareció vacilar. Quizás influyó su deseo de sobrevivir, además del surgimiento de una nueva tendencia del fútbol inglés, en la que el juego de contraataque fuerte y atlético estaba a la orden del día: el Leicester City y luego el Chelsea de Antonio Conte ganaron el título de la Premier League. Al principio de la campaña 2017-18, solo Arsène Wenger en el

Arsenal, Sean Dyche en el Burnley y Eddie Howe en el Bournemouth llevaban más tiempo en el mismo club que Hughes en el Stoke. En total, solo nueve entrenadores en las cuatro divisiones superiores del fútbol inglés habían sido más longevos en sus cargos.

En la actualidad existe la percepción de que tres años es lo máximo que los entrenadores aguantan en un club de élite. Mourinho aguantó ese tiempo en el Real Madrid y en el Chelsea, mientras que Pep Guardiola se quedó sin fuelle en su cuarta campaña en el Barcelona y posteriormente solo estuvo tres años en el Bayern de Múnich. Su primer contrato en el Manchester City era para tres años, como los de Conte y Mourinho en el Chelsea y el Manchester United. Así como los seguidores del Stoke empezaron a hartarse de Pulis, también pueden cansarse de Hughes. Después de finalizar tres veces en el *top-ten*, el Stoke acabó la temporada 2016-17 en la decimotercera posición, aunque solo dos puntos por debajo del octavo clasificado, el Southampton. En comparación con la campaña anterior, las cifras de posesión del Stoke bajaron de un 49,73 a un 46,07 por ciento; el promedio de pases por encuentro disminuyó de 430,05 a 383,11. Contra los seis equipos de arriba, el Stoke pasó de ganar doce puntos a solo tres puntos y sin ninguna victoria.

Muniesa y Krkic salieron del club cedidos en el verano de 2017, cuando Hughes recurrió a un planteamiento más pragmático. La cuestión ahora es cómo dar ese salto: desde el purgatorio de la novena plaza a los seis primeros. El Leicester logró esa proeza de forma inverosímil. ¿Eso presiona a quien tiene un cargo como el de Scholes? «Fue algo magnífico. Un hecho extraordinario para el fútbol y la Premier League. Todos habíamos empezado a creer que esos sueños increíbles ya no podían cumplirse. El Leicester demostró que sí. ¿Si me parece una anomalía? Desde luego. Intervinieron varios factores. Los equipos más grandes jugaron por debajo de sus posibilidades. Eso dio la oportunidad al Leicester, que la aprovechó. Ahora todo ha vuelto a su sitio.»

«Para un club como el nuestro, eso implica que tienes derecho a soñar y que debes disponer de estructuras, procedimientos y gente que te permitan rendir al máximo nivel posible. ¿Quién sabe lo que puede ocurrir? Si hay una temporada en que uno o dos de los seis clubes de arriba no alcanzan cierto nivel, nosotros podemos escalar en la tabla. Pero esta liga es terriblemente dura. Es la mejor y la más difícil. Al inicio de la campaña, la prioridad es asegurarse estar ahí al comienzo de la temporada siguiente. No importa quién seas. Dejando de lado los seis primeros, la prioridad es no apartar la vista del balón. No podemos tener una mentalidad de "eso ya está resuelto".»

«La prioridad es seguir en el torneo; puedes apostarte el cuello a que los otros trece equipos querrán hacer eso. Todos los años se vuelve a empezar de cero. Ya cuesta bastante trabajo mantener tu posición. Luego miras y ves hasta dónde has llegado. Terminar novenos es un buen logro. Lo estamos haciendo muy bien para conservar eso. Pero entonces nos paramos a pensar: "¿Cómo podemos llegar a ser octavos o séptimos?". Hay que mejorar cada año para mantenerse. El peligro de la codicia llega cuando uno trata de ser lo que no es. Entonces se fuerza demasiado. No hay que proponerse hacer demasiado: sería una locura.»

La influencia de Guardiola es enorme. Su nombramiento como entrenador del Manchester City fue un momento histórico para el fútbol inglés. Todo el mundo estaba emocionado. A fin de cuentas, era el entrenador cuya plantilla entera compareció en la rueda de prensa en la que anunció que dejaba el Barcelona. Xavi Hernández dice de él que es casi «un enfermo del fútbol». Xabi Alonso definió la experiencia de jugar a sus órdenes como un «máster en fútbol». Todos los grandes clubes del mundo querrían tener a Guardiola. El dueño del Chelsea, Roman Abramóvich, suspira por él desde hace tiempo; Silvio Berlusconi le propuso ir al AC Milan; sir Alex Ferguson le invitó a comer en Nueva York. Es un maestro, un técnico que no solamente gana, sino que deslumbra al mundo cuando lo hace.

El propietario del City, el jeque Mansour bin Zayed, de

Abu Dabi, había suspirado por Guardiola prácticamente desde que compró el club, en el verano de 2008. La sospecha inicial era que Abu Dabi pretendía comprar influencia global a través de incursiones en el mundo del deporte. Si deseas cautivar al mundo, entonces ¿quién mejor que Guardiola, la encarnación más estéticamente atractiva del pasatiempo cultural más popular del planeta? Un informe de Human Rights Watch en 2013 evaluaba la postura cínica del plan de inversiones del jeque Mansour. La organización sostenía que la propiedad del club más rico de la Premier League a manos de Abu Dabi permitía a ese Estado «construir una imagen de relaciones públicas de un Estado del Golfo progresista y dinámico, que desvía la atención de lo que está ocurriendo realmente en el país». Desde luego, es cierto que Abu Dabi ha sido impulsado desde hace tiempo por la aspiración a superar a su rival en el Golfo, Dubái, en su deseo de ganarse la admiración del mundo.

James Montague escribió en el *Guardian*: «Cuando Dubái erigió su hotel de siete estrellas, el Burj Al Arab, Abu Dabi respondió con el suyo, el Emirates Palace. Cuando Dubái emprendió proyectos de construcción ambiciosos y sofisticados que captaron titulares en todo el mundo, Abu Dhabi siguió su ejemplo con los planes para construir un Guggenheim y un Louvre. Hasta los eventos deportivos se han hecho eco de esta competición económica: Abu Dabi ha dado réplica a los torneos del PGA Tour de golf y de tenis que se celebran en Dubái».

Sin embargo, cuanto más avanzamos, más parece que los dueños tienen un modelo empresarial creíble en todo el mundo. No se trata de anteponer el orgullo nacional a los beneficios. Es obvio que los dueños del City han llegado para quedarse. El interés del jeque Mansour por Guardiola comenzó cuando incorporó a Ferran Soriano y Txiki Begiristain al club en 2011. Ellos dos, que anteriormente habían trabajado con Guardiola en el Barcelona, tenían la llave para acceder al nuevo técnico, pero Soriano también conocía el mecanismo asociado con una empresa futbolística global. Ahora el City ha comprado cinco clubes de fútbol en cinco continentes, donde intercambian información sobre detección de talentos y preparación, a la vez que existen acuerdos con el equipo holandés NAC Breda y con el Girona. Durante su estancia en el Barcelona, Soriano explotó unos mercados comerciales y digitales en crecimiento.

En su libro *La pelota no entra por azar: ideas de management desde el mundo del fútbol*, Soriano decía: «Se trata de llegar a un punto en el que un club ya no parece puramente local, sino que se presenta como un fenómeno global, como Walt Disney o Warner Bros. Disney utiliza sus personajes (el ratón Mickey, por ejemplo) para producir contenido audiovisual, vender camisetas, gorras o parques temáticos. El Manchester United no confió en el ratón Mickey, sino en David Beckham, y gracias a él aumentaron los derechos de televisión y las ventas de camisetas, y convirtieron Old Trafford en un lucrativo parque temático. El negocio es global porque el fútbol se está transformando en el deporte más universal, con regiones de crecimiento rápido en Asia y Estados Unidos, donde todavía no hay presencia de clubes lo bastante grandes para competir con las principales ligas europeas. Esto proporciona a los equipos europeos la oportunidad de convertirse en marcas globales».

No nos equivoquemos, el United fue el modelo que inspiró a Soriano en el Barcelona. En la temporada 1995-96, el Barça tuvo unos ingresos de 58 millones de libras esterlinas [68 millones de euros] en comparación con los 62 millones de libras [72,5 millones de euros] del United. Siete años después, en la campaña 2002-03, el United había aumentado a 251 millones de libras [291 millones de euros], mientras que el Barcelona se quedaba en 123 millones de libras [143 millones de euros]. En la temporada 2011-12, el United subió a 396 millones de libras [456 millones de euros], pero el Barça lo superó al ingresar 483 millones de libras [556 millones de euros]. Tras supervisar el crecimiento comercial del Barcelona, Soriano está haciendo ahora lo mismo en el City. La franquicia New York City de la Major League Soccer ofrece una participación en el creciente mercado estadounidense. Se ha explotado el mercado latinoamericano con la compra del Club Atlético Torque uruguayo. El City Football Group tiene también una participación en el club japonés Yokohama F. Marinos, junto con el patrocinador del City Nissan, mientras que el club inglés se extendió a Australia, donde adquirió el Melbourne Heart.

Curiosamente, una investigación de 2016 descubrió que se federaron más australianos para jugar en un club de fútbol local que en cualquier otro deporte. Más de un millón eran integrantes de un club de fútbol, en comparación con menos de seiscientos mil en el caso del tenis y el críquet. Entonces el City hizo frente a la competencia por toda Europa, cuando la sociedad de inversión china respaldada por el Estado China Media Capital (CMC) se hizo con el trece por ciento de las acciones del City Football Group por el precio de 265 millones de libras esterlinas [308 millones de euros]. Siguió una visita a Mánchester del presidente chino Xi Jinpìng, un fanático del deporte, quien ha esbozado un plan de cincuenta puntos para transformar China en una potencia futbolística. El mismo día, el exdefensa del City Sun Jihai, embajador del club en China, fue admitido, curiosamente, en el salón de la fama del Museo Nacional de Fútbol de Mánchester. Según el *Financial Times*, «las operaciones del City esperan contribuir significativamente a las necesidades de más entrenadores y escuelas, y la construcción de una infraestructura futbolística en China».

En enero de 2017, la Deloitte Football Money League situó el City en quinta posición, su mejor puesto histórico, merced a unos ingresos de 524,9 millones de euros. El objetivo siempre había sido registrar beneficios en una década, y esto se ha logrado. Esas estadísticas no cuentan como trofeos, pero el equipo de *marketing* del City cree que han sido los que han crecido más rápidamente de todos los grandes clubes desde 2011. Durante los últimos años, el City Football Group se ha ampliado a once oficinas en todo el mundo. El Manchester City tiene ahora el canal de YouTube más popular de la Premier League, a la vez que ha registrado un crecimiento del 1239 por ciento de *likes* en Facebook y un aumento del 238 por ciento en su base de fans.

Sin embargo, el City ha sido listo en su planteamiento. Se ha vuelto global y local. Mansour ha hecho grandes inversiones en el sector de Ancoats, en el este de Mánchester. Su Abu Dhabi United Group accedió en 2014 a contribuir a la construcción de más de ochocientas nuevas viviendas. El City ha erigido también el Etihad Campus, de ciento cincuenta millones de libras esterlinas [174 millones de euros], que se inauguró en diciembre de 2014, a diez minutos andando del estadio del club. La construcción del mini Etihad, un estadio de siete mil asientos, se comparó con el Mini Estadi del Barcelona. Tanta presencia catalana en Mánchester podría verse como una imitación.

Sin embargo, Brian Marwood, exdirector deportivo y ahora director gerente de City Football Services, tomó una instantánea con teleobjetivo del deporte global. En total, visitó treinta instalaciones deportivas en nueve países de cuatro continentes, incluidos su antiguo club: el Arsenal, el Ajax, los New York Knicks, Los Angeles Lakers, el Australian Institute of Sport y el Aspire Centre de Catar. Hubo también, naturalmente, un viaje a Barcelona. El deseo de aplicar el mismo estilo de juego desde la categoría más baja hasta el primer equipo se inspira claramente en el club catalán. Lo mismo puede decirse de la proximidad del estadio de la escuela, que, como el Mini Estadi, dista a un tiro de piedra del estadio principal del club.

Es evidente que el City se ha esforzado notablemente por perfeccionar hasta el último detalle. Se plantaron miles de árboles para proteger los campos de entrenamiento del viento cortante de Mánchester. Posteriormente, Louis van Gaal quiso hacer lo mismo en el complejo del Manchester United en Carrington. En los dormitorios reservados a los jugadores, se consultó a especialistas del sueño antes de que el club optara por un papel pintado con un diseño circular para favorecer el mejor descanso nocturno. La escuela del City ha generado excelentes resultados de sus jóvenes en los últimos años. En 2010 se realizó una presentación a los dirigentes del club, que incluyó además un segmento de vídeo que mostraba un gol de Phil Foden a los diez años (en 2017, este jugador se incorporó a la plantilla de Guardiola en una gira por Estados Unidos y más tarde se erigió en el protagonista del triunfo de la selección sub-17 de Inglaterra en el Mundial).

Entre tanto, el 30 de octubre de 2017, el Manchester United celebró una serie de 3883 partidos consecutivos en un periodo de ochenta años en los que el equipo ha incluido un graduado de su escuela. El City todavía no ha sacado un verdadero producto de su cantera en la era de Mansour. Pese a toda la inversión en infraestructura, aún nos queda asistir a la revelación de un jugador formado en el City que se ponga el mundo por montera. El muy valorado centrocampista Jadon Sancho dejó el club en 2017, cuando era un adolescente: temía que su progreso en el City quedara frustrado por la política de fichajes del club.

Sin embargo, el Manchester City es un club fundado en 1880, no en 2008. Las reuniones habituales que sus equipos de operaciones celebran para debatir cómo se puede ampliar su base de fans sin alienar a los seguidores tradicionales subrayan algunas de las inquietudes y contradicciones que residen en el núcleo de su proyecto. El día que el club presentó a Guardiola como entrenador, el *hashtag* decía #ItBegins [«Empieza»]. Es posible que esto perjudicara la orgullosa historia del Manchester City, a Malcolm Allison o a Joe Mercer, pero transmitía la imagen de que el equipo alcanzaba el nirvana.

La progresión del City es extraordinaria. Dieciocho años antes de la llegada de Guardiola, el City inició la temporada 1998-99 en el tercer escalón del fútbol inglés. Eran los tiempos en los que el club era menos conocido por su fútbol que por los famosos que lo apoyaban, como la banda de rock Oasis, el humorista Bernard Manning o Kevin Kennedy, el actor que encarnó el personaje de Curly Watts en la serie *Coronation Street*. El club era esclavo de sus ilustres vecinos del United. Hubo una época en la que el City incluso se negó a servir kétchup en sus palcos; el cocinero jefe John Benson-Smith preparó un equivalente de color azul para los tres mil quinientos huéspedes corporativos en un derbi de Mánchester en 2006. En 2010, algunos aficionados del City admitieron votar al Partido Conservador porque no podían soportar que se los asociara con nada de color rojo.

Mark Hodkinson, seguidor del City, escribió un diario de la temporada 1998-99 que está repleto de anécdotas nostálgicas. En 1998, la tienda local del club vendía camisetas que decían que su apuesto portero rubio Nicky Weaver era «el David Beckham del City». Algunos aficionados del club incluso escribieron al Palacio de Buckingham para quejarse de que la reina y el duque de Edimburgo hubiesen firmado una camiseta del Manchester United en una visita a Malasia en septiembre de 1998 en presencia de sir Bobby Charlton. Desde el palacio se cursó respuesta: «Su majestad es muy consciente de que existe más de un club de fútbol en Mánchester». Sin embargo, aquella temporada, había una sensación bien distinta. El derbi de Mánchester parecía algo más; cuando los equipos filiales de ambos clubes se enfrentaron en la Mánchester Senior Cup, se vendieron todas las entradas y se tuvo que aplicar un protocolo de máxima seguridad en el estadio del Hyde United, un club semiprofesional. El City se planteó la posibilidad de alinear algunos jugadores del primer equipo, aunque solo fuera para asestar un golpe al United, que disfrutaba de la mejor temporada de su historia al levantar la Premier League, la FA Cup y la Champions League bajo la dirección de sir Alex Ferguson.

El City se convirtió en objeto de burla nacional. En el programa satírico de la BBC *Have I Got News for You*, el humorista Paul Merton comentó la noticia de que el pintor de Mánchester Chris Ofili había obtenido el Premio Turner, dotado con veinte mil libras esterlinas, después de cautivar al jurado con una obra de arte fluorescente que mostraba excrementos de elefante recubiertos con resina. «En Mánchester no es fácil encontrar mierda de elefante», interpuso un invitado. A lo que Merton respondió: «¿No has visto al Manchester City últimamente?». Tres días después, el 8 de diciembre de 1998, el City perdía en casa por 1-2 frente al Mansfield Town en la Auto Windscreens Shield. Con 3007 espectadores en las gradas, el club registró la peor entrada de su historia.

Con todo, la masa social del City se mantuvo sólida. En agosto, el City empató en casa con el Wrexham. La asistencia, de 27.677 espectadores, fue la quinta más alta de la jornada y más numerosa que la multitud reunida en el Upton Park, donde el Manchester United visitaba al West Ham. La temporada culminó con el ascenso y volvió a iniciarse una curva hacia arriba. Sin embargo, nadie habría podido soñar que menos de dos décadas más tarde el entrenador más codiciado del mundo llevaría la batuta en el City.

Pero Guardiola no triunfó enseguida. Su primera temporada en el City resultó, teniendo en cuenta las expectativas, un fracaso. Antes de llegar a Inglaterra, Pep había ganado veintiún títulos en su década como entrenador, pero el City se encontraba quince puntos por debajo del líder de la clasificación, el Chelsea, a primeros de abril. Hasta llegó a recurrir a la idea de Arsène Wenger de que clasificarse para la Champions League equivalía a obtener un trofeo. «Pues sí. Seguro. Es como ganar títulos, sin duda, porque hay muchos equipos fuertes.» Fue todavía más lejos: «En mi situación, en un gran club, me echan. Estoy fuera. Seguro. Sin dudarlo. En el Barcelona o el Bayern de Múnich, si en seis meses no ganas [nada], estás en la calle. No te dan una segunda oportunidad.» El City había empezado como un tren expreso con seis victorias consecutivas en la Premier League, pero el ímpetu se diluyó cuando el equipo solo ganó tres de los nueve partidos de liga siguientes. En su libro *Pep Guardiola: la metamorfosis*, el confidente del técnico catalán, Martí Perarnau, escribió: «Guardiola siempre estará sujeto al escrutinio de mentes convencionales, prosaicas, y aquellos que no entienden sus ideas recurrirán a descartarlas o incluso ridiculizarlas».

Claro, se necesita tiempo, pero esto es la frenética Premier League y las dudas estaban justificadas. Deberíamos recordar que Manuel Pellegrini, su predecesor en el Manchester City, junto con Jose Mourinho y Carlo Ancelotti, los exentrenadores del Chelsea, ganaron todos ellos el doblete de la Premier League y la Copa en su primera temporada. Rafa Benítez conquistó la Champions League en su campaña de estreno con el Liverpool. Antonio Conte llevó a un equipo desde la décima plaza en la Premier League hasta el título y a la final de la FA Cup. El City tenía deficiencias en su plantilla, sobre todo en la defensa, donde Bacary Sagna, Pablo Zabaleta, Aleksandar Kolarov y Gael Clichy habían conocido tiempos mejores y lidiaban como buenamente podían con las enormes exigencias del sistema de Guardiola. Pero el técnico gastó casi doscientos millones de libras esterlinas [232 millones de euros] en su primer verano: fue sorprendente ver al City dejar de ganar quince de sus treinta y ocho partidos en la Premier League y finalizar solo con tres puntos de ventaja sobre el Arsenal, que fue quinto.

La tensión era palpable. El City cerró el año con siete tarjetas rojas. Fernandinho, el sobrecargado centrocampista de contención, fue expulsado en tres ocasiones en la primera mitad de la temporada. Guardiola empezó a estudiar las tendencias de los árbitros ingleses: no tardó en descubrir dónde podía encontrar ventajas su equipo y dónde había que adaptarse. Observó, por ejemplo, que se podían hacer más faltas tácticas sin que ello conllevara amonestaciones.

Guardiola era muy testarudo, en perjuicio de su propio equipo. Tras una derrota por 4-2 en el campo del Leicester City, el exportero del Manchester United y del City Peter Schmeichel afirmó que el hecho de que Guardiola no modificara su táctica para contener la amenaza directa del equipo de Claudio Ranieri hacía de él «un tipo muy arrogante». Pep suscitó nuevas críticas después del partido contra el Leicester cuando declaró: «No soy un entrenador que entrene para cometer faltas». Fernando Hierro, el excapitán del Real Madrid que terminó su carrera en el Bolton, se sorprendió al ver que ganar un duelo o una segunda jugada podía provocar ovaciones entre los aficionados británicos. Pero Hierro se adaptó y adoptó tales peculiaridades.

Empezó a decirse que Guardiola se sentía más molesto que motivado cuando lo sacaban de su zona de confort. Las tempranas rarezas del fútbol inglés le habían divertido. El Departamento de Comunicación del club le explicó a Guardiola cómo eran los medios ingleses. El director de Comunicación del City subrayó los diez artículos más leídos en la prensa española, alemana y británica durante la campaña anterior. Mientras que los artículos más populares en España se centraban en lo sucedido en los encuentros (con la excepción del escándalo de la planificación tributaria de Lionel Messi), los diez primeros en Inglaterra consistían básicamente en crónicas sensacionalistas de escándalos sexuales y broncas en las ciudades deportivas. Guardiola encontró llamativa esta diferencia, pero adoptó elementos de la cultura futbolística inglesa. En su primera rueda de prensa, se refirió a Sam Allardyce como «el Gran Sam». Su primera entrevista importante fue con la estrella del grupo Oasis Noel Gallagher. Vio ganar a su equipo en el campo del Hull City por 0-3 el día de San Esteban y luego entró en la sala de prensa y se comió un *mince pie*. Pero tras una derrota en Liverpool unos días después, dijo: «El tipo de fútbol aquí es así: sin tiempo para pensar, muy agresivo, arriba y abajo, arriba y abajo, segunda jugada, segunda jugada…».

Si bien Guardiola se mostraba desdeñoso respecto a la sangre y los truenos del fútbol británico, ciertas fuentes en la ciudad deportiva revelaron que puso mayor ahínco en ganar las segundas jugadas en situaciones defensivas. Se prestó más atención a combatir las virtudes de los adversarios. En una entrevista en la BBC con Gary Lineker en otoño de 2017, Guardiola declaró: «Si tiran balones largos, tengo que adaptarme. En el Barcelona, no nos centramos nunca en los balones largos ni las segundas jugadas. No me imaginé jamás que tendría que hacer sesiones de entrenamiento o revisiones de segundas jugadas, decidiendo si hemos defendido ese tipo de situaciones como es debido. Entrenar eso es aburrido. Me gusta entrenar las cosas con las que disfruto».

Guardiola entendía que el calendario de fútbol inglés, sin un parón navideño, no ayudaba. Mikel Arteta, miembro de su cuadro técnico, me habló fundamentalmente de su vida como jugador, pero hizo alusión a la exasperación de Guardiola con aquella acumulación de partidos. «Yo cambiaría el calendario futbolístico en el acto —dijo Arteta un par de meses después de que Guardiola se hiciera cargo del City—.

El fútbol inglés no ayuda a sus clubes. Si estás en Europa, es cada tres días sin parar. Es contraproducente para el deporte en este país. Hemos jugado tres semanas seguidas con tres partidos semanales y, mañana por la noche, nos toca el Manchester United fuera en la EFL Cup. ¿Por qué? ¿Qué podemos hacer allí? Estamos pensando en cómo plantear ese encuentro, pero la semana siguiente tenemos el Barcelona. Luego llegará el parón de selecciones y uno se irá a Chile, otro a Paraguay… No es frustrante…, es nuestra profesión, pero no podemos seguir así y esperar luego que los jugadores mantengan su nivel óptimo. No tienen descanso. Físicamente, es un deporte más exigente que nunca, cada temporada es una maratón.»

Hubo otros problemas de adaptación, pero ninguno tan grave como el desastre que se vivió en la portería del City. Joe Hart era una figura popular entre la afición y había sido el pilar de dos equipos que habían ganado títulos. Era el portero de Inglaterra, el primer guardameta del club desde la salida de Shay Given en 2010. Pero en Barcelona, incluso en el par de años que precedieron la llegada de Guardiola al City, había sido un secreto a voces que Txiki Begiristain quería sacárselo de encima. Pepe Mel recuerda: «En España, absolutamente todos sabían que Joe Hart saldría. Fue muy extraño ver que todo el mundo enloquecía».

La salida de Hart se explica por varios motivos. Ante todo, Hart no era el portero ideal para Guardiola. Pep es discípulo de Johan Cruyff, quien dijo en cierta ocasión: «En mis equipos, el portero es el primer atacante». En España, los preparadores de porteros del primer equipo suelen diseñar el programa de entrenamiento para los guardametas de todas las categorías inferiores: aseguran un recorrido y una coherencia de estilo. En la década de los noventa, en el Barcelona, por ejemplo, el preparador de porteros del primer equipo Frans Hoek solía dirigir sesiones para adolescentes como Pepe Reina y Víctor Valdés. Claudio Bravo, campeón chileno de la Champions League con el Barcelona, fue el sustituto ideal para Hart. Xabier Mancisidor, el preparador de porteros que Guardiola heredó de Pellegrini, había trabajado anteriormente con

Bravo en la Real Sociedad. Bravo jugó de delantero hasta los once años e incluso marcó un tiro libre para la Real Sociedad contra el Numancia.

Los análisis estadísticos sustentaron la idea de Guardiola de que Bravo encajaba en su planteamiento. En la temporada 2015-16, Hart hizo 721 pases en la Premier League, y solo un 52,57% de ellos fueron buenos. En La Liga, Bravo hizo 854 pases con una precisión del 84,31%. En Sudamérica y España, el fútbol sala y las versiones reducidas del fútbol son cruciales para el desarrollo de jugadores técnicamente seguros. Conocí a David de Gea poco después de que echaran a Hart. Aunque se mostró reacio a comentar esa decisión, subrayó la importancia que los españoles dan a la capacidad técnica de un guardameta: «De niño, en España, aprendí mi oficio jugando al fútbol-7: se te mete en la cabeza. Con sir Alex Ferguson, el objetivo era ante todo procurar hacerme sacar el balón de la portería, pero eso se debía también a mis dificultades iniciales. Se trataba primero de sentar las bases. Louis van Gaal y su preparador de porteros Frans Hoek nos exigían jugar más en la posición de líbero».

«Sin embargo, por encima de todo, la mayor prueba para mí es cuando defiendo el arco de la selección española. Es algo extraordinariamente exigente; hay veces en que estamos dos defensas y yo jugando el balón en el área, con delanteros presionando. Recibes el balón bajo presión, pensando deprisa, reaccionando y jugando el pase adecuado a toda velocidad. Cuesta trabajo entrenarlo, porque, en un partido, la presión delante de miles de personas es distinta. Tienes sesiones de entrenamiento con el equipo; los rondos también son sumamente importantes. Es un círculo en el que se juega al balón prisionero a uno o dos toques. Por suerte, lo practicamos desde las categorías inferiores de la selección.»

Su compañero de equipo Ander Herrera insiste en que la serenidad de De Gea es la clave. Él está de acuerdo. «En realidad, no puedo imaginarme nada peor para un defensa que jugar delante de alguien que está de los nervios. Una de mis funciones es transmitir serenidad al equipo. Es una cualidad innegociable para todo el grupo. De niño, acaso era un poco más atrevido o inquieto, pero, con la edad, me he vuelto cada vez más tranquilo, dentro y fuera del terreno de juego.»

Sin embargo, el concepto de un guardameta que sepa jugar el balón con los pies no es nuevo. Xavi Valero fue el preparador de porteros de Rafa Benítez tanto en el Liverpool como en el Real Madrid. Dice: «Hoek fue muy influyente. Fue al Barcelona y desarrolló el oficio de portero. Introdujo una forma distinta de pensar sobre el deporte. Me identifico con esa concepción del entrenamiento de porteros. Se basa en la idea de que todo viene de ahí, no se puede separar al guardameta del equipo. No se le puede hacer entrenar separado del grupo todo el tiempo. Durante un ochenta por ciento del tiempo, debería entrenar con el equipo».

«En partidos importantes, se necesita el portero para la fase defensiva y la de ataque. El balón se desplaza a gran velocidad, los jugadores están preparados tácticamente y el arquero tiene que conocer el plan del grupo. No se puede desarrollar el proceso de toma de decisiones de un portero sin ponerlo en un contexto y en situaciones en que adquiera esa experiencia y ese sentido táctico en situaciones de juego. Cuanto más tiempo se destine a eso, mejor. Manuel Neuer, al que Guardiola mejoró en el Bayern de Múnich, es quizá la versión extrema de ese tipo de portero. Yo metería a Pepe Reina, Fabien Barthez y Marc-André ter Stegen en la misma categoría.»

«Pero, en realidad, no todo eso es nuevo. Años atrás, descubrí que Bert Trautmann vivía cerca de mi domicilio en España. Iba camino de los noventa años. Ha tenido una vida muy interesante, fue prisionero de guerra y más tarde portero en el Manchester City. Le recuerdo explicando cómo le obligaron a desactivar bombas en la región de Liverpool. Yo hablaba con él sobre la preparación de porteros. Se reía cuando le decía que integrábamos a los guardametas dentro del equipo en los entrenamientos. Me dijo que en sus tiempos entrenar consistía simplemente en jugar un partido; por lo tanto, siempre se hacía participar al portero. Después, al final, se hacían algunos ejercicios específicos. En la década de 1950, Bert Trautmann jugaba fuera de su área, interceptaba centros, trataba de cubrir las espaldas a su defensa. Fue un guardameta moderno, pero no había televisión ni Sky Sports para mostrárnoslo. En realidad, no hay nada nuevo en el fútbol, incluso eso del falso nueve ya sucedía antes. Algunos equipos de Latinoamérica ya hacían eso a finales de la década de 1940.»

Joe Hart tenía veintinueve años cuando Guardiola llegó y el técnico catalán decidió que el portero no podía reinventarse. Los argumentos a favor de su salida eran contundentes, pero su sustitución no fue la más feliz. Nada de falso nueve: el City parecía tener un falso número uno. Bravo solo mantuvo la portería a cero en cinco de veinticuatro encuentros. Durante una racha particularmente aciaga de nueve partidos invernales, se las arregló para encajar dieciséis goles en veinticuatro remates contra su meta. Posteriormente, Guardiola lo quitó del equipo, pero le devolvió la titularidad en el partido de vuelta de la FA Cup del City contra el Huddersfield, en el que fue ovacionado sarcásticamente por su propia afición cada vez que hacía una parada en el triunfo de los *citizens* por 5-1.

Cuando fue desbancado por Willy Caballero en febrero, Bravo tenía los porcentajes de pase más altos y el coeficiente de paradas más bajo de la categoría. Detuvo solo el 53,1 % de los remates que le llegaron en sus veintitrés apariciones en la Premier League, el peor registro de cualquier portero que hubiera jugado más de diez partidos en la categoría aquella temporada. La capacidad técnica de Bravo se mantuvo inalterada, pero la presión y las exigencias físicas de la competición le hicieron mella. Al recordar sus propios comienzos en el Liverpool, el guardameta Pepe Reina reflexionaba: «El aspecto físico es el más importante; tienes que superar ese cambio esencial si quieres sobrevivir. El fútbol es rápido e intenso. No me sorprendió. Sabía lo que se le venía encima. Me adapté desde el primer día. De Gea hizo lo mismo… Llegó siendo un niño y ahora es un porterazo».

En el verano de 2017, Guardiola actuó con celeridad para contratar al portero brasileño Ederson del Benfica por 34,9 millones de libras esterlinas [40,5 millones de euros]. Ederson se reveló enseguida como un acierto, combinando seda y acero. Recibió del jugador del Liverpool Sadio Mane una patada en la cara, pero, cuatro días después, fue titular en el campo del Feyenoord en la Champions League. A los nueve partidos de su primera temporada en la Premier League, su porcentaje de pase era de un 84,08%, en comparación con el 73,09 de Bravo el año anterior; su coeficiente de paradas era del 73,33%. Ahora Guardiola podía llevar su modelo a la práctica.

Había otras razones por las que Pep quiso desprenderse de Hart. Según Martí Perarnau, el autor que pasó una temporada siguiendo el trabajo de Guardiola en el Bayern, el técnico catalán quería diez nuevos fichajes solo en su primer verano. Le preocupaba la media de edad de una plantilla que incluía a diecisiete jugadores mayores de veintiocho años. Es curioso: el City parecía preparado para la llegada de Guardiola en todos los aspectos, excepto en el de la plantilla. Tenían infraestructura de formación, instalaciones formidables, personal auxiliar… Todo cuanto necesitaba, salvo los jugadores que encajaban con su fútbol. Tras una victoria por 6-0 en el inicio de su segunda temporada, declaró: «De un día para otro, doy las gracias a Khaldoon [el presidente], Txiki y Ferran por comprar estos jugadores. Todos los entrenadores tienen buenas ideas, pero sin los futbolistas de que disponemos es mucho más complicado».

Anteriormente, Pellegrini había prescindido de Hart un largo periodo; el portero fue también uno de los que molestaron a Roberto Mancini en la difícil última campaña del italiano en el club. Hart no era la única figura sometida a presión. Samir Nasri y Yaya Touré fueron obligados a entrenar por separado cuando se incorporaron a la pretemporada con sobrepeso. Fue un caso similar al de los primeros tiempos de Guardiola en el Barcelona. En su libro, Soriano recordaba: «En 2008, Pep ejerció su poder de toma de decisiones para excluir a jugadores y crear un entorno más exigente. Dejó muy claro que no quería a Ronaldinho, Deco o Eto'o, tres jugadores clave en el equipo, pero también generadores de dinámicas negativas que él quería cambiar. El club encontró una salida para los dos primeros, pero no para Eto'o, que se quedó un año más, trabajó como todos y fue una pieza fundamental de la temporada más triunfal en la historia del club».

Con el tiempo, Touré siguió el modelo de Eto'o: perdió ocho kilos y volvió a formar parte de la plantilla en noviembre. El capitán Vincent Kompany, un defensa excelente pero acosado por las lesiones, también temió por su futuro. De hecho, una fuente bien situada en Bélgica admite que Kompany confesó que sospechaba que su etapa en el City había terminado a mitad de la primera campaña de Guardiola. Finalmente, gracias a su trabajo, pudo volver al equipo.

Guardiola se propuso establecer un mayor compañerismo. En la ciudad deportiva del club, los jugadores desayunan y almuerzan juntos a diario. Se introdujeron cambios en el menú. En el Bayern, Guardiola prohibió de inmediato los dulces y contrató a la dietista Mona Nemmer. En el City, prohibió de inmediato los zumos de fruta; la pizza posterior a los partidos se eliminó del menú. En su lugar, después de los encuentros, se aconseja a los jugadores que coman nueces para recuperar los niveles energéticos. Las grasas saturadas y la sal de alimentos como la pizza retardan la recuperación de glucógeno, de modo que se prefieren las proteínas magras o los carbohidratos complejos. Pep encargó a la excampeona de triatlón Silvia Tremoleda la supervisión de la dieta y la nutrición del club. Es la esposa del antiguo tesorero del Barcelona Xavier Sala i Martín, quien ha dado conferencias sobre economía en Columbia, Yale y Harvard.

Sala i Martín sigue muy unido a Guardiola. Es un hombre de principios. El libro de Raphael Minder sobre Cataluña revela que el otrora tesorero fue uno de los que insistieron para que el club firmara a Unicef como patrocinador de la camiseta y, a su vez, rechazó una oferta de ochenta y cinco millones de libras esterlinas [cien millones de euros] de una empresa de apuestas. Esta se ofreció al Real Madrid, que aceptó encantado. Le molestó la posterior decisión de llegar a un acuerdo con Qatar Airways como patrocinador de la camiseta del club. «El Barcelona es un club de demócratas.

No podéis poner el nombre de una dictadura en nuestra camiseta», dijo Sala i Martín.

Tremoleda redujo las carnes rojas, preferidas especialmente por los jugadores argentinos, uruguayos y brasileños, y propuso menús sin gluten y sin azúcar. Las comidas son altamente especializadas, tanto en contenido como en horario. Guardiola suscribe la opinión de Pep Clotet de que un jugador debe restablecer los niveles de glucógeno en la ventana metabólica. Por eso consulta con el equipo de nutrición para saber si los jugadores toman sus comidas a la hora adecuada tanto en la ciudad deportiva como después de los partidos, donde también se espera que la plantilla coma junta dentro del plazo en el que los nutrientes pueden absorberse fácilmente.

En el verano de 2013, cuando Lionel Messi empezó a preocuparse por las lesiones, Tremoleda efectuó cambios en su dieta, en tándem con el nutricionista italiano Giuliano Poser: introdujeron un régimen alimenticio basado en aceite de oliva y haciendo hincapié en el pescado fresco. Algunos jugadores del City asumieron la contratación de un cocinero personal para su última comida del día. Kevin de Bruyne, Ilkay Gundogan y Kyle Walker recurren a los servicios del chef de una estrella Michelin Jonny Marsh, quien trabajó como aprendiz de Raymond Blanc en el restaurante que el francés tiene en Oxfordshire. El lateral izquierdo Benjamin Mendy contrató a la cocinera del Mónaco Simone Bertaggia a su servicio personal tras abandonar el club galo.

El cambio cultural de Guardiola llega incluso hasta el personal administrativo, que puede desayunar y almorzar gratis en la ciudad deportiva del City. Se les anima a probar las opciones más saludables. Siempre hay fruta disponible, cosa que ocurre también en las oficinas del club en Londres. Asimismo, al personal del club se les ofrece clases gratuitas de yoga y de preparación física.

Guardiola introdujo otros cambios, buscando dirigir todas las facetas de la vida de un futbolista. Después de ver a un par de jugadores distraídos en el campus de formación, ordenó quitar la conexión a Internet de wifi y 3G para que volvieran a centrarse. La wifi se ha ido restableciendo paulatinamente. Se sabe que Guardiola ha llamado a jugadores algunas tardes para hablar de planes tácticos. Aunque el campus alberga dormitorios lujosos, Pep decidió que se quedaran en casa antes de los partidos en el Etihad Stadium, para atenuar la tensión previa a los encuentros.

Guardiola quiere que su cuerpo técnico esté cerca de sus jugadores. A los cinco meses de asumir el cargo en el Barcelona, el padre del preparador de porteros Juan Carlos Unzue falleció repentinamente. Aquella misma noche, el equipo ganó un partido de La Liga y Guardiola fletó enseguida un vuelo para que toda la plantilla y el cuerpo técnico pudieran asistir al funeral el día siguiente en Pamplona.

Nada más llegar al City, Guardiola subió inmediatamente a Rodolfo Borrell al primer equipo. El catalán, contratado por Begiristain en 2014, había sido el director técnico de la escuela del club. Había estado catorce años como entrenador en la Masia y fue responsable del desarrollo de la generación de talentos de 1987, que incluía a Messi, Cesc Fàbregas y Gerard Piqué. Fue uno de los primeros técnicos del Barcelona que entrenaron al astro argentino. Rafa Benítez llevó a Borrell a Inglaterra por primera vez en 2009 como entrenador del equipo sub-18 del Liverpool. Guardiola era jugador del primer equipo durante la primera etapa de Borrell en el Barça. La pareja conserva la amistad desde entonces.

Cuentan una anécdota particularmente conmovedora de su etapa en Cataluña. Cuando Cesc Fàbregas era un adolescente de trece años en 2001, estaba soportando la angustia provocada por el divorcio de sus padres. Su madre, Núria, llamó a Borrell y le advirtió de que Cesc podía requerir apoyo emocional. Borrell se convirtió en entrenador y psicólogo: solía tener charlas motivacionales con Fàbregas. Un día llamó a la puerta del vestuario del primer equipo y le dio a Guardiola una camiseta con el número cuatro pidiéndole que la firmara. Pep dio un paso más y escribió un mensaje: «Querido Cesc, un día tú serás la persona que llevará el número cuatro en el Barça. Mis mejores deseos y buena suerte».

Durante un viaje a Inglaterra en las semanas siguientes,

Borrell fue a ver a un débil Fàbregas. «Le llamé a mi habitación y le expliqué que estaba enterado de lo que ocurría en el seno de su familia —relató Borrell a la BBC—. Se echó a llorar, así que le enseñé la célebre camiseta. Ya os podéis imaginar su reacción. Su ídolo le había escrito un mensaje en su camiseta. Fue un momento fantástico.»

Borrell se adapta: luz o sombra, duro o blando. En el Liverpool, asumió el papel principal en el desarrollo de Raheem Sterling. Cuando tenía quince años, pidieron a Sterling que saliera de inicio en un derbi de Merseyside contra el Everton en el equipo sub-18, que ganaría por 4-3. En la banda estaba la leyenda del Liverpool Kenny Dalglish, observando. En Merseyside, recuerdan otro caso: cuando Sterling fue incluido en la plantilla del primer equipo de la Europa League en 2011. Regresó a la ciudad deportiva del Liverpool, Melwood, y Borrell estuvo firme con su joven talento. Pidió a Sterling, delante de sus compañeros de equipo, que colocara los conos y repartiera los petos para la sesión de entrenamiento. El objetivo era mantener a Sterling con los pies en el suelo: el jugador respondió marcando en sus dos siguientes partidos con el juvenil.

Guardiola quería que Borrell formara parte de su estructura no solo para que hiciera las veces de puente con el primer equipo, sino también para recuperar la confianza de Sterling. Guardiola siempre ha admirado a Sterling. Cuando estaba en el Bayern de Múnich, se había movido para fichar al joven jugador del Liverpool. También se puso en contacto con él después de la desastrosa Eurocopa de Inglaterra. Pep mejoró el juego de Sterling: el extremo demostró una mayor madurez táctica y más efectividad, pues marcó quince goles antes de Navidad en la segunda temporada del entrenador catalán en el City.

En 2017, después de contratar al portero Ederson, a tres defensas (Kyle Walker, Benjamin Mendy y Danilo) y a los talentos ofensivos Gabriel Jesus y Bernardo Silva, el resultado fue explosivo. El City comenzó la temporada con diecisiete victorias en sus primeros dieciocho encuentros de la Premier League. Derrotaron al Chelsea y al Manchester United lejos de casa. Además, endosaron tres, cuatro y cinco tantos, respectivamente, al Arsenal, al Tottenham y al Liverpool en su estadio. Sus veintinueve goles en ocho jornadas de liga fue el inicio más anotador desde la época victoriana y el Everton de 1894-95. Tras una victoria por 0-6 en el campo del Watford, el antiguo delantero y expresidente del City Francis Lee declaró que aquel era el estilo de fútbol más espléndido que había presenciado nunca en el Manchester City.

Guardiola tiene su adversario ideal en Jose Mourinho, técnico del Manchester United. En otros tiempos, Pep trató de aprender de él. Durante su etapa como director del Colegio Catalán de Entrenadores de Fútbol, Clotet recuerda a Guardiola entrando en la sala de conferencias con una libreta y un bolígrafo debajo del brazo. «Pep se sacó el título de entrenador con la Federación Española en Madrid. En nuestro colegio, impartimos un máster durante un año con un módulo mensual a cargo de entrenadores específicos. Pep vino en dos ocasiones. Asistió cuando el cuerpo técnico de Mourinho presentó un módulo sobre periodización [básicamente se refiere a cómo los entrenadores llevan a los jugadores a su máximo nivel de rendimiento mediante programas de preparación física y recuperación]. Mourinho es el punto de referencia para ese tema, inspirado por Vitor Frade y Julio Garganta. Pep estaba empezando; por entonces, Mourinho estaba en el Chelsea. Jose no pudo venir personalmente ese día, pero nos mandó a todo su cuerpo técnico. Un par de años después, Pep volvió para impartir una clase magistral sobre cómo organizar un equipo ofensivamente.»

El gran entrenador italiano Arrigo Sacchi definió la coincidencia de los dos hombres en España como tener «dos Picassos en la misma época». Y ahora el dúo repite su rivalidad en Mánchester. Dentro de su despacho en la ciudad deportiva del Real Madrid en Valdebebas, Mourinho conservaba una figura de cartón del momento en que atravesó corriendo el terreno de juego, apuntando al cielo con el dedo, después de derrotar al Barça de Guardiola cuando entrenaba al Inter de Milán. A medida que la temporada 2017-18 avanzaba, la rivalidad empezó a intensificarse. El arte de Guardiola contrastaba marcadamente con el pragmatismo de Mourinho. El día en que el Liverpool recibió al Manchester United, un partido que la táctica de Mourinho redujo a un aburrido empate sin goles, el City de Guardiola marcó siete tantos para humillación del Stoke City.

Pep contaba con el talento de los suyos. Además, sus rivales estaban en su sitio. La senda parecía finalmente clara. Pero ¿por cuánto tiempo? Guardiola es un entrenador que pone límites a sus compromisos. Si su corazón no le concedió más de cuatro años en su querido Barcelona, ¿qué posibilidades hay de que se enamore perdidamente del fútbol inglés? Esperemos que sea uno de esos personajes que quedan cautivados por las peculiaridades de la vida en Inglaterra. «Él siempre cumple sus compromisos hasta el final, pero no es de esperar que se quede un día más de lo prometido», escribió Perarnau.

A pesar de todo, su legado persistirá mucho más tiempo.

Epílogo

Es diciembre de 2017 y los corredores de apuestas ya cuentan con que el equipo de Pep Guardiola va a levantar el título de la Premier League. El catalán ha llevado al Manchester City a unas cotas de récord: ha exasperado a sus rivales y ha hecho las delicias de sus muchos admiradores. Después de que el director ejecutivo Ferran Soriano diera el discurso inaugural de la fiesta de Navidad del Manchester City en el céntrico bar Menagerie en 2017, se desbordó la alegría. Guardiola tomó la iniciativa en la pista de baile, el popular lateral izquierdo Benjamin Mendy retó al personal administrativo del City, con sede en Londres, a partidas de *beer-pong* y estallaron aplausos cuando se supo que el Bristol City había derrotado al Manchester United de Jose Mourinho en los cuartos de final de la Carabao Cup.

El subtítulo de este libro dice que los españoles han conquistado el fútbol inglés. A la luz de la multitud de traumas y tribulaciones vividos por algunos de los personajes que salen en este libro, puede parecer una conclusión precipitada. Pero el dominio de Guardiola ha sido tan llamativo y tan convincente que resultaba difícil resistirse. Pensemos en las siguientes estadísticas. Los dos equipos ingleses más populares de los últimos tiempos son el Manchester United de sir Alex Ferguson (ganador del triplete en 1999) y los Invencibles del Arsenal de Arsène Wenger. Sin embargo, al cabo de dieciocho partidos de la Premier League en la temporada 1998-99, el cuadro de Ferguson había marcado treinta y seis goles y acumulaba treinta y un puntos. El equipo 2003-04 de Wenger tenía treinta y cuatro goles y cuarenta y dos puntos en la misma fase. A las órdenes de Guardiola, el City destrozó estos récords: cincuenta y seis goles y cincuenta y dos puntos. La vitrina de trofeos determinará el éxito de Guardiola, pero tales guarismos son una asombrosa declaración de intenciones.

Tras poner fin a la racha del Manchester United de cuarenta partidos invictos en Old Trafford con una victoria por 1-2, aquello ya fue demasiado para Mourinho, quien mostró su peor cara cuando fue sorprendido en una refriega frente al vestuario del City. En seis palabras que se clavaron dolorosamente en el alma del Manchester United, Guardiola se limitó a decir: «Hemos ganado porque hemos sido mejores». Ni más ni menos. Olvidémonos de los numeritos, olvidemos los incidentes del túnel de vestuarios de Old Trafford, olvidemos las quejas del United contra los árbitros. Sencillamente, el City fue mejor.

Ochenta años después de los primeros pasos de un futbolista español en el fútbol inglés, Guardiola ha supervisado una toma de poder benévola, desafiando a sus jugadores a pensar más profundo y a moverse más rápido. Como el City se propone invertir más enérgicamente en los próximos años, Guardiola tendrá la oportunidad de definir una generación en el fútbol inglés. Depende de él aprovechar esa oportunidad, pero cabe esperar que sus colegas y sus rivales hayan estado atentos.

Porque Guardiola ha hecho frente a todas las convenciones en el fútbol inglés. El enfoque del tiquitaca estaba destinado a retroceder. El Barcelona de Xavi Hernández, Andrés Iniesta y Lionel Messi iba a ser una experiencia emocionante que se da una vez en la vida. Guardiola no pudo ganar la Champions League con el Bayern de Múnich. España vaciló y tropezó a lo largo de la Copa del Mundo de 2014 y en la Eurocopa de 2016. La potencia y la velocidad de Cristiano Ronaldo, Gareth Bale y Karim Benzema propiciaron algunos triunfos consecutivos del Real Madrid en la Champions League, eclipsando el planteamiento más atrevido del Barcelona. En la Premier League, equipos musculosos y de contraataque como el Leicester City y el Chelsea levantaron el trofeo en 2016 y 2017 bajo la batuta de los técnicos italianos Claudio Ranieri y Antonio Conte. En el Manchester United, Jose Mourinho apostó por la fuerza en detrimento de la elegancia. Seis de sus siete primeros fichajes como entrenador del United medían entre 1,85 y 1,93. El Observatorio de Fútbol del CIES registra que la plantilla del City, en cambio, era la más baja de la Premier League, con una estatura media de 1,77.

Guardiola demostró una notable fe en sí mismo para mantenerse fiel a su credo. Algunos podrían ver arrogancia en ello. Deberíamos recordar que muchos españoles piensan de manera distinta. Rafa Benítez y Aitor Karanka tienen poco en común con la filosofía de Pep. Los futbolistas españoles más influyentes en Inglaterra han combinado fuego y hielo. David Silva ha desarrollado una punta de agresividad y es un competidor feroz. Lo mismo puede decirse de Cesc Fàbregas. Como reza el tópico, se han ganado el derecho a jugar. Y, seamos claros, los jugadores del City no son unos «copos de nieve». No se dejan intimidar. Saben competir. Marcan una cantidad de goles a balón parado sorprendentemente elevada.

Hay que fomentar la diversidad, pero ha sido curioso observar la respuesta del fútbol inglés en los primeros meses de la temporada 2017-18. En algunos casos, ha habido una tendencia a redoblar el conservadurismo del fútbol británico. Desde el cambio de milenio, los clubes han sido más valientes y atrevidos en su planteamiento, pero, a medida que la recompensa del fútbol de la Premier League sigue disparándose, muchos dueños se detienen en mitad del camino y recurren a mentes británicas seguras y experimentadas. Tal vez se cree el estilo abierto de Guardiola ha alcanzado un nivel de tal excelencia que es un ideal inaccesible para quienes no posean los recursos del Manchester City. El miedo al descenso ahoga las aspiraciones a desafiar las normas y a atreverse. Por eso el Everton, el West Bromwich y el West Ham recurrieron a las caras conocidas de Sam Allardyce, Alan Pardew y David Moyes cuando llegó la hora de revivir sus renqueantes campañas el pasado otoño.

Es obvio, por tanto, que si bien el fútbol inglés aprecia y disfruta claramente del embrujo de Guardiola, no existe ningún movimiento que reproduzca o imite sus principios básicos al más alto nivel. No hay que pensar que todos los jugadores deban alcanzar los niveles de Kevin de Bruyne. Pero sí que los técnicos y jugadores deberían animarse a considerar el fútbol de una manera más innovadora. Puede que Guardiola haya gastado una fortuna, pero su triunfo ha sido también el de una dirección técnica magnífica, el saber escuchar y resolver problemas. Cuando el lateral izquierdo Mendy sufrió una lesión que puso fin a su temporada, Fabian Delph se transformó en un defensor competente. John Stones dio muestras de una mayor madurez defensiva tomando nota y haciendo caso a su entrenador. Raheem Sterling aumentó su efectividad. Son tres jugadores ingleses que parecían cómodos con su estatus, pero que abrieron sus mentes.

Se pueden encontrar relatos parecidos en este libro, cuyo uno de sus principales objetivos ha sido demostrar que no estamos en un camino de sentido único. Numerosos españoles tienen también mucho que agradecer a Inglaterra. Las exigencias físicas del fútbol inglés hicieron que David de Gea transformara su constitución; eso, combinado con las dotes técnicas perfeccionadas en su España natal, lo ha convertido en el más grande. En muchos aspectos, De Gea encarna la relación entre los españoles y el fútbol inglés. La define como la «escuela de élite perfecta».

En el mejor de los casos, esta es una historia de concesiones y beneficios mutuos. Es una historia que comenzó cuando los ciudadanos británicos abrieron sus mentes y sus corazones a unos niños vascos vulnerables. Inglaterra educó a esos talentos y devolvió figuras icónicas al Barcelona, al Real Madrid y al Athletic de Bilbao. Si creemos el convincente relato de John Aldecoa, su padre, Emilio, educado en el Coventry, podría ser incluso el hombre que inspiró la extraordinaria fábrica de futbolistas del Barcelona que tanta dicha y alegría ha dado al mundo. Los éxitos de España entre 2008 y 2012 fueron favorecidos por las experiencias de aprendizaje de Cesc Fàbregas, Xabi Alonso y Fernando Torres en el fútbol inglés. Este verano, en Rusia, el desarrollo de De Gea, David Silva, Álvaro Morata y Diego Costa contribuirán en gran medida a aumentar las expectativas españolas.

Por parte inglesa, los mayores beneficios todavía pueden tardar algún tiempo en llegar. Ahora muchas escuelas persiguen modelos reformados, a menudo inspirados por mentes iluminadas y cautivadas por el fútbol español. Los últimos éxitos ingleses en el fútbol juvenil ofrecen esperanzas de que una nueva generación de futbolistas empiece a ver este deporte de un modo distinto. Esperemos que Phil Foden (ese prodigioso talento artífice del triunfo de Inglaterra en la Copa del Mundo sub-17) adopte la doctrina de Guardiola y que la Football Association siga los pasos de España en la formación de más entrenadores de élite. Puede que la etapa de Guardiola sea fugaz, pero sus bases se sentaron hace casi un siglo. En las manos adecuadas, perdurarán durante generaciones.

Agradecimientos

*L*a obsesión que hay detrás de este libro empezó en 2015, cuando conocí a la investigadora de Amnistía Internacional Naomi Westland, que me introdujo en las extraordinarias historias de los niños refugiados vascos y me presentó un breve documental de la televisión española titulado *Los niños del Habana*. Por entonces, yo era un universitario de veintiún años: transformar una idea en la publicación de un libro suponía una quimera. Contar las historias de todos esos futbolistas españoles ha sido un honor. Desde el Stoke hasta el Sevilla, desde el Milton Keynes hasta el Mallorca, este es un viaje que empezó en un crematorio de Cambridge y culminó en un chiringuito de playa en Cataluña. Ha sido un privilegio, pero no habría sido posible sin la amabilidad y el apoyo de muchas personas.

He dedicado este libro a mi abuelo, Martin Glyn. A mi abuelito le gustaba su fútbol, especialmente el Manchester United, pero también me transmitió su devoción por los periódicos y la lectura. El primer recuerdo que conservo al respecto es de cuando me sentaba a su lado a la hora del desayuno y él comenzaba el día con un huevo duro y luego se enfrascaba en la lectura de la prensa matutina. Solía acudir directamente a la última página del *Daily Mail* para leer la columna de Ian Wooldridge. Espero que se sienta muy orgulloso de mí por escribir este libro, y espero que su esposa (mi abuelita Estelle) lo considere un merecido homenaje. Gracias a mi mamá, Andrea, y a mi papá, Garry, por su amor, que sé que es incondicional.

Doy las gracias a todos los que me han ayudado en este

proyecto. Me ha conmovido la buena voluntad de mucha gente y deseo expresar mi gratitud a una amplia legión de intermediarios que lo han hecho posible. Mi agradecimiento a Nacho Silván e Imago Sport, quienes entendieron el valor del proyecto y se esforzaron por convencer a David de Gea, Juan Mata y César Azpilicueta de sus méritos. Gracias a Ben Miller, quien pasó la pelota a Ander Herrera. Gracias a Begoña Pérez y Marcelo Méndez, quienes concertaron entrevistas con Aitor Karanka, Pako Ayestarán y Pep Clotet y que añadieron a menudo una palabra positiva entre bastidores. Mi agradecimiento también a Fraser Nicholson, del Stoke City; Vicky Kloss, Simon Heggie y Alex Rowen, del Manchester City; a Max Fitzgerald, del West Ham United. Siempre me sentiré agradecido a Xavi Valero, quien ofreció gran parte de su tiempo y además respondió por mí ante Pepe Reina y Fernando Hierro. Arnau Riera y Marcelino Elena fueron muy autocríticos, pero también mordazmente sinceros. Gracias por vuestra franqueza.

El historiador oficial del Barcelona, Manuel Tomás Belenguer, respondió a importantes dudas. Bojan Krkic es uno de los personajes más afectuosos del fútbol, y su padre, Bojan Sr., es el hombre más amable de este deporte, con un envidiable repertorio de anécdotas y recuerdos. Gracias a Roberto Martínez por su generosidad de tiempo y espíritu (incluso me permitió alterar sus vacaciones). Gracias a Alex Calvo García y a su amable amigo José, que llegaron a proporcionarme un techo donde cobijarme una noche de verano en el País Vasco. Gracias a Aitor Karanka, Víctor Orta y a su cuerpo técnico en el Middlesbrough, quienes me abrieron una puerta a la vida en la Premier League en mitad de una temporada.

Siempre estaré en deuda con Ian Marshall, de Simon & Schuster, por su fe, consejo y paciencia. Gracias por tu estímulo y apoyo. Gracias a David Luxton, quien apostó por un pretencioso estudiante universitario y me proporcionó su apoyo firme durante todo el proceso. Lee Clayton es el jefe de deportes del *Daily Mail*. Yo no sería periodista sin su confianza y su orientación. Lee me ofreció una experiencia laboral a mis dieciséis años y sigo aprendiendo de él y de su equipo todos los días. Gracias a mis compañeros veteranos Ian Ladyman y Matt Lawton por estar siempre al otro lado del teléfono, y a Jack Gaughan por prestar un oído libre de prejuicios y ofrecer el consejo adecuado. Gracias a mis amigos, a muchos de los cuales abandoné por un tiempo mientras me encerraba para perseguir mi pasatiempo.

Y, sobre todo, gracias a las familias de los refugiados vascos, a John Aldecoa, Almudena Barinaga, Manuel Pérez Lezama y Joan y Paul Gallego. Gracias por recibirme en vuestros hogares y abrir un tesoro oculto de recuerdos y recordatorios teñidos de sepia. Espero que este libro sea un digno homenaje a las extraordinarias vidas soportadas y disfrutadas por vuestros padres y esposos.

Bibliografía

*E*n la medida de lo posible, he tratado de citar el trabajo de otros periodistas y autores que he empleado en este libro. La siguiente relación de libros y fuentes tanto impresas como en línea fueron de gran utilidad para llevar a cabo mi proyecto. Los Archivos Nacionales de Kew Gardens me permitieron acceder a importantes documentos del gabinete del Gobierno del Reino Unido, mientras que un ingente número de hemerotecas, algunas disponibles en la British Library y otras accesibles en línea, fueron imprescindibles para mi investigación. Estoy especialmente agradecido al *Daily Mail*, al *Times*, al *Sunday Times*, al *Guardian*, al *Daily Mirror* y a la BBC por su catálogo de material original. En España, *Mundo Deportivo*, *Marca*, *El País* y *El Mundo* me suministraron conocimientos importantes.

Libros

Allardyce, Sam, *Big Sam: My Autobiography* (Headline Publishing, 2015).

Attenborough, Richard, *Entirely Up to You Darling* (Hutchinson, 2008).

Balagué, Guillem, *A Season on the Brink* (Orion, 2006).

Benítez, Rafa, *Champions League Dreams* (Headline Publishing, 2012).

Bradford, Tim, *When Saturday Comes: The Half Decent Football Book* (Penguin, 2005).

Brooking, Trevor, *My Life in Football* (Simon & Schuster, 2015).

Burns, Jimmy, *Barça: la pasión de un pueblo* (Anagrama, 2006).

Burns, Jimmy, *La Roja: A Journey Through Spanish Football* (Simon & Schuster, 2012).

Calvin, Michael, *Living on the Volcano* (Century, 2015).

Clough, Brian, *The Autobiography* (Transworld, 1995)

Cruyff, Johan, *Johan Cruyff 14. La autobiografía* (Planeta, 2016)

Douglas, Mark, *Inside the Rafalution* (Trinity Mirror Sport Media, 2017)

Ferguson, Sir Alex, *My Autobiography* (Hodder & Stoughton, 2014).

Gerrard, Steven, *My Story* (Penguin, 2015).

Grant, Michael, *Fergie Rises* (Aurum Press, 2014).

Guillén, Fran, *Diego Costa: el arte de la guerra* (Al Poste, 2014).

Gurruchaga, Íñigo, *Scunthorpe hasta la muerte* (Saga Editorial, 2010)

Harrison, Paul, *Keep Fighting: The Billy Bremner Story* (Black and White Publishing, 2010)

Hardy, Martin, *Rafa's Way* (deCoubertin Books, 2017).

Hawkey, Ian, *Feet of the Chameleon: The Story of African Football* (Portico, 2010).

Hodkinson, Mark, *Blue Moon* (Mainstream Publishing, 1999).

Hughes, Mark, *Sparky: Barcelona, Bayern and Back* (Hutchinson Radius, 1989).

Hughes, Simon, *On the Brink* (deCoubertin Books Ltd, 2017).

Hughes, Simon, *Ring of Fire* (Bantam Press, 2016).

Hunter, Graham, *Barça* (BackPage Press, 2012).

Lowe Sid, *Miedo y asco en la Liga* (Léeme, 2014).

Maier, Klaus, *Guernica 26/4/1937: La intervención alemana en España y el caso Guernica* (Editorial Sedmay, 1976).

Martínez, Roberto, *Kicking Every Ball* (Y Lolfa, 2008).

Minder, Raphael, *The Struggle for Catalonia* (C. Hurst & Co, 2017).

Patterson, Ian, *Guernica y la guerra total* (Turner Publicaciones, 2008).

Perarnau, Martí, *Herr Pep* (Editorial Córner, 2014).

Perarnau, Martí, *Pep Guardiola: la transformación* (Editorial Córner, 2016).

Porta, Frederic, *Kubala! L'heroi que va canviar el Barça* (Ediciones Saldonar, 2012).

Preston Paul, *La muerte de Guernica* (Debate, 2017).

Reina, Pepe, *Pepe: My Autobiography* (Trinity Mirror Sport Media, 2011).

Robson, Bobby; Hayward, Paul, *Farewell but not Goodbye* (Hodder & Stoughton, 2005).

Smith, Rory, *Mister* (Simon & Schuster, 2016).

Soriano, Ferran, *La pelota no entra por azar* (Granica, 2013).

Thomas, Gordon; Morgan-Witts, Max, *Guernica: The Crucible of World War II* (Open Road, 2014).

Tusell, Javier, *Spain: From Dictatorship to Democracy* (Blackwell Publishing, 2007).

Venables, Terry, *Born to Manage* (Simon & Schuster, 2014).

Winter, Henry, *Fifty Years of Hurt* (Bantam Press, 2016).

Artículos de prensa/PHD/Podcast

Balagué, Guillem, «José Antonio Reyes interview» (*Observer*, 8 de agosto de 2004).

Carlin, John, «Pep Guardiola: football's most wanted» (*Financial Times*, 18 de enero de 2013).

Campbell, Denis, «Marcelino just wants to play again» (*Guardian*, 5 de mayo de 2002).

Diehl, Jorg, «Practising Blitzkrieg in the Basque country» (*Spiegel Online*, 26 de abril de 2007).

Ducker, James, «How Barça came to Stoke City in Mark Hughes revolution» (*The Times*, 12 de diciembre de 2015).

Editorial, The Guardian, «In praise of Guernica» (*Guardian*, 26 de marzo de 2009).

Jenson Pete, «Juande Ramos interview» (*Daily Mail*, 14 de febrero de 2014).

Liedtke, Boris Nikolaj, «International Relations between the US and Spain 1945-53» (PHD, London School of Economics and Political Sciences, ProQuest LLC, 2014).

Lowe, Sid, «José Antonio Reyes comes in from the cold to be Sevilla's saviour again» (*Guardian*, 19 de noviembre de 2012).

Lowe, Sid, «Ramos reminds the world of his class» (*Guardian*, 20 de febrero de 2009).

Hawkey, Ian, «Herrera plans to give Spurs the elbow» (*Sunday Times*, 11 de diciembre de 2016).

Hunter, Graham, «Steve Archibald podcast» (Grahamhunter.tv, diciembre de 2016).

Hytner, David, «Watford's Quique Flores: Journalism made me a better manager» (*Guardian*, 22 de abril de 2016).

James, Stuart, «Meet the man who discovered Gareth Bale» (*Observer*, 17 de mayo de 2014).

Jahangir, Rumeana, «Spanish Civil War: The child refugees Britain did not want» (BBC, 17 de julio de 2016).

Lawton, Matt, «Aitor Karanka interview» (*Daily Mail*, 23 de enero de 2015)

Montague, James, «Manchester City's new owners put national pride before profit» (*Guardian*, 1 de septiembre de 2008).

Rankin, Nicholas, «Guernica, seventy years on» (*Times Literary Supplement*, 4 de julio de 2007).

Sinca, Genís, «Oriol Tort: The soul of Barça's La Masia» (lameva.barcelona.cat, sin fecha).

Smith, Rory, «Pepe Mel ready to write new chapter at West Bromwich» (*The Times*, 16 de enero de 2014).

Steer, George, «The tragedy of Guernica» (*The Times*, 27 de abril de 1937).

Talbot, Simon, «Reyes — the small-town boy born to be King» (*Guardian*, 30 de enero de 2004).

Taylor, Matthew, «Through the net» (When Saturday Comes, febrero de 2000).

Trautmann, Bert, «From Nazi paratrooper to hero of Manchester City» (*Guardian*, 10 de abril de 2010).

Walker, Michael, «Boro all in it together» (*Independent*, 6 de febrero de 2015).

Williams, Richard, «The story of the fabulous Robledo boys» (*Independent*, 20 de mayo de 1999).

Este libro utiliza el tipo Aldus, que toma su nombre
del vanguardista impresor del Renacimiento
italiano, Aldus Manutius. Hermann Zapf
diseñó el tipo Aldus para la imprenta
Stempel en 1954, como una réplica
más ligera y elegante del
popular tipo
Palatino

De Guernica a Guardiola
se acabó de imprimir
un día de invierno de 2019,
en los talleres gráficos de Liberdúplex, s.l.u.
Crta. BV-2249, km 7,4. Pol. Ind. Torrentfondo
Sant Llorenç d'Hortons (Barcelona)